図説

# デザートの歴史

*Jeri Quinzio*
**ジェリ・クィンジオ**
富原まさ江［訳］

原書房

DESSERT:
A Tale of
Happy Endings

バーバラ・ケッチャム・ウィートンと今は亡きパット・ケリーへ
その知恵と思いやり、そしてなにより友情に感謝を込めて

目次


序章　デザートに心奪われて　1

第1章　古代から中世の食習慣　11

家政術　13
スプーン1杯の砂糖　18
甘いか辛いか？　21
どんな名前で呼ばれようとも　24
果物　25
無醗酵パン　30
薬用ワイン　33
降れ、キスのように甘い砂糖菓子よ　35

第2章　目で味わう　47
お菓子のごちそう　53
砂糖のよろこび　57
饗宴の奇抜な娯楽料理　61
フォーク、ナイフ、スプーン　65
「フランス式サービス」とデザートコース　69
変わることの難しさ　75
ペイストリーの建造物　80
ロシア式サービス　81
トルコのよろこび　84

第3章　乳製品のよろこび　87
クリームの中のクリーム　92
飲むクリーム、食べるクリーム　93
ゼリー状のミルクプディング　98
色鮮やかな白い料理　104

ひとさじのブランマンジェ　107
ジャンケットの登場　112
雪景色　113
混沌と魅惑の世界　119
震える、臆病なカスタード　124


## 第4章　デザートの夢と現実——130

万人のデザート　136
城から一般家庭まで　143
手間いらずのオーブン　145
調理道具　149
菓子よ、膨らめ　151
プディングだらけ　155
ゼリー、特別な日にも日常でも　159
チョコレートの活用法　160
インスタント（あっという間）の成功　166
家政学者たち　169

デザートのメニュー　172

## 第5章　進化するデザート　175

新たなケーキの開発　182
アジアのケーキ　193
名前と場所　194
山盛りのメレンゲ　197
パティシエとその作品　202
ケーキのアイシング　204
ビスケット、クーキエ、小さなケーキ、クッキー　207
パイ（を食べる）くらいたやすい　211
テーブルの宝石　217

## 第6章　変化は永遠に　223

冷やし続けよ　229
戦時中のデザート　232

時代はゼリーへ　237
手早く簡単に　239
フランスの革命　244
遊び心　248
境界を越えて　253
古いものと新しいもの　255
楽しい祝祭日はデザートあってこそ　259
デザートの時間　267

謝辞　272

訳者あとがき　274

写真ならびに図版への謝辞　277
参考文献　282
注　292

［……］は訳者による注記である。

# 序　章　デザートに心奪われて

夏に網戸をめぐらしたポーチで食べる手作りのストロベリーショートケーキでも、しゃれたレストランで出される目移りしそうなペイストリーの数々でも、とにかくデザートは食事を締めくくるのにふさわしい一品だ。見事なパフォーマンスの最後を飾るアンコールのように、ふんわりと楽しい気持ちに誘《いざな》ってくれる。子供の頃、私はデザートが大好きだった。それは今も変わらない。素朴なコーヒー味のアイスクリームを食べることもあれば、ぜいたくなお菓子、たとえばバターたっぷりのレモンタルトを楽しむこともある。凝ったものでなくてもいい。ただ、絶対になくてはならないものだ。デザートなしでは私の食事は完璧とは言えず、また私の人生は少々味気ないものになるだろう。

食べものにまつわる私の最高の思い出――そのうちのいくつかはデザートに関するものだ。子供の頃のある夏、両親の友人が作ってくれたアイスクリームの新鮮な桃の味は今でも忘れられない。自家製のクリスマスプディングをフランベ［料理にブランデーやラム酒などを振りかけ、火をつけてアルコール分をとばすこと］したとき、暗くした部屋で一瞬燃え上がった青く美しい炎。パリで食べた完璧なクレームブリュレは、表面のカラメルをスプーンで割ったときの音や、その下のなめらかなクリームもはっきり思い出すことができる。これまで出会ってきたデザートのことを考えるとつい頬がゆるみ、その味がまざまざと蘇る。

糖分の摂りすぎは肥満や糖尿病などを引き起こす危険性もあり、体によくないことはもちろん承知だ。でも、私たちが普段摂っている糖分の多くは、実は塩味や香辛料が目立つ出来合いの食品からのほうが多い。だから、そういったものは少し控えることにして、代わりにデザートが与えてくれるよろこびとすてきな思い出を楽しんではどうだろう？　ちょっとの間デザートを楽しむのは、精神衛生上もいいはずだ。私がこの本を書いた理由もそこにある。

本書の執筆中、私は事あるごとに友人や親戚、知り合いにデザートの思い出を尋ね、「お気に入りのデザートは？」と質問した。きっと楽しい話が聞けるだろうと期待し、同じデザートを答える人が何人いるだろうかと考えながら。ところが、驚くことに誰もが真剣な顔をして考え込んでしまうのだ。まるで「お子さんのなかでは誰がお気に入りですか？」という、典型的な答えにくい質問をされたかのように。悩みに悩んだ末に、答えがふたつ以上になってもかまわないかと確認してきた人もいる。「いえ、ひとつに絞ってくれない？　だって『お気に入り』っていうのはいくつもあるうちのひとつじゃなく、一番好きなものという意味でしょう？」と私が言うと、まずひとつを挙げ、それから他のデザートの気分を損ねまいとするかのように別の種類をひとつかふたつ口にした。

もちろん統計的に有意な調査というわけではないけれど、彼らは国や民族、年齢もばらばらだ。そして誰もが熟考の末に出した答えは、ある意味で意外なものでもあった。チョコレートを使ったデザートを挙げた人は想像したほど多くない。チョコレートカップケーキやブラウニーはどこにいったのだろう？　一番多かった答えは、やわらかく、乳白色で、デザートの分類としては最も古いタイプだ。つまり、母親が牛乳で作るような心和むデザート——クレームブリュレやカスタードパイ、ティラミス、さまざまなフレーバーのアイスクリームなどだった。クリーム状のものやメレンゲを使ったもの、たとえばレモンメレンゲパイやパブロワ、フローティングアイランド「メレンゲをバニラのカスタードの上に浮かべたもの」などの答えも目立った。アップルパイの思い出は？　スフレを好きな人は誰もいないって？　新鮮な果物と答えたのはわずかふたり。ちなみに、私のお気に入りのデザートはアイスクリームだ。好きなフレーバーはそのときの気分や天気、季節、環境によって変わる。

甘いものをあまり食べない人を含めても、好きなデザートがひとつもないという人は少ないだろう。結局のところ、甘みは最も基本的な味のひとつであり、人間は生まれつきこの味に惹かれるようにできているのだ。ただし、甘みが万人に好まれるとはいえ、食事の最後にデザートを楽しむ文化は万国共通ではない。また、西洋人の大半がデザートと考えている食べものが、どこの国でも愛されているとも限らない。食生活が急速にグローバル化している現代でも、多くの国で食事の最後に出される典型的な食べものは昔と変わらず果物だ。違うのは生で食べるか、乾燥させるか、シロップで煮つめるかということだけ。新鮮な果物は体に悪いと考えられていた中世の西欧では、人々はナツメヤシやブドウなどを乾燥させたり、果物をハチミツやシロップで煮たりして食べていた。その伝統はギリシャのグリカ・クタリウー［果物のシロップ煮］に残っていて、今でもこの国の代表的なデザートだ。もっとも、たいていは食後ではなく、コーヒーや冷たい水に添えて午後の客にふるまわれる。

多くの国や地域では甘い料理は間食やお祝いの食べものであり、日常のなかで食後に食べることはめったにない。一般的な中国人が毎日食後に食べるのは新鮮な果物で、デザートは改まった食事の場や特別な日のためにとっておく。日本ではお菓子が緑茶と一緒に出されるが、食事の最後に出ることは稀だ。西洋に目を向けると、イタリア人の食事の締めくくりは昔から新鮮な果物やナッツを使った料理だ。お菓子は午後のおやつや休日の特別な一品として楽しむ。オーストリア人は午後に洋菓子店に行き、チョコレートでコーティングされたクリームたっぷりのケーキ、インディアナクラプフェンを買うことが多く、夕食後に食べることはあまりない。

現代の豪華なペイストリーの数々

食後にデザートを食べることはめったにないという人でも、祝祭日に食べるお気に入りのデザートならあるはずだ。メキシコでイースターの時期に食べるブレッドプディングの一種、カピロタータから中国で中秋節［旧暦の8月15日に行われる、東アジアの伝統的な行事］に食べる月餅まで、特別な行事の日にはデザートは欠かせない。

誰もが大好きなお馴染みのデザート――ふんわりしたスポンジケーキ、こってりと甘いアイスクリーム、軽くて空気のようなプロフィトロール［小さなシュークリーム］――は、思うほど古くさくもありふれたものでもない。本書『デザートの歴史』では食事の最後に提供される甘い料理、すなわちデザートの歴史と、時間の経過とともにデザートが発展した経緯をたどっていく。デザートが単独でテーブルを飾る前の時代――つまり、甘い料理と香辛料の効いた辛い料理が同時に並んでいた時代から、家庭的なデザートの良さが見直される一方、分子ガストロノミスト［調理を物理的、化学的に解析する食科学者や料理研究家］が錬金術師もうらやむような方法でデザートを作る現代までを取り上げた。

歴史的に言えば、デザートを単独で供するのは昔からあった慣習ではない。「デザート（dessert）」という言葉は早くも14世紀のフランスで使われていたが、当時は甘いものだけでなく辛い料理を意味することも多かったようだ。英語にデザートという言葉が生まれたのはもっと後になる。『オックスフォード英語辞典』によれば、この言葉が初めて使われたのは1600年、ウィリアム・ヴォーン卿が『自然と食べものによる健康の手引き *Naturall and Artificiall Directions for Health*』のなかで書いた「フランス人がデザート（desert と綴られている）と呼ぶ、あの食べものは不自然である」という文章だ。同辞典では、デザートを「メインの食事、または軽い夕食後に提供される果物や菓子類」と定義している。

英語の「dessert（デザート）」はフランス語の「desservir（「食事を下げる」の意）」に由来する。とはいえ、17世紀以前の甘い料理はそれまでに食べた食事をすべて下げた後に出されたわけではない。料理は一品ずつ順番に運ばれるのではなく、現在のビュッフェのように十数皿がずらりと並べられた。当時の料理書を見ると、皿はテーブルの周縁部に、同種のものが対称になるように配されている。そして中央には見栄えのする料理が置かれ、それが牛肉のサーロインであっても、あるいはピラミッドよろしく積み上げられた菓子類であっても、見栄えがよければ料理の種類は問われなかったのである。このように料理の配置には厳然たる決まりがあり、ただし現代の私たちから見ると、甘い料理と辛い料理が雑然と並んでいるようにも見える。たとえばチェリータルトの横にはピジョンパイ、サケ料理の皿に添えられるのはカスタードを盛った皿、さまざまな種類のマジパンのそばにはカブのバターソテー、という具合だ。そして一巡目のコースが終わると、二巡目の多彩な味の料理がテーブルに並べられる。当時の料理書では、甘い料理は他の料理に交じって紹介されていたのである。

中世のフランスでは、テーブルの皿をすべて下げた後に最後の一品が出される特別な場合を「イシュ・ド・ターブル（「テーブルから離れる」の意）」と呼んだ。その一例がイポクラスというスパイスワインだ。これは消化を助ける薬用酒として、ウエハースを添えて食後に出された。コンフィまたはドラジェと呼ばれる砂糖菓子がつく場合もある。コンフィとは砂糖でくるんだ種子やナッツ類のことで、単品として出されることもあれば、辛い料理や甘い料理の飾りとしてもよく使われた。寝る前の軽食や口臭予防に食べる場合もあり、シェイクスピアは戯曲『ウィンザーの陽気な女房たち』のなかで、好色なフォルスタッフが空に向かってこう叫ぶ場面を書いている。「降れ、キスのように甘い砂糖菓子よ」

ルネサンス時代の饗宴では、料理の見た目と娯楽的要素は少なくとも味と同程度には重要視されていた。実際、食べることを意図しない、驚くような料理も作られている。この頃の料理人は砂糖ペーストでそびえ立つ城を「彫刻」し、テーブルの中央や最も目につく場所に据えた。また、かための生地で焼いたパイの中にクロウタドリ［ツグミの一種。オスは全身が黒い］をつめ、ナイフを入れると鳥がいっせいに飛び立つという演出で客をびっくりさせたり、マジパンで本物そっくりの果物や動物も作ったりもしている。レオナルド・ダ・ヴィンチは、パトロンであるルドヴィーコ・スフォルツァルドにマジパンの彫刻を出したところ、あっという間に食べられてしまったと不平を漏らしている。彼が望んだのは作品への称賛であり、マジパンを食べてもらうことではなかったのだ。

今日でも一部のパティシエはこの伝統を受け継ぎ、高層建築のようなデザートを作っている。確かに目のごちそうにはなるが、実際に食べるとなるとひと苦労だ。フォークを入れると、芸術的な建造物を解体用の鉄球で破壊しているような気分になる。このようなパティシエが重きを置くのは――先人たちと同じように――作品を食べてもらうことではなく、見栄えのするものを作り、展示することなのだろう。フランベで炎を上げるデザートにしても――これは食べることが前提であり、空高く舞い上がるクロウタドリほど壮観でもないが――食事客をあっと言わせるための演出である。

18世紀以前、高価な砂糖と香辛料は高い地位の象徴だったから、砂糖を購入できる富裕層は料理にたっぷりと使用した。香辛料を使った料理の多くには砂糖も使われていたし、そうでない場合も仕上げに振りかけられた。イギリスの料理人はずっしりと重いミート・パイに砂糖と砂糖漬けの果物で甘みをつけ、ルネサンス時代のイタリア人はパスタの一種であるタリアテッレを砂糖、オレンジ、シナモン、アーモンドで和えてジビエ（獣鳥肉）に添えて出した。甘い料理にも辛い料理にも砂糖を使うというこの伝統は、今も一部残っている。たとえばシリン・ポロと呼ばれるイランの特別な米料理には、砂糖漬けのオレンジの皮、ピスタチオ、アーモンド、シナモンがたっぷり入っている。ライスプディングが作れそうな材料だが、これは特別な行事に作られるピラフであり、デザートではなく食事の一種だ。現在「ブランマンジュ」と呼ばれるデザートプディングは、かつては食後ではなく辛い料理として他の品とともに出されていた。これはクリームと細く裂いたカポン［食用に去勢された若鶏］、鶏肉または魚を混ぜ合わせたもので、雄ジカの角をすりおろしたものや米でとろみをつけ、アーモンドで甘みと風味を加えた。イタリアではビアンコマンジャーレと呼ばれて食されたが、他のほとんどの国では鶏肉と雄ジカの角は使われず、甘いデザートプディングに変化した。トルコでの呼び名はタヴク・ギョウスといい、デザートという位置づけになった後も細切りの鶏肉が使われていた。

アメリカでは、感謝祭やクリスマスにミンスミート［ドライフルーツに洋酒やスパイスの風味を効かせた保存食］をつめたパイを食べる。昔はつめ物を本物の牛ひき肉（またはシカ肉）と干しブドウ、リンゴ、スパイス、ブランデーで作っていたことを話すと、たいていの子供たちはへえっと驚く。地域によっては今でもミンスミートをスーパーで買わずに家で作り、やはり本物の肉を使うと聞けばなおさらだ。

やがて、辛い料理に甘い材料を使うことも、甘い料理に肉を使用することもほとんどなくなった。甘み

1861年のカダーシス・P・リムの複製画。このおいしそうな絵の題名はシンプルに「デザート No.4」。

と香辛料は別々の道を歩み始め、「デザート」はその言葉も料理自体も西洋の大部分で広く受け入れられるようになる。チョコレートなど新大陸からもたらされた食材も市場に参入し始め、オーブンや正確な計量器具の登場で調理方法が大きく変わり、過酷を極めた奴隷労働によって、かつて高価だった砂糖は手頃な値段で買えるようになった。人々は旅をし、新しい料理について学び、その知識を持ち帰った。移住し、気に入ったレシピを新しい土地に持ち込んだ人もいる。

それ以外にもさまざまな変化が起こり、甘い料理は急増した。本格的な厨房では通常の料理人とデザートの料理人の作業場を分けるようになり、フランスでは主厨房と区別して「オフィス」として知られるコールド・キッチンが用意された。「オフィス」で作られるのはパイやケーキ、カスタード、アイスクリームだ。甘い料理は他の料理とテーブルを共有するのではなく独立した品になり、専門のシェフや専用の食器、専用のメニューができた。そう、デザートの誕生だ。

１７０８年、ヴォーンがデザートを「不自然」だと述べてから1世紀以上経った頃、『料理法――ホラティウスの「詩論」を模倣した食通詩 *The Art of Cookery: A Poem in Imitation of Horace's Art of Poetry*』の著者ウィリアム・キングは、「あらゆる祝宴を美しく飾るのはデザートである」と書いた。１８４６年、フランスの批評家ウジェーヌ・ブリフォーが『パリの食卓 *Paris à table*』という著書で同じようなことを述べている。

> 食事の有終の美を飾るのはデザートだ。上質なデザートを作るには、菓子職人、装飾家、画家、建築家、アイスクリーム職人、彫刻家、花屋の技術をすべて持ち合わせていなくてはならない。そうして完成した傑作はなによりも人の目を惹きつける。本物の美食家ならば、デザートに触れなくても称賛できるのである！

デザートが食事の有終の美を飾る、という意見には私も賛成だ。ただし、デザートは食べて楽しむものだ。そこは譲れない。

# 第1章　古代から中世の食習慣

真冬、ある食事会へ招かれたとしよう。メインディッシュも食べ終わってテーブルの皿が下げられ始め、その家の女主人が「みなさん、応接間にどうぞ」と客をうながす。そこには、雪の降る寒い夜の特別なもてなしが待っていた。ぴりっと辛いシナモン、クローブ、オレンジの皮で風味をつけたマルドワインだ。コーヒーテーブルにはクルミの砂糖がけが入ったボウルが置かれ、その横にはかたいワッフルに似たイタリアのクッキー、ピッツェルの盛り合わせがある。メインはザクロの種子を振りかけた洋ナシのコンポート。冬の夜を締めくくるのにふさわしい品々だ。中世の人々も、同じような方法で客をもてなしていた。

当時、食事が終わると客は別室に移動し、今の私たちとほぼ同じ食べものや飲みものを楽しんだ。イポクラスと呼ばれるワインは、現在のマルドワインと同じく体を温めるスパイスや、他にもガランガルやギニアショウガなど今では馴染みのない香料で味つけされていた。砂糖をからめたナッツや種子、スパイスなどの甘い菓子はコンフィと呼ばれる。ピッツェルとして知られるサクサクしたクッキーは、かつてはウエハース、チャルデ、ウーヴリ、ワッフル、ゴーフルなどと呼ばれ、誰でも手軽に食べることができた。洋ナシのコンポートをはじめ火を通した果物やドライフルーツは、現在と同じように中世でも食事の最後によく出されていた。

18世紀のオランダで「バンケッチェ（並べられたごちそう）」と呼ばれていたジャンルの静物画

「ごちそうの締めくくり」の捉え方が現代と中世社会で大きく違うのは、現代ではこの締めくくりをデザート――それ以前に出された辛い料理とは別物の、甘い料理や飲みもの――と見なしていることだ。中世にはそういう概念はなかった。食事の最後に出されるのは甘いからではなく、消化を助けるからという認識だったのだ。なかには催淫効果があると考えられていた品もあり、寝る前の軽食として重宝された。ただ、甘い料理と飲みものを摂る理由はこのように今日とは違うにせよ、その内容自体は何世紀経っても意外なほど似通っている。

中世では、ヨーロッパ中の富裕層が同様のスタイルで同様の食べものを食べていたが、「デザート」は食べていない。甘い料理を食べなかったという意味ではない。もちろん食べていたが、その順番は食事の最後とは限らなかったということだ。甘い料理と辛い料理は同時にテーブルに並べられ、別々に出すべきだと考える者はいなかった。貴族のテーブルには複数の料理が何度か出され、そのたびに豪華なビュッフェのようにさまざまな品が一度にテーブルに並べられた。シカやウサギ、カポンのロースト肉といった料理と、アーモンドクリーム、白鳥の首をかたどったプディング、ビーフシチューまたはポタージュ、ミート・パイが同時に出されるのだ。そして、一巡目の皿が下げられると、別の同様の品々がテーブルを飾る。何巡するかはその家や状況に応じて違い、二巡か三巡、ときにはそれ以上にもなった。最後の品がウエハース、果物、コンフィなど甘いものだったとしても、それは甘い料理を他と区別したからではない。少なくとも、上流階級の人々が食事において重要視するのは、当時の医学理論だった。

## ●家政術

当時の食事については、特にパリの富裕層のための家政書として14世紀後半に書かれた『パリの家長 *Le Ménagier de Paris*』で多くを知ることができる。1928年には歴史家アイリーン・パワーの翻訳で英語版（『*The Goodman of Paris*』）も出版された。『パリの家長』の著者については今なお多くの推測がなされているが、著者が誰であれ、彼は自分が生きた時代と場所にまつわる有益な案内書を残してくれたのだ。この本には、メニュー、レシピ、消耗品のリストとその値段、購入すべきものと家庭内で用意すべきものについての注意書きも記されている。

著者は中年になってから身分の高い15歳の女性と結婚した。年若い妻が家庭を切り盛りし、物品を適切に購入し、使用人とその仕事全般をきちんと監督できるように、との思いからこの本を書いたようだ。もっとも、著者は「この本で重要なのは、妻が家庭をうまく切り盛りする方法を学ぶという点のみだ」と説明している。また、執筆の理由のなかには少しめずらしいものもあった。彼は自分が先にこの世を去り、その後妻は当然再婚するだろうと考えていた。彼女が家庭をうまく切り盛りすることで、新しい夫が前夫である著者に敬意を表することを望んだのだ。

こうして書かれた『パリの家長』によって、私たちは中世フランスの富裕層の家庭生活を垣間見ることができる。さまざまなメニューを紹介する項目で、彼はこう記している。

> 以下は高貴な、または普通の人々に出すための多岐にわたる料理についての項目である。客に料理を出す際には季節、住む土地原産の食材を使うことも考慮し、作る料理に応じて必要な品を選び、用意し、調理法を学ぶための覚え書きも載せている。[1]

著者はメニューを列挙し、当時の複雑な宗教的規則に従って、その料理が魚の日のものか肉の日のものかも記している。メニューの大半は少なくとも3巡のコースで構成され、各コースには6品以上の料理が用意されていた。

とはいえ、客はすべての料理を食べるわけではない。料理の種類と量をふんだんに用意することで、客は最も食指が動かされる品や、使用人に確実に給仕してもらえる料理を選ぶことができたのだ。残った肉はパイやハッシュ（細切れ肉の料理）に再利用された。残った料理は使用人が食べてもよかったし、貧しい人々に分け与えられることもあった。

『パリの家長』のメニューの多くでは、同じコースに甘い料理と辛い料理が含まれている。フラン（砂糖で甘くしたタルトの一種）、甘いカスタードタルト、アスピック（肉や魚をゼリーでかためたもの）、色づけされたコンフィで飾った鶏肉やカポンのブランマンジェは、淡水魚または「当日提供できる最高のロースト肉」とともに2巡目のコースに入っている。辛い肉や魚などの料理に甘いスパイスやコンフィ、砂糖を振りかけることもめずらしくなかった。ある鶏肉料理のレシピは次のように締めくくられている。「鶏肉を食べ終わったら皿に赤いコリアンダーを振りかけ、ザクロの種子とコンフィ、炒ったアーモンドを皿の周囲に飾ること」。キリスト教の四旬節で食べる魚中心のメニューでは、一巡目のコースは焼きリンゴと月桂樹の葉でローストしたプロヴァンス産イチジク、エンドウ豆のスープ、塩で味つけしたウナギ、白ニシンで始まる。ほとんどのメニューにはコースごとに番号がついているが、「デザート」「イシュー」「ブート・オール」という用語が使われているものもある。「デザート」と呼ばれる最後のコースには、白と赤のコンフィで飾った果物のコンポート、フラン、イチジク、ナツメヤシ、レーズン、ハシバミの実、リッソウルが含まれていた。リッソウルとはもともとは肉のコロッケのことだが、このメニューは魚の日用なので、肉の代わりに栗が使用されている。[2]

この本に書かれた食事スタイルはイギリスのものと共通点が多い。1985年に出版された『イギリスの料理法――14世紀のイギリス料理指南書（「料理の方法」も含む）*Curye on Inglysch: English Culinary Manuscripts of the Fourteenth Century (Including The Forme of Cury)*』は、コンスタンス・B・ハイアットとシャロン・

バトラーが『パリの家長』と同じ14世紀の、20以上のイギリスの文献からメニューとレシピを集めて注釈をつけたものだ（タイトルの「curye カレー」という言葉は、インドのスパイスを調合したカレー粉とはなんの関係もない。これは古英語で「料理」や「料理術」という意味だ）。本書の著者は、英語の文献にはフランスでは見られない料理がいくつか出てくるものの、相違点よりも類似点のほうがずっと多いと指摘した。そして、食べものも料理を出す順番も『パリの家長』に書かれているものとほぼ同じだと述べている。

当時のメニューを見ると思いつくままに組み合わせたように思えるが、実は調理理論と医療哲学に則って選ばれていた。古代人――アリストテレス、ヒポクラテス、アウィケンナ、ガレノス――の理論、すなわち四体液説《したいえきせつ》をもとにした考え方だ。この理論によれば、人間の体は4つの体液、いわゆる黒胆汁《こくたんじゅう》、黄または赤胆汁、血液、粘液をさまざまな割合で含んでいる。そしてその割合によって黄胆汁質、粘液質、黒胆汁質、多血質の4つに分類された。それぞれの気質に独自の特徴があり、理想的な状態を保つにはこのバランスを取る必要がある。理想は温かく水分の多い体で、人々はこの体液バランスを取るのに効き目があるものを選んで食べた。たとえば、コレラ患者は一般的に体が熱く乾燥しているので、レタスのように「冷」と「湿」の性質を持つ食材を摂る必要がある。砂糖は「熱」と「乾」なので、「冷」と「湿」の体質や食材を和らげるために用いられた。ソースに砂糖を溶かし、塩味のポタージュなどに体を温めるスパイスを混ぜたり振りかけたりするのも、この理論によるものだ。4体液のバランスが崩れると病気になると考えられていた。

なにを食べ、飲むかは季節によっても変化した。イポクラスは気温が低いときに飲むもので、夏の飲料ではない。今でもショウガ、コショウ、シナモンは体を温めるスパイスとされ、意識的にしろ無意識にしろ、夏よりも冬に多く消費される傾向にある。さらに、料理の量も前半は多く、後半には少なめに提供さ

15世紀に出版された『ベリー公のいとも美しき時禱書』［フランソワ・ベスフルグ、エバーハルト・ケーニヒ著／富永良子訳／岩波書店］の美しい挿絵

れた。小さな狩猟鳥、フリッター、魚や肉で作られたタルトなどが、軽めの甘い料理とともに出されたのもこうした理由からだ。

健康と消化への配慮に加え、中世では人を招く際に客の地位を意識する必要があった。位の高い客には最高の食べものが一番多く提供され、身分が低いものには量も少なく、希望にそぐわない料理でも文句は言えなかった。また、肉体労働者は粗末な食べものを大量に食べても消化不良にはならず、優雅な貴族は繊細な体質だと信じられていた。宗教的な行事も重要だ。金曜日と土曜日、一部の水曜日、さまざまな聖日、四旬節の間は肉食を禁じられ、頻繁に魚料理が出された。しかし、物事はそう単純にはいかない。人間の性《さが》というべきか、すべての決まりを忠実に守った者はどうやらほとんどいなかったようだ。

## ◉スプーン1杯の砂糖

中世において、ハチミツは飲みものに甘みを加え、果物を保存するのに使用されていた。だがその独特の風味は、料理の味をよくすることもあれば他の風味を消してしまうこともあった。一方で砂糖、特に精製された白砂糖の味は純粋な甘みのみであり、その用途はハチミツよりはるかに広い。ハチミツより高価だったことも、砂糖をいっそう魅力的にした。原産地から中世ヨーロッパの食卓にたどり着くまで、砂糖は長く遠い道のりを旅してきた。サトウキビの栽培と砂糖に精製する技術はまずインドからペルシャへ、そして中東、北アフリカ、地中海へと伝えられた後にようやく北ヨーロッパに輸出されるようになった。砂糖が広範囲に普及した背景には、貿易ルートの拡大、さまざまな征服の歴史、十字軍の遠征、料理と薬学の文献の存在がある。新大陸に移民が定住して砂糖プランテーションが開発される以前、砂糖は稀少で高価だったため、ヨーロッパでは上流階級ですら入手が困難だった。スパイスであると同時に薬でもあった砂糖は、鍵つきの香辛料用の棚に収納された。普段は慎重に、そしてここぞというときにはこれ見よが

サトウキビを切り、砂糖を煮つめ、型でかためた塊を取り出す——16世紀の砂糖精製はかなり骨の折れる仕事だった。

しに使われたのだ。

ヨーロッパに砂糖が伝わるずっと以前、中東の料理人は砂糖を使って「シャルバート」という飲みものに甘みをつけ、ジャムやゼリーを作っていた。また、砂糖とアーモンドを混ぜてマジパンを作ることもあった。バラやオレンジの花で香りをつけた甘いシロップにケーキを浸したり、砂糖を使って薬用スパイスを作ったりもした。やがてムスリム（イスラム教徒）がイベリア半島とシチリアを征服したことがきっかけとなって、砂糖と東洋の菓子がヨーロッパ中に広がっていく。そしてイスラム世界の菓子もスペイン、ポルトガル、イタリアの修道院に伝わり、その後宣教師や探検家が世界中に持ち運ぶようになった。

中東の食文化に接するようになり、また貿易も盛んになったヨーロッパでは砂糖が料理に多用されるようになったが、そもそもの目的は薬効だった。当時、アラビア語の医学文献が次々に翻訳され、ヨーロッパ中に広まっていた。砂糖はアラブ諸国から伝わったため「アラブの塩」とも呼ばれ、胃の病気に効くと考えられていたのである。また、発熱、咳《せき》、膀胱《ぼうこう》または腎臓の病気、さらにはペストのときにも処方された。体によくて味もよい——砂糖は「言うことなし」の薬だった。13世紀、イタリアの司祭で哲学者のトマス・アクィナスは、砂糖を加えたスパイスを摂っても断食を破ることにはならないと主張した。歴史家レイチェル・ローダンの言葉を借りるなら、砂糖は「消化を促進する」ために摂取するのであって、食べものではないというわけだ。[3] この主張は重要な意味を持つ。彼のこの発言によってキリスト教世界では砂糖が薬品として認められ、ひいては16世紀に物議を醸した「チョコレートを飲むことは断食の規則に違反するか」という議論に、教皇グレゴリウス13世が「違反せず」と決定を下したことにつながるからだ。

砂糖は必要不可欠のものとされた。「砂糖のない薬屋のようだ」という表現が絶望的な状況を表す比喩として何世紀も使われていたほどだった。もちろん、砂糖と香辛料が必要不可欠なのは富裕層に限ってのことだ。貧困層にはそもそも砂糖を買うような金銭的余裕はなかった。ときには手頃な代用品を見つけることもあったが、たいていの場合、庶民にとっては体液バランスよりも空腹を満たすことが先決だったのだ。

しかし16〜17世紀になると風向きが変わり、砂糖の摂取に否定的な医療従事者も現れた。ドイツの医師ヒエロニムス・ボックは1539年の著作で、砂糖は薬品ではなく「金持ちのぜいたく品」であると記している。[4] 18世紀、新しい医学理論が徐々に体液論に取って代わるようになると、砂糖は多くの健康問題を解決するどころか誘発すると考える医師も出てきた。だが、ヨーロッパの植民地となった新大陸では過酷な奴隷労働が行われ、砂糖は安価な日用品になった。あらゆる階級の人々が砂糖を大量に消費するようになり、特にイングランドではひとりあたりの年間消費量が1720年には3・5キロほどだったものが、

この装飾がかった16世紀のナシ材のドイツ製麺棒には、宗教的な象徴がきざまれている。敬虔なプロテスタントの家庭で使用されていたと考えられ、パン職人はこの麺棒を転がしてパイ生地を伸ばし、同時に模様をきざむことができた。

18世紀末には約6キロに増えている。[5]

## ●甘いか辛いか?

セイヨウスグリのタルトの作り方

セイヨウスグリを白のクラレットワインまたはストロングエール［「エール」はビールの一種］につけて軽くゆで、小さな白パンを入れて煮る。これに卵黄5個を加えて漉し器で漉《こ》してできるだけなめらかにする。砂糖と皿半分のバターで味つけをして焼く。[6]

中世およびルネサンス時代のメニューには現在のデザートと同じ名前が多く見られるが、内容は大きく異なる場合がある。たとえば当時ケーキはイーストを混ぜて膨らませることが多かったので、見た目はケーキというよりパンに近かった。また、カスタード、パイ、タルト、プディングなどの料理は香辛料を効かせたものも多く、また肉や魚も使われていて、私たちに馴染みのある甘い料理とは別物だった。イギリス人は薄く軽いパイ生地を好むものだが、イングランドには「コフィン（棺《ひつぎ》）」と呼ばれるパイケースがあり、しっかり安定していたためミンチ肉を入れる器として使われていた。また、料理人によってはミンチ肉をつめて焼く前に、コフィンだけをオーブンで焼いて強度を増すこともあった。コフィンは耐久性に優れていたため、客が中のつめ物をすくい取って食べた後、また別のつめ物を入れて次の料理に使うこともあったらしい。17世紀末の文献では、コフィンは「良質でかたい小麦ペースト」で作る、と説明している。[7]

右記のレシピにあるセイヨウスグリのタルトは甘い料理だが、食卓に出す順番は決まっていなかったようだ。料理書『イギリスの主婦 *The English Housewife*』では、このタルトの前に「男女を問わず元気の出るタルト」のレシピがある。スズメとナツメヤシ、マルメロ、砂糖を使った料理だ。[8] タルトのレシピの後にはロースト肉のレシピが続く。15世紀に書かれた『調理について *Du Fait de cuisine*』という料理書には、サヴォイ公の料理長シカールによるアーモンドミルクのフランの作り方が載っている。味は甘く、材料はアーモンド、デンプン、サフラン、塩、そして砂糖。もっとも、これは食事の一部としてのメニューであり、甘いデザートという位置づけではない。シカールの手順によれば、パイ生地はカスタードを作る料理人とは別の菓子職人が作り、生地をよく焼いてからカスタードをつめる。これは、料理人と菓子職人が分業を行った初期の例だ。シカールはまた、肉や魚のパイ、フラン、カスタード、タルトなどのペイストリー料理の厨房を他と分けることも提唱している。[9] この頃のカスタードやカスタードパイには甘いものも辛いものもあり、調理には砂糖またはスパイスが使われ、コショウが振りかけられる場合もあった。また、今と同じ基本的な材料、つまりクリーム、砂糖、卵で作られたもののうち、表面に砂糖を振りかけて熱した鉄の下で焼いたものは「焼いたクリーム」と呼ばれた。今ではクレームブリュレとして知られている。カスタードにはたいていチーズ、肉、ウナギやザリガニなどが入っていて、今でいうキッシュのような料理だった。

プディングの登場は少なくとも13世紀までさかのぼるが、これも甘いものより肉を使った調理法が多く、コースの前半で提供された。イングランドでは、動物の腹の中でプディングを調理するのが一般的だった。

クレームブリュレのぱりっとしたカラメルの下には濃厚なカスタードクリームが隠れている。

16世紀に書かれた『よき主婦の宝物 *The Good Huswifes Jewell*』の著者トマス・ドーソンは、子牛のムネ肉の中でプディングを調理している。

子牛のムネ肉の中でプディングを焼く方法

パセリとタイムを洗い、ちぎって細かくきざむ。卵黄8個、パン粉、甘みの強いクリーム半パイント［約250ミリリットル］にコショウ、クローブ、メース、サフラン、砂糖、小さな干しブドウ、塩を入れて味つけする。材料をすべて子牛のムネ肉につめて焼いたものを食卓に出す。[10]

17世紀になると専用の布と容器が導入され、プディングは甘みを増し、やがてプラムプディングなどの現在のデザートが誕生した。

ゼリーは中世の食卓に頻繁に登場したが、私たちが想像する甘みの強い（またはインスタントの）ゼラチンとは違い、高級なぜいたく品だった。材料はシカの角、象牙の粉末、豚足、またはアイシングラス（魚の胆のうなどから採ったゼラチン）などで、多くの場合は食事の最初か二番目の品として肉、鳥肉、魚に載せて供された。これは今のゼリーのような菓子ではなく、アスピックやブローン（アメリカではヘッドチーズと呼ばれる）［子牛や豚の頭部を天然のゼラチンでかためた肉ゼリー］に近いものだ。もっとも、今と同じく中世でもゼラチンは料理の飾りや彩りに使われていた。一般の家庭でゼリーを作る場合、着色料は「スパイス売り」（薬屋の別の表現）から買うことができた。ゼリーには、客に敬意を表してその家の紋章か徽章《きしょう》、神を賛美する言葉、当日の祝いの場にふさわしい言葉をきざんだり装飾したりすることが多かった。手法としては、卵の白身に浸した羽で料理人がゼリーの上から図案をなぞり、金粉や銀粉をつけたブラシで色づけをするというものだ。

## ●どんな名前で呼ばれようとも

主な料理の後に甘い料理の品々が出され、それが「デザート」と呼ばれるようになったのは何世紀も後のことだ。19世紀まで、デザートという語は単に前の料理が下げられた後に出される料理という意味で使われていた。14世紀のある書物では、シカ肉とフルーメンティ（小麦を牛乳で煮たお粥）を「デザート」と呼んでいる。

「食事の最後の品」を表す語にはいろいろあったが、ほぼ共通していたのは「その場から立ち去る（leave-taking）」という意味が含まれていたことだ。leaveという語が使われるのは確かに理にかなっていた。食事が終わって立ち去る（leave）というだけでなく、客がテーブルを立って手を洗い、食後の祈りを捧げた後、彼らが残した（leave）料理は別室にいる使用人たちに与えられることが多かったからだ。他にもテーブルから離れるという意味の「イシュ・ド・ターブル（issue de table）」や、食事の締めくくりとしては少々乱暴な、「外に追い出す（bouter dehors）」に由来する「ブート・オール（boute hors）」という表現もあった。

また、アングロ・ノルマン語の「ヴォイディ（voidée）」もある。これは「空にする（voider）」が語源で、大広間や部屋から一同がいなくなることを指していたと思われる。英語では「サリー・フォース（sally force）」という言葉がよく使われた。昔は城に、その後軍事施設に置かれた出撃路を「サリー・ポート（sally port）」と呼んだことから、「サリー・フォース」は「出発」を意味した。これが転じて、家に帰る前、またはその家の主人であれば寝室に向かう前に食べる最後の料理を示すようになったのだ。

今日、イングランドでは「デザート（dessert）」の代わりに「アフターズ（afters）」という言葉がよく使われる。いかにも今風だが、実は15世紀に使われていた「アフター・コース（after-course）」が語源だと言われている。また、イギリス人はデザートの意味で「プディング」という語をよく使う。そのデザートがアップルパイ、チョコレートケーキ——または本当にプディング——であってもだ。20世紀初めには、「プディング」はフランス語から派生した「デザート」より格下の言葉だと見なされていた。イギリス人作家ケイト・アトキンソンの小説『繰り返す人生 *Life After Life*』（２０１３年）に出てくる若きアウグストゥスは「家族だけで食べるのがプディング、客を招いたときに出るのがデザート」と定義している。[11] さらに、最近のイギリスの書き手の中には甘い料理を「プディング」、果物のみの取り合わせを「デザート」と呼ぶ者もいる。フランスの料理史家ジャン＝ルイ・フランドランは著書で、18世紀の「fruit」はデザート料理全般を指す貴族用語であり、「dessert」は資本家や地主などの有産階級が使う用語だったと説明している。だが19世紀になって、果物がひとつではないことを表すために「fruit」は「fruits」と複数形で綴られるようになり、デザート料理という意味は失われたという。[12]

## ◉果物

果物はヨーロッパ全土、またそれ以外の多くの地域で、食事の最後に出されていた最も初期の、そして

版画出版商会カリアー＆アイヴスの19世紀の複製画。山盛りの果物のデザートだ。

誰もが知る食べもののひとつだ。昔から中国、インド、日本では、食事の締めくくりには甘い料理ではなく果物が出されるのが普通だった。今も多くの国でこの習慣は残っている。フランス語と英語の辞書で「デザート」の意味を調べると、たいてい最初に出てくるのは「果物」だ。『オックスフォード英語辞典』では、デザートを「一日の主要な食事、または夕食後に供される果物や菓子などの品」と定義している。15世紀のイングランドの歴史家ラファエル・ホリンズヘッドは著書『イングランド年代記 *Chronicles of England*』のなかで、ある枢機卿がまだ食事を終えていないことを「彼は果物を食べている最中だ」と表現した。イギリスの百科事典編纂者イーフレイム・チェンバーズが手がけた『サイクロペディア *Cyclopedia*』１７４１年版は、デザートを「上流階級の人々の食卓に出される最後の品。肉料理がすべて下げられた後に運ばれる。デザートの内容は果物、小さなケーキやタルト類、砂糖菓子など」と説明している。[13]

体液理論では生の果物は冷たく、乾燥していて体に悪いとされていた。「温」と「湿」の体質が理想だったことを考えると、果物を食事の最後に食べることが重んじられていたことは興味深い。人はさまざまな方法でこの問題に対処した。果物が乾燥または調理されている限り食べても安全だという考え方もあれば、体への悪影響を中和するには果物と一緒にワインを飲むべきだという意見もあった。果物をワインで煮込むとさらに良いという者もいて、ワインの効果を高めるためにシナモン、アニス、ショウガなど体を温めるスパイスが加えられた。さらに、昔の少々非科学的な観念によれば、ほとんどの果物は熟成チーズなどと同様に胃を落ち着かせて閉じる作用があるため「中世では、食事の始めには胃を「開く」消化しやすいものを、食事の最後には満腹感を持続させて胃を「閉じる」ものを食べるのが望ましい、とする考え方があった」、食事の最後に食べるのが良いとされていた。こうした考え方に基づき、食事の最後にナツメヤシやブドウなどを乾燥させたもの、洋ナシを煮たりリンゴを焼いたりして火を加えた果物、体を温めるスパイス、ワイン、胃を閉じると考えられていたチーズなどが供されたのだ。

12世紀のイングランドの学者アレクサンダー・ネッカムは、ナシは体を冷やす有害な果物なのでワインで煮て食事の最後に食べるべきだと書いている。さらに、クルミは毒性のあるハーブや菌類の仲間であるから、ナシを添えて毒を中和する必要があるとも考えていた。13世紀のシエナ出身の医師アルドブランディーノは、ナシは胃を広げて消化を促進するため、食事の最後に食べるべきだと信じていた。ジョン・ラッセルが15世紀に著した『栄養に関する書 *Book of Nurture*』では、ある食事の最後の品を「果物料理の数々」と表現している。その果物料理とは、火を通したリンゴとナシに砂糖菓子やショウガ、ウエハースを添えた料理とイポクラスだ。

体液理論が消え去って数百年が経っても、その概念の多くは民間伝承として実践され続けた。学者マッシモ・モンタナーリは著書『ことわざの中のチーズ、洋ナシ、歴史 *Cheese, Pears, and History in a Proverb*』で昔のイタリアの表現「aspetare le pere guaste（ナシを味わうまで待つ）」を紹介し、これは食事の最後までテーブルにとどまるという意味だと解説している。[14] フランス語の「entre la poire et le fromage, chacun dit sa chanson à boire（洋ナシとチーズの間、誰もが彼の酒宴の歌を歌う）」という言葉は、洋ナシとチーズ、そして多くのワインが供され、誰もがくつろいで楽しんだ食事の締めくくりを意味する。[15]

中世の食事の最後には果物だけでなく、チーズ、コンフィ、イポクラス、甘くスパイスの効いたマルメロのジャムも出された。マルメロのジャムには赤ワイン、シナモン、そして（または）生ショウガでさまざまな風味づけがなされていた。このジャムは、古代ギリシャやローマが発祥地だ。甘みにはハチミツが用いられていたが、中世アラブの菓子職人や、その後スペイン人やポルトガル人が砂糖を使うようになった。スペイン人は自国語でマルメロを表す語にちなんでこのジャムを「メンブリージョ（membrillo）」と名づけ、ポルトガル人はポルトガル語の「マルメロ（marmelo）」から「マルメラーダ（marmelada）」と呼んだ。これが今のマーマレードの元祖になる。北ヨーロッパでは同じようなジャムが「シャルドクインス（chardequince）」「コンドイナク（condoignac）」「コティナク（cotignac）」「クイドニー（quiddony）」などと呼ばれた。15世紀には、木箱につめたマルメラーダが初めてポルトガルからロンドンに輸出されている。薬や催淫剤《さいいんざい》として効果があると評判で、また高額だったため、マルメラーダは上流階級で人気の贈り物となった。[16] マルメロのジャムとチーズの組み合わせは。今では一般的なデザートだ。

対照的に、一部の果物は胃を開くのに役立つと考えられており、食事の始めに食べるのが普通だった。15世紀のイタリア人医師ロレンツォ・サッソーリは、イチジク、ブドウ、熟したサクランボ、メロンは食事の始めにだけ食べるべきだと信じていた。これがイタリア料理の前菜、メロンと生ハムの起源だろうか？

時は流れ、新鮮な果物は体に悪いとする考えは廃れて最高級のものが重んじられる時代になった。作家

イチゴとスポンジケーキとクリームを組み合わせた美しいデザート、フレジエ。

アレクサンドル・デュマの『デュマの大料理事典』〔辻静雄・林田遼右・坂道三郎訳／岩波書店〕には、ジラルドという男がルイ14世にある願いを申し出た話が出てくる。その願いがなにかは書かれていないが、ジラルドは王から年金を受け取ったとあるので、それが願いだった可能性が高い。かつてマスケット銃士だったジラルドはパリ東部のモントルイユ近くの村に隠居し、畑仕事に専念していた。デュマによると、彼が育てる桃はすばらしくおいしかったという。ジラルドは「王様のデザートに」という添え書きとともに12個の桃をルイ14世に送った。見事な桃に感銘を受けた王は自らジラルドの畑に出向いて感謝の意を伝えた。ジラルドは年金と最高級の桃をひと盛り王の食卓に毎年届ける栄誉を手に入れ、一家は革命までこの伝統を守り続けた。[17]

今でも「デザートといえば果物」とい

う文化を持つ国や地域は多い。パイやタルトなどは「特別な日や午後のおやつ」ということになる。1929年出版の『デザートの解剖学 *Anatomy of Dessert*』は、タルトやケーキ、プディングについて書いた本ではない。著者のイギリス人果樹園芸家エドワード・バンヤードが書いたのは、新鮮な果物とそれに合うワインのことだった。『太陽の料理 *The Cuisine of the Sun*』の著者ミレイユ・ジョンストンは、本の題名にふさわしくニースの海を見下ろすアプリコット色の家で生まれた。デザートは（ニース風に言うと）「ラ・フルーシャ（果物）」であり、ジョンストンによれば彼女の家族が経営する果樹園の果物が頻繁に食卓に出されたという。「新鮮な／煮込んだ／乾燥させた／砂糖をまぶした／ブランデーにつけた」果物は、「高級レストランで出されるクリームたっぷりの凝ったデザート」とは違って家族向けのデザートだ、と彼女は説明する。[18] 本書の執筆と出版は、1970年代である。

## ●無醱酵パン

中世の文献には、食事の最後に果物に加えてウエハースとイポクラスが供されたという記述が多く見られる。パンとワインという聖体を連想させる記述だが、これはただの偶然ではない。ウエハースの起源をさかのぼると、ユダヤ教の過越《すぎこし》の祝いで食べられるマッツァーという無醱酵パンや、カトリックのミサで聖体として使用されたウエハースにたどり着くからだ。ウエハースはラテン語で「捧げもの」を意味する「oblate」にちなんで「オブリー（obleyes または oublies）」と呼ばれていた。マッツァーやオブリーも、その後宗教とは関係なく食べられるようになったウエハースも作り方は同じで、ふたつの鉄の型に生地を挟んで焼いた。ウエハース職人は油を塗って予熱した2枚の取っ手つきの鉄の型に生地を挟み、火の上にかざす。片面が焼けると、もう片面を焼く。手が熱くならないように取っ手は十分な長さがあった。ウエハースは熱いうちはやわらかいので、当時の図版入りの写本や絵画に見られるように、円筒状や円錐状に

イタリアのウンブリア州で使われていた、15世紀のウエハース用の型。結婚の祝宴用のウエハースを焼く型だと思われる。型にきざまれた文字の意味は「奉仕が失われることはなく、完璧な愛はいっそう新鮮さを増す」。

巻いてから乾燥させた。

聖体としてのウエハースを作る型には宗教的なデザインが、一般的なウエハース用には紋章やハチの巣柄などが施されていた。ドイツ語でウエハースを表す「バッフェル（wafel）」は、古高《ここう》ドイツ語［ほぼ12世紀前半までに使用されていた高地ドイツ語］でハチの巣を意味する「wabe」から派生したものだが、これは鉄の型のハチの巣柄に由来すると考えられている。フランスでは「ゴーフル（gaufre）」または「ゴーフレット（gauffrette）」（後年英語で書かれた書物には「gofer」という記述もある）と呼ばれたが、これも蜂の巣が語源だ。

初期のウエハース生地にはハチミツで甘みをつけたものもあったが、14世紀にはほぼ砂糖が使われていた。他の材料は小麦粉、卵、牛乳、クリーム。ナツメグやショウガなどのスパイスも頻繁に用いられている。『パリの家長』には、生地でチーズのスライスを挟んで焼くレシピがある。[19] これは現代のグリルチーズサンドイッチによく似ている。

ウエハースを作るのは専門の菓子職人の仕事で

17世紀の画家リュバン・ボージャンが描いた、おいしそうなウエハースとワイン。

あり、12世紀のフランスではウエハース職人のギルド（同業者組合）もあった。テューダー朝イングランドではウエハースは王侯貴族のための、または特別な祝祭日のとっておきの食べもので、王室はもとより富裕層の家庭では専門のウエハース職人を雇っていた。もちろん購入することもでき、『パリの家長』の著者はレシピを載せてはいるが、「結婚の祝宴では専門のウエハース職人から購入した」と書いている。

パリでは、ウエハース職人は路上でウエハースを焼いて販売した。祝祭日には教会の前に店を出したり、祭りに屋台で売ったりする光景がよく見られた。ウエハースは円錐状に重ねられ、5個1組で販売された。売り子に男女の別はなく、一般に口が堅いと思われていたため、客はウエハース売りに秘密の恋文を託し、配偶者に怪しまれないようウエハースとともに愛人に届けさせたりもしたようだ。また、ウエハース職人は客とダイスゲームに興じ、買った客がウエハースをただで手に入れることもあった。ウエハース売りのかけ声に「ヴォアラ・ル・プレジール、マダム！（ご婦人方、お楽しみの時間だよ！）」があり、ここからウエハースは「ウーヴリ」や「ゴーフル」に加えて「プレジール」と呼ばれることになる。

ウエハースは現在もさまざまな名前で呼ばれ、親しまれている。ドイツにはレープクーヘンというクッキーがあるが、その土台は白小麦〔小麦は外皮の色で「白小麦」「赤小麦」の2種類に大別できる〕で作ったオブラーテンという薄いウエハースで、聖体ウエハースによく似たものだ。オランダのウエハースクッキーはトロープワッフルと呼ばれ、通常はハチミツで甘みを加えている。イタリア語でウエハースは「チャルデ」だが、ゴーフルやウーヴリと同じ製法のウエハースは「ピゼーレ」と呼ばれる。言語学者ジョン・フローリオが編纂したイタリア語と英語の辞書『アン王妃の言葉の新世界 *Queen Anna's New World of Words*』1611年版では、ピザの定義に「ウエハース。また、砂糖を使った一種のタルト[20]」という説明が含まれていた。小さいピゼーレは現在アブルッツォ州でよく食べられ、自宅で作ったり祭りのときに売られたりしている。ヨーロッパからの移民がこれをアメリカ、カナダ、オーストラリアなどに持ち込み、デザートとして、またおやつのビスケットとして広まった。英語圏の国ではウエハースはコルネット、コルヌコピア、コーンなどと呼ばれてきた。今ではウエハースはアイスクリームのコーンにも使われている。

### ◉薬用ワイン

中世では、スパイス入りのワイン、イポクラス（hippocras。hypocras、ypocras、ipocras とも綴られる）はたいていウエハースとともに出されていた。中世初期に飲まれるようになったこの飲みものは、古代ギリシャの医師で「医学の父」と呼ばれるヒポクラテスにちなんで名づけられたものだ。ヒポクラテス自身がこのワインを発明したり飲んだりしたわけではないが、彼の名が古フランス語でypocrate（中世英語ではipocras）と綴られたことが語源となった。14世紀から18世紀まで、医師は消化器疾患やその他の病気に「ヒポクラテスのワイン（vinum Hippocraticum）」を処方していた。

イポクラスは温かい飲みものと見なされていた。体液理論の「温」と「湿」の要素であるスパイスが使用されていたため、「冷」と「乾」の体質の体液バランスを整えたり、寒い冬の夜に飲んだりするのにふさわしいと考えられていたからだ。もっとも、現代のマルドワインとは違い、イポクラスは加熱せずに飲まれていたようだ。砂糖（またはハチミツ）の他に、シナモン、クローブ、生ショウガ、ギニアショウガ、ジャコウジカから採取した香料が加えられることもあった。『パリの家長』には、イポクラスは夏の飲料には向いていないのでメニューから除外した、という記述がある。たしかにこれだけ体を温めるスパイスが入っているのだから、やはりイポクラスは冬の飲みものだ。

イポクラスには白ワインも赤ワインも使用され、どちらか一方に限定したレシピもあるが、ワインとだけ書いてあるレシピもあった。このワインに通常はスパイスと砂糖をひと晩浸し、甘みとスパイスの風味をしみこませた後、丈夫な綿、リネン、フランネル、羊毛などで作られた円錐形の袋に注ぐ。この袋は「ヒポクラテスの袖」と呼ばれていたが、形としてはギリシャの一枚布を使った上着（ヒマティオン）ではなく、中世の貴族が着るドレスの袖に似ている。イポクラスに牛乳を入れる料理人もいた。味のためではなく、牛乳を酸性のワインと混ぜ合わせて凝乳《ぎようにゆう》を作るためだ。凝乳とスパイスはワインから分離し、後には透明な液体だけが残る。白ワインであれ赤ワインであれ、たいていこの濾過作業を2、3度繰り返すと、ワインは完全に透明になる。今でもバーテンダーはカクテルを透明に仕上げるのに、この技術をもとにした「ミルク・ウォッシング」という技法を用いる。

使用済みのスパイスはイポクラスが濾過された後も捨てずに取っておき、シチューやポタージュの風味づけに使う。薬屋、料理人、または一家の主や女主人、皆それぞれ自分の好みの調合スパイスを持っていた。また、イポクラス用に調合したスパイスは薬屋やスパイス売りから購入もできたし、イポクラスワインそのものも売られていた。

イポクラスを飲む正当性を訴えた代表格は、17世紀のイングランド議会の議員サミュエル・ピープスだ。イングランド王政復古期の日常生活を綴った有名な『サミュエル・ピープスの日記』〔臼田昭訳／国文社〕で、彼は1663年10月29日に次のように書いている。

> われわれは食料貯蔵室に入った。〔中略〕ワインが出され、皆は飲んだが私はイポクラスを少々口にしただけなので、誓いを破ったことにはならない。私が判断する限り、これは調合された飲料であり、ワインではないはずだ。もし間違っていたなら、神よお許しを！　だが私は間違っていないと望んでいるし、またそう信じている。[21]

18世紀にはイポクラスの人気は急落したが、似たようなスパイス入りのワインは主に北欧諸国で、特に冬によく飲まれた。スコットランドの詩人サミュエル・ジョンソンの友人だったジェイムズ・ボズウェルは、1763年1月19日の日記で「酒場に行き、香りの強いスパイスやコショウ、シナモン入りの温かい白ワインを飲んだ」と書いている。[22]

## ◉降れ、キスのように甘い砂糖菓子よ

ウエハースとイポクラスがふるまわれ、食事が終わりに近づく頃、コンフィという砂糖菓子が出されることもあった。「部屋のスパイス」「キスのように甘い砂糖菓子」「コンフェッティ」「ドラジェ」「ヨルダ

ンアーモンド」「ボンボン」「シュガープラム」――さまざまな呼び名があるが、これらはすべて砂糖でコーティングしたナッツやドライフルーツ、スパイスのことだ。中世の人々はこの砂糖菓子に薬効があると考えていたので、甘い料理だけでなく辛い食べものにも振りかけたり、ケーキや飲みものに混ぜたりした。また、祝宴の最後の一品、就寝前のおやつ、有力者への贈り物としても活用された。

『オックスフォード英語辞典』で「comfit（コンフィ）」を引くと「果実や根などを砂糖漬けにした菓子。現代では通常はキャラウェイの種子やアーモンドなどを砂糖でくるんだ小さな円形または楕円形の塊を指す。別名シュガープラム」とある。コンフィの語源は「準備する」という意味のラテン語「conficere（コンフィケーレ）」で、「confect（砂糖漬けにする）」「confection（糖菓）」「confectioner（菓子職人）」などは「conficere」から派生した語のほんの一部だ。英語では砂糖菓子を表す語は「コンフィ」に落ち着いたが、イタリア語では「コンフェット（Confetto）」、より一般的には複数形で「コンフェッティ（confetti）」が用いられている。フランス語では砂糖漬けにした種子やナッツは「ドラジェ（dragée）」という。『オックスフォード英語辞典』によれば「dragée」は、英語の「dredge」（「小麦粉や砂糖などをまぶす」の意）と同様にラテン語の「トラジェマータ（tragēmata）」に由来すると考えられる。

砂糖は高価で、コンフィを作るには特殊な器具と技術を必要としたため、これを薬として使用できたのは富裕層だけだった（普通は薬屋で購入した）。「ドラジェ」は『オックスフォード英語辞典』によれば「中心部に薬をくるんだ砂糖菓子。薬を飲みやすくするためのもの。現代では薬を服用する手段に限定されず、砂糖漬けにしたアーモンドを広く指す場合が多い」。「コンフィ」「コンフィット」「ドラジェ」――呼び方はなんであれ、もとは砂糖でくるんだ薬を意味していたということだ。中世のコンフィは、生ショウガやコリアンダー、アニス、キャラウェイ、フェンネル、セロリ種子などを砂糖でくるんだものだったと思われる。または、アーモンドやピスタチオ、ヘーゼルナッツ、アンズやサクランボの種、シナモンの小片を

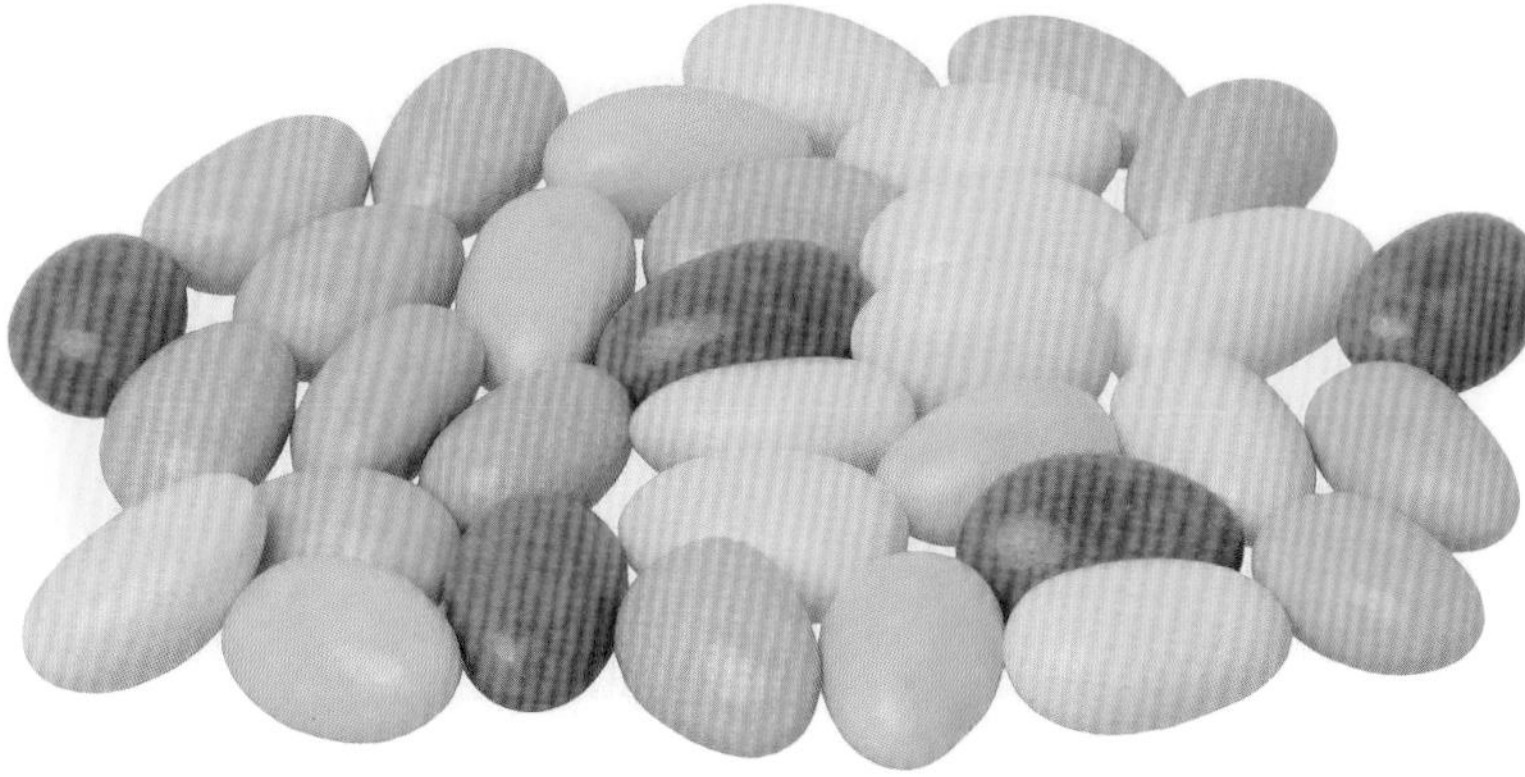

現代の美しいヨルダンアーモンドはデザートを華やかに彩る。

砂糖でくるんだコンフィもあった。アンジェリカやアイリス（オリスともいう）などの根は乾燥させて粉末にし、砂糖とアラビアゴムを混ぜ合わせてペースト状にした。これを小さく丸めて砂糖漬けにするとコンフィができる。

15世紀には、王室お抱えの菓子職人が王侯貴族のためにコンフィを作った。貴族たちは料理を大量に食べると、消化を促進するため立ったままコンフィを口にしたという。薬としての用途に加え、呼気を甘くするキャラウェイとフェンネルの種のコンフィは口臭予防剤としても用いられた。シェイクスピアの『ウィンザーの陽気な女房たち』では、登場人物のフォルスタッフが「降れ、キスのように甘い砂糖菓子よ」と空に叫ぶ場面がある（第5幕第5場）。「comfit」の発音は「コンフィ」より「コンフォート」に近い。一番人気があったのはキャラウェイのコンフィだ。劇作家トマス・ヘイウッドは17世紀の戯曲『西の美しき女 *The Fair Maid of the West*』でこんな言葉遊びを書いている。「私は勇気を奮い、あなたが催す宴に参ります。そして自分自身に慰め《コンフィ》を与え、心配ごと《キャラウェイ》を飲み込んでしまいましょう[23]」

『パリの家長』には、結婚の祝宴の最後の品として約1・5キロの白いコンフィを用意したとある。また、別の祝宴で著者は赤いコンフィを購入し、食事の最後に出すのではなく、ザクロの種子と一緒にブランマンジェの上に振りかけた。本には「コンフィは家庭で用意するのではなく、スパイス売りから購入するのがよい」とある。ナッツや種子のコンフィを作るのはかなり難しく、専門家に任せるのが一番というわけだ。月日とともに調理器具は改良されたが、基本的な作り方は変わらない。まずナッツや種子を平鍋などに入れ、よく炒る。その後、前もって作っておいた砂糖シロップを注ぎ入れ、まんべんなくしみこむように何度かゆする。まだ熱いシロップをナッツや種子に指ですり込み、シロップがむらなくしみこんでいるか、またナッツや種子がひとかたまりになっていないかを確認しなければならない。シロップが乾いてきたらまた同じ工程を繰り返し、完成まで3、4日かかることもあった。

17世紀には薬屋ではなく料理人や菓子職人がコンフィを作ることが多くなったが、調理法は相変わらず楽ではなかった。女性で初めて英語の料理書を出版したハンナ・ウーリーは、1684年版『女王のクローゼット、または金持ちのキャビネット――すべての器用な女性が楽しく料理するのに役立つ保存、砂糖がけ、調理の貴重なレシピ *The Queene-like Closet or Rich Cabinet: Stored with All Manner of Rare Receipts For Preserving, Candying and Cookery. Very Pleasant and Beneficial to all Ingenious Persons of the Female Sex*』で、この工程についてくわしく説明している。必要な器具を挙げて「すべてそろえる」ようにと念を押したうえで、彼女はこう述べている。

砂糖の溶かし方。約1・3キロの砂糖と約600ミリリットルの水を鍋に入れ、よくかき混ぜて溶かしてから弱火にかける。塊がなくなり、レードル［おたまのような調理器具］からテレピン油のようにとろりと滴《したた》るようになったら火を弱める。シロップがかたまらないよう、しばらくの間石炭の燃えさしの上にかけておく。

吊《つる》し鍋に入れておいた種子に、一回につきレードル半分の熱いシロップをかけ、鍋をできるだけ手早く動かす。もう一方の手で、種子にシロップをよくすり込んでしみこませる。どの種子にもまんべんなくシロップをしみこませたら、しっかり乾燥させる。

鍋を動かし、片手でむらなくコンフィを交ぜ合わせてから乾燥させる、この工程を繰り返す。1時間で1・3キロほどのコンフィが完成する。レードルでもっとシロップをかければ、さらに大きなコンフィができる。

普通のコンフィを作る場合は、最初にシロップの濃度を濃く、最後に薄くすること。温度は熱くなりすぎないよう気をつける。

ぱりっとしてざらついたコンフィを作るなら、濃度の濃いシロップをかけなくてはならない。かたまらない程度に濃いシロップを、30センチかそれ以上離して種子にかける。シロップの温度が熱ければそれだけコンフィのざらつきは増す。薄いシロップをかけたものに比べ、このコンフィには濃いシロップの層ができてしみこみにくいため、表面のざらつきが長時間崩れにくい。1回につき、きっちりレードル1杯分のシロップを使い、8～10回同じ工程を繰り返す。[24]

昔は、コンフィの表面はどれもなめらかとは限らなかった。わざとでこぼこに作ったものもあれば、ウーリーの本にあるようにざらざらした感触のものもあった（当時は大人気だった）。色も白とは限らず、最後にかけるシロップは野菜を使って赤、黄色、青、または緑に着色されることもあった。赤やピンクはバラの花びらを使ったものだ。サフランを使えば金色のコンフィができるし、ホウレンソウなら緑、ヤグルマギクなら青になった。[25]

高い地位の象徴でもあるコンフィは、結婚式やその他の祝宴で宝石のついた美しい皿に盛って供される

17世紀イングランドのコンフィ入れ。
高級感が漂っている。

ことも多かった。コンフィを入れる豪華な小箱は、フランスの「ドラジェ」にちなんで「ドラジュワール」と呼ばれた。本物の宝石ほど高価ではないにしろ、ドラジュワールは宝石箱のように装飾がかって作りも凝っている。フランスでは、客はしばしば祝宴後にドラジュワール、またはコンフィや他の菓子をつめた籠を手土産に渡された。コンフィはフランスではボンボンともいい、ボンボンを入れる豪華な容器はボンボニエールと呼ばれた。また、コンフィは不妊症に効果があると信じられていたため、結婚式で出されたり、ライスシャワーのように新郎新婦に浴びせられたりした。

高官や教会関係者を招くときもコンフィの出番だ。ドラジェの品質の良さで知られるフランス北東部の都市ヴェルダンでは、ドラジェはかつて司教たちへの公式の贈り物だった。1575年、ヘンリー3世の戴冠式では砂糖でくるんだアーモンド12箱がヴェルダンから贈られている。また、コンフェッティで有名なイタリアの都市スルモーナには、コンフェッティ博物館がある。この博物

イタリアのスルモーナにあるペリーノ社は、「わが社のコンフェッティは300年前のレシピに従って作られており、小麦粉も他のデンプン質も使っていない」と語る。

館は16世紀の建物を改造したもので、かつてはスルモーナで最も有名なコンフェッティ製造会社、ファブリカ・コンフェッティ・ペリーノ社があった場所だ。

結婚式やカーニバルには、紙吹雪のようにコンフィが飛び交った［comfit には「コンフィ」と「紙吹雪」の意味がある］。1891年に出版されたスコットランドの詩人ウォルター・スコットによる『ウォルター・スコット卿の日記 *Journal of Sir Walter Scott*』で、彼はある出来事を振り返って「イタリアのカーニバルでのコンフィのように賛辞が飛び交った」と記している。[26] コンフィを大量に作るにはそれなりの費用がかかるため、その工程で節約を図る菓子職人も現れた。アーモンドや種子をシロップにつける前に小麦粉をまぶすのである。こうすれば砂糖の量は抑えられ、またシロップの層も早く重ねられる。小麦粉の量を増やせばそれだけ早く安く作ることができた。上質なコンフィほどおいしくはないが、そこそこ食べられる味だったらしい。

19世紀ローマのカーニバルでコンフェッティを投げ合う人々。気の弱い者にはとうてい楽しめない祭りだ。

紙吹雪のように投げるためのコンフィには模造品を使う場合もあった。砂糖でくるんだアーモンドと形も大きさも同じ石膏で作られ、カーニバルのパレード中に友人、恋人、見知らぬ人に投げるために籠入りで売られる。コンフィを投げるという行為には「戯れの恋」のような意味合いもあった。コンフィは、自分が好意を抱く異性の気を引くための手段でもあったのである。

ドイツの詩人ゲーテは30代後半のときに2年間イタリアを旅し、この国の印象やその慣習を1787年から翌年にかけて書き留め、『イタリア紀行』〔相良守峯訳／岩波書店〕という本にした。そのなかで彼は、ローマのカーニバルについて「ある種の小さな戦争であり、たいていは冗談半分だが、本気になってしまうこともままある」と描写した。仮装した群衆、通りを埋めつくす馬車、その光景をバルコニーから見下ろす人々、石膏のコンフィが入った大きな籠を手に群衆の中をかき分け、仮装した酔っぱらい相手に売り歩く物売りたちのことも書いている。浮かれ騒ぐ酔っぱらいは大量の石膏コンフィを買い、小袋やハンカチを結び合わせた中につめて武装した。美しい銀色や金色の籠にコンフィを入れて持ち歩く女性もいた。

ゲーテによれば最も狙われやすいのは修道僧であり、石膏のコンフィが当たると黒衣にはたちまち白や灰色の斑点がついたと描写している。標的となるのは修道僧だけではない。男たちは美しい女性の気を引くために石膏のコンフィを投げ、女たちも見栄えのいい若い男に人目を盗んでコンフィを当てた。やがて、馬車や外套、帽子、通り、すべてが雪に覆われたように白くなる。やりすぎない限りはとても楽しい行事だが、ゲーテによれば、仮装した男が気を引こうとした女性に力いっぱい石膏を投げつけ、怪我をさせる光景が時々見られた。女性の友人たちは男に石膏を投げ返して彼女を守ったという。もっとも、警察と街のあちこちに吊された処刑用の縄のおかげで、争いが取り返しのつかない事態に発展することはまずなかった。[27]基本的にはカーニバルは楽しいものであり、石膏の粉はすぐに片づけられるので、問題になるようなことはなかったようだ。

やがてカーニバルに繰り出す人々は、衣装を石膏の塵で汚さないように外套《がいとう》を着るようになった。また、石膏が目に当たりでもすると大変なことになるので、針金細工の仮面まで作るようになった（なかには石膏を手ではなくシャベルのようなものですくって投げつける輩まで現れたため、身を守るための防具は必需品だった）。イギリスの作家チャールズ・ディケンズがこのカーニバルを1844〜45年に訪れた際には、この小さな戦いはかなり激しいものになっていた。ローマの人々がみな陽気で明るいことにディケンズは感嘆しながらも、針金細工の仮面は忘れなかった。『イタリアのおもかげ』［隈元貞広・伊藤弘之・下笠徳次訳／岩波書店］という本の中で、馬車にも埃《ほこり》よけがついているとディケンズは書いている。「すべての馬車には屋根がなく、白い綿や更紗《さらさ》でていねいに裏張りがされた布がかかっていた。ひっきりなしにぶつけられる石膏で美しい装飾が傷つかないためだ」。また、この小さな戦いについてこう記してもいる。

一か所で足止めされた何台もの馬車は、他の馬車や低い窓のところにいる人々と意図的に一戦交え始めた。上階のバルコニーや窓辺にいる見物人も騒動に加わり、両方を攻撃する。何袋ものコンフェッティ［コンフィ］が投げられて雲のように落ち、誰も彼もみるみる粉屋のように白くなった。[28]

石膏で作られたコンフェッティに影響を受けたのか、それとも偶然の産物かは不明だが、同じ名前の画期的な新製品が19世紀の終わりに登場する。アンリ・ド・トゥールーズ＝ロートレックの１８９４年の広告ポスターにはその新製品――紙製のカラフルで無害なコンフェッティを浴びて幸せそうに笑う若い女性が描かれた。ポスターを依頼したのはロンドンの製紙会社、Ｊ＆Ｅ・ベラだ。

紙のコンフェッティは石膏のコンフェッティの大幅な改良版だ。紙だから思う存分投げることができる。安くお祭り気分を盛り上げられ、しかも安全だ。服が汚れないから仮面や外套も必要ない。新聞がこの新製品について発売当初から熱烈な記事を載せたのも無理はない。１８９４年3月26日付けの『ニューヨークタイムズ』紙は、「パリの大通りに新しいカーペットが敷かれた」と報道した。「紙のコンフェッティは踏むとベルベットのようにやわらかく、見た目も美しい。流行の最先端をいく街にあっても斬新な商品である」。パレードで、結婚式で、カーニバルで紙のコンフェッティは歓迎された。そして石膏のコンフェッティは廃れ、コンフィ、コンフェッティ、ドラジェは弾丸ではなく、甘い菓子としての役割を取り戻すことになった。

さまざまな名前で知られるコンフィは、今も世界中の国々で愛されている。イランの新年は春分の日「ノウルーズ」に始まるが、この祝日には7種類の菓子を食べるのが習わしだ。そのなかには、ノギスと呼

アンリ・ド・トゥールーズ＝ロートレックが1894年に描いた、安全な紙のコンフェッティ投げ。

ばれるコンフィ、砂糖でくるんだアーモンド、アーモンドにハチミツとサフランを加えてピスタチオを添えたソハン・アサリというコンフィがある。インドのスイートアニス、イギリスのアニスボール、フランスのアニス・ド・フラヴィニー・アン・ビアン・ボンボン――いずれもコンフィの名前だ――には、アニス味だけではなく何種類ものフレーバーがある。コンフィは子供向けの菓子（『不思議の国のアリス』では、アリスはコンフィの箱を手に不思議の国への旅に出る）でもあるし、大人にとっては口臭予防の役割も果たす。昔を思い起こさせてくれるコンフィといえばヨルダンアーモンドだ。国名の「ヨルダン（jordan）」ではなく庭を表すフランス語の「jardin」にちなんで名づけられたこのコンフィは、現在は結婚式での客への手土産として配られることが多い――かつての優雅な中世の祝宴で客にコンフィが配られたように。ただし、中世ではコンフィは宝石のついたドラジュワールに入っていたが、今はリボンがついたチュール生地の袋に入っている。また、コンフィは今では薬ではなく幸運を呼ぶ菓子と考えられ、特に5粒は縁起がいい。この5という数字は、健康、富、幸福、子孫繁栄、長寿を表している。

今日、私たちは冬にスパイシーなマルドワインを飲み、マンチェゴチーズにマルメロのジャムを載せて味わい、食後には赤ワインと甘いスパイスで煮た洋ナシのコンポートを食べる。胃を閉じ、体液バランスをとろうと意識せずとも、現代人も自然と昔の医学論に従っている。たとえその存在理由は変わっても、中世の饗宴の最後に出されていた品々は、現在も食事の締めくくりによく登場しているのである。

# 第2章　目で味わう

「料理は見た目が大事」ということわざがあるが、中世のヨーロッパ貴族はこれを地でいっていた。中世は華やかなテーブルセッティングをよしとした時代。ろうそくの光できらめく小塔を備えた城の砂糖工芸、調理後に色鮮やかな羽をわざわざつけ直したクジャク、口から火を噴く野ブタの頭のロースト（綿片《わたぎれ》を樟脳《しょうのう》とアルコールに浸し、客に出す直前に火をつける）がテーブルを飾った時代だ。[1]

この頃イングランドではこうした「娯楽料理」をサブテルティ（subtelties）と呼んでいたが、現代英語の subtle（「繊細な」の意）とは似ても似つかないものだった。当時のアングロ・ノルマン語でサブテルティ（sotilté、sotelté、sotileté などとも綴られた）は「設計と細工の複雑さや創意工夫」を意味し、娯楽料理を的確に表す語だったと言える。イタリアでは「トリオンフィ」（「勝利」の意）、フランスでは料理やコースの合間という意味の「アントルメ」と呼ばれた娯楽料理は、ひとつのコースが終わって次を準備する間に供される。時間とテーブルのすき間を埋めるのはもちろん、客を感嘆させ、権力と富、技巧を披露する絶好の機会だった。

サブテルティにしろ、トリオンフィ、アントルメにしろ、味は甘いものだけでなく辛いものもあった。演劇の幕間に披露される短い出し物のように音楽の余興や寸劇にも用いられたし、政治的メッセージを発

1693年2月28日、この砂糖の彫刻はボローニャのヴィツァーニ宮殿で催された饗宴のテーブルを飾った。

信する道具にもなった。その一例が、旗を翻す城の模型を飾ることで領主の広大な地所を客に誇示するというやり方だ。また、砂糖とペイストリー、ボール紙を使い、森の風景や祭壇を備えた教会なども作られた。娯楽料理の多くは実際に食べることができたが、それが必須条件というわけではなく、見た目に楽しく大仕掛けであることが重視された。こうした娯楽料理の完成には厖大な労力と費用がかかる。特に祝宴や政治的意味を持つ催しなどでは、料理人や給仕や皿洗いに加えて、大工、画家、彫刻家などの専門職が多く雇われた。歌手、踊り手、音楽家が呼ばれることもあったようだ。

こうした大掛かりな娯楽料理を楽しむのは特権階級に限られていたが、左記の古いイギリスの童謡は、誰もがその場を想像して楽しむことができた。

ちっちゃなボッゲン王　すてきなおやしきたてたとさ
かべはパイのかわと　おかしのかわで　できている
まどは　くろとしろのプディングで
やねはパンケーキ　こんなのみたことないだろう！

庶民が壮大な食べものの建造物を実際に目にするのは、カーニバルなど野外で催される祭りのときだ。フランチェスコ・オリリアによる17世紀の木版画には、パン、チーズ、果物、サラミ、子ブタで造形された巨大なアーチが描かれている。これは聖ヨハネの日に合わせて、ナポリ副王アントニオ・アルバレス・デ・トレド公に敬意を示すために作られたもので、侯爵の気前の良さを示すことが目的だった。[2] 材料が砂糖であろうとソーセージであろうと、またパイ皮であろうとバターであろうと、とにかく娯楽料理は人の目を釘つけにする。有名なイギリスの童謡で歌われたように、こんな驚くものもあった。

When the pye was open'd,
The birds began to sing,
Was'nt that a dainty dish
To set before the King?

娯楽料理の時代から長い時が過ぎ、子供たちは童謡とクロウタドリのパイのコミカルなイラストを楽しんだ。この絵はイングランドの有名な芸術家ウォルター・クレインが、1865年に描いたものだ。

6ペンスのうたをうたおう
ポケットにはライむぎをつめて
パイのなかでやかれた　24わのクロウタドリ
パイをあけたら　ことりたちはうたいだす
おうさまのための　なんてみごとなこのりょうり

なんとも奇想天外な詩に思えるが、生きたクロウタドリのパイは実在した。ただし焼くわけではなく、パイを切ると中からクロウタドリが飛び出して部屋中をさえずり飛ぶという趣向だ。作り方は以下の通り。最初にずっしりとしたパイ皮にふすまをつめて焼き、焼き上がったらパイ底の生地を切り取ってふすまをすべて取り除く。次に、娯楽料理専門の料理人が生きた鳥をパイの空洞に押し込み、切り取ったパイ底をもとに戻してテーブルに出す。使用人がパイ底を取り外すと鳥が解き放たれ、客の目を楽しませた。

イギリスの料理人で作家のロバート・メイは17世紀後半の人物だが、彼の食の思想はもっと前の時代に根差したものだ。メイはフランスで修業を積んだ王党派で、大がかりな娯楽料理を非常に好んだ。著書『料理の達人 *The Accomplisht Cook*』の初版が発売されたのは、オリバー・クロムウェルのピューリタン政権失墜後にチャールズ2世が王位に就いた1660年、メイが「高貴なる者のよろこび」と呼んだ時代が再びイングランドに訪れた時期だ。この本では実際に食べることを前提とした千以上のレシピに加え、王や重要人物などに出す、豪華だが食べることはできない――ときには途方もない――娯楽料理のレシピも紹介されている。

「料理術の最高峰――十二日節など祝祭日の娯楽料理」という項目では、旗と吹き流し、銃を備えたボール紙の船の作り方が載っている。さらに、同じくボール紙で雄ジカを作り、中をクラレットワインで満たすレシピもあった。雄ジカの脇腹には矢を突き刺しておく。この船や雄ジカは大皿に載せられ、周囲を塩で囲まれていた。塩の上には中身を吸い出した後にバラ水で満たした卵の殻が置かれている。両側に添えられるのはカエルや鳥をつめたパイ。大皿がテーブルに運ばれたときには、客は驚嘆したに違いない。本には「ご婦人方に雄ジカの矢を引き抜くようにうながすこと。矢を抜くとワインが血のように吹き出す」という説明がある。ボール紙の銃は実際に発射でき、白い粉が飛び散る。その後のことをメイはこう記している。

バラ水で満たした卵の殻をご婦人方に投げ合ってもらう。騒ぎが一段落すると、危険は去ったと安心した客の興味はパイの中身に移るはずだ。まずひとつのパイのふたを持ち上げる。するとカエルが飛び出してくる。ご婦人方は飛び上がって悲鳴を上げるに違いない。次のパイからは鳥が飛び立つ。鳥は明るいほうに向かう習性があるためキャンドルのほうへと飛んでいき、火は消えてしまうだろう。天井では鳥が飛びかい、床ではカエルが跳ねている。客は大よろこびだ。最後にろうそくの火が灯され、ごちそう（banquet）が運ばれて音楽が聞こえてくる。すべての客は愉快で満足した気分になり、再び食事を心ゆくまで楽しむだろう。[3]

時を経るにつれ、かつてアントルメと呼ばれた娯楽料理はただ楽しむものから食べるものへと進化した。種類は野菜や卵を使った料理からクリーム、ケーキまでさまざまだったが、次第に香辛料を入れた料理は減って甘いものが増えていく。現在のアントルメは、メイの時代に比べると華やかさを欠くようだ。パティシエのすてきなデザートはテーブルを彩りはするが、カエルが跳ねたり鳥が飛んだりすることはもはや宴席の娯楽とは見なされず、水で満たした卵の殻を投げ合うことが食事の席で許されることもまずないだろう。今日のレストランのデザートメニューでは、「アントルメ」という語はやわらかく濃厚なムースやガナッシュなどが入ったレイヤーケーキを意味する。ケーキの飾りは、キャラメルソース、チョコレート、フルーツコンポート、甘いビスケットクランブルまたはトゥイル［甘くサクサクしたウエハース］、屋根瓦のような形のウエハースビスケット（クッキー）などさまざまだ。ただしペイストリーやケーキなどのコンクールでは、今もインパクトのあるアントルメを作ることがパティシエの技術のひとつに数えられる。

## ◉お菓子のごちそう

メイが本のなかで用いたごちそう（banquet）とは、祝祭日の食事を締めくくる菓子のコースのことだ。banquette とも綴られるこの語の登場は16世紀にさかのぼる。スコットランドでは「ケーキとワインのごちそう」、イングランド北部では「果物のごちそう」という具合に使われていた。今は「趣向を凝らした」、そしてたいていは「格式ある食事の場」という意味を表す banquet だが、この時代は主にメインディッシュのときとは違う部屋や建物で供される菓子のコースを意味していた。これは、夕食後に別室でコンフィとイポクラスを楽しむという昔の習慣から生まれたものである。16世紀の甘いごちそうは人を驚嘆させるためのものであり、料理人はそれまで以上に精巧な料理を作った。菓子は食べて楽しむものであると同時に、薬効があり消化を助けるとまだ考えられていたが、この頃にデザート料理の原型ができたことは間違いない。

「banquet」は、料理のコース、そこで供される個別の品、そして饗宴のために広い敷地内に建てられた別館という意味でも使われていた。メインディッシュが終わって敷地の庭園を散歩しながらバンケティング・ハウス（banqueting house）に移動し、菓子類やワインを楽しむのはいい気分転換になる。こうした優美な別館は、湖や庭園を見渡す丘に建てられることが多かった。絵のように美しい景色を楽しむために

1687年1月14日にキャッスルメイン伯爵のテーブルに君臨した、女神ユーノーとキュベレーの砂糖の彫刻。

本宅の最上階に作られることもある。お堅い面々は愛人との逢瀬の場になるという理由でバンケティング・ハウスを嫌ったが、彼ら以外にはすこぶる好評だった。ヘンリー8世はハンプトン・コートにバンケティング・ハウスをかまえていたし、エリザベス1世はロンドンから16キロほど離れた都市ノンサッチにある宮殿の丘に建てた3階建てのバンケティング・ハウスがお気に入りだった[4]（なお、エリザベス1世はお菓子に目がなく、歯が真っ黒だったことで知られている）。当時、1ポンド［約450グラム］の砂糖の価格は職人の1日分の賃金に相当し、このような饗宴を楽しむことができるのは富裕層だけだった。

この頃、ほぼすべての料理書には「饗宴に必要なすべてのもの」または「饗宴用のしゃれた食べもの」という項目があった。1611年に出版された作者不詳の『淑女と貴婦人の戸棚 *The Closet for Ladies and Gentlewomen*』には、饗宴用の料理の項目に「以下は饗宴用の奇想天外な品。マーマレードやクオディニアク［マルメロや他の果物のペースト］などを使用」というタイトルがつけられている。レシピにはコンフィ、ゼリー、果物のペースト、クリーム、そして「型を取って金粉を塗った砂糖の鳥や獣」があり、砂糖ペーストの混合物を小さなパンの形にした「ビスカテロ」をウエハースに載せて焼くレシピも含まれていた。その説明書きには、焼き上がったら「金粉を振って箱に入れる。饗宴でのしゃれた一品になる」とある。砂糖ペーストでクルミを造形する際には「割ると、中からビスケットとキャラウェイ、または美しい詩を書いた紙片が出てくる」ように作りなさいという指示があった。また、これに似た「饗宴でのしゃれた食べもの」の項目には、「子供たちはこれに大よろこびする」と書かれている。[5]

『淑女と貴婦人の戸棚』は貴族に向けて書かれた本だが、饗宴の「コース」という概念は庶民の家庭にも広まっていた。ジャーヴェス・マーカム（1568～1637年）はイングランドの詩人で劇作家だが、獣医学、狩猟、タカ狩り、乗馬に関する本も書いている。また、17世紀初頭に出版され、イングランドの家政書として最も重要な一冊といえる『イングランドの主婦 *The English Housewife*』の著者でもある。この本は初版から何度も再版、改訂されるほど人気があった。1620年にはイングランドからアメリカのバージニア州に船で出荷され、ヨーロッパの植民地だったアメリカに持ち込まれた最初の料理書である。饗宴における正しい配膳の順序について、マーカムは次のように書いている。

**饗宴における配膳の順序**

獣、鳥、魚、家禽類などを使用した娯楽料理を一番に出す。次にマルチパン、果物のジャム、ペースト、そして果物のシロップ漬け、果物の砂糖漬け、マーマレード、コンフィ、リンゴ、洋ナシ、ウォーデンス（洋ナシの一種）、オレンジ、レモンのスライス。次に水、また別の果物のジャム。〔中略〕同じ種類の料理を2皿同時に運ばないこと。さまざまな種類の料理を並べると見栄えがいいし、食欲もそそる。[6]

当時は料理書出版の草創期であり、主な読者対象は貴族だったが、マーカムの本は田舎の主婦や婦人のために書かれていた。とはいえ、彼が想定したのは一般労働者の妻ではない。学があり、土地持ちで、家庭を切り盛りするうえでの有能なパートナーという、大きな責任を担う主婦だ。このことは本の内容からもはっきり見て取れる。幅広い分野を論理的にまとめた『イングランドの主婦』には、医学、料理、アルコールの蒸溜や醸造、パンやケーキなどの調理、酪農、染色、饗宴用の料理に関する項目が含まれている。[7] 饗宴用の料理を紹介する項目で、マーカムはそのような「魅力的で好奇心をそそる調理法」は普段用いるわけではないが、「飾りとしては必要」であると述べている。マーカスに言わせれば、主婦たるもの娯楽料理の調理法くらいは知っておくべきらしい。主婦が家政に責任を持つべき理由のひとつは、砂糖には薬効があり、家族が病気になったらこの薬を与えるのが主婦の務めだったからだ。さらに、砂糖はまだ高価だったため、盗まれないように目を光らせておく必要があった。その結果、砂糖を使った料理を作るのは家の女主人とメイドたちの仕事になったのだ。T・ホールの著書『女王の宮廷料理 *The Queen's Royal Cookery*』(1709年)の口絵には、燃えさかる火で肉を焼く男の料理人たちと、酒を蒸溜し、ペイストリーを作る女の料理人たちが描かれていた。肉を焼くのは男性、ペイストリーを作るのが女性というイメージはいまでも残っている。

マーカムの饗宴用料理のレシピは、中世時代と似たものも多い。内容はゼリー、マーマレード、バンベリーケーキ[干しブドウが入った卵型のパイ]、ジンジャーブレッド、スパイスケーキ、砂糖ペーストで作ったシナモンスティックもどき、ジャンバルと呼ばれていたビスケット[現在はジャンブルという]、マルチパン(マジパンともいう)で作った砂糖菓子、サケットと呼ばれる菓子、イポクラスや他の飲みものも含まれていた。以下は、マーカム流「ジャンバル」のレシピだ。

最高のジャンバルの作り方。卵白3個をよくかき混ぜ、表面の泡を取り除いておく。次に、牛乳少量と、細かくふるった小麦粉約1ポンド［約450グラム］と砂糖を合わせてさらに細かくふるったもの、よく洗って乾燥させたアニスシードを用意し、卵白を泡立てたものと混ぜ合わせてしっかりとまとめる。それを好きな形にこねたら、白い紙に載せて弱火のオーブンで焼く。[8]

### ●砂糖のよろこび

饗宴のテーブルに並ぶ壮観な娯楽料理の出来は、砂糖を扱う菓子職人の腕にかかっていた。イスラム社会の菓子職人は、少なくとも11世紀には砂糖工芸に熟練していた。その知識は貿易を通じてヴェネツィアに伝わり、その後ヨーロッパの宮廷に広まったと思われる。ヨーロッパの菓子職人は、水に入れた砂糖を沸騰させると透明なシロップになること、細い銀糸《ぎんし》のような飴細工を作れること、煮つめると濃厚なキャラメルにもなることを学んだ。そして15世紀、ヨーロッパは再び中東の技法に倣い、地中海の低木から採れる樹脂、トラガカントゴムと砂糖を組み合わせるようになった。そうして生まれたのが砂糖ペーストで、砂糖プレート、パスティヤージュとも呼ばれるものだ。ここから食卓の装飾は大きく変わる。ガム・ドラゴン、またはドラゴンとも呼ばれるガム・トラガカントは砂糖と組み合わせると粘着力が強まり、また自由自在に伸び縮みするので、手でこねたり、さまざまに造形したりすることができた。こうして砂糖の彫刻の完成度と複雑さは一気に増した。作品の大半は政治的、歴史的なテーマや神話をもとにした城や騎士、ラクダ、ゾウ、建物、鳥、獣などで、すべてこの砂糖ペーストを彫って作られた。色は菓子職人の気分次第で白いままだったり、着色されたり、金箔をはられたりした。このような砂糖工芸は非常に印象的であ

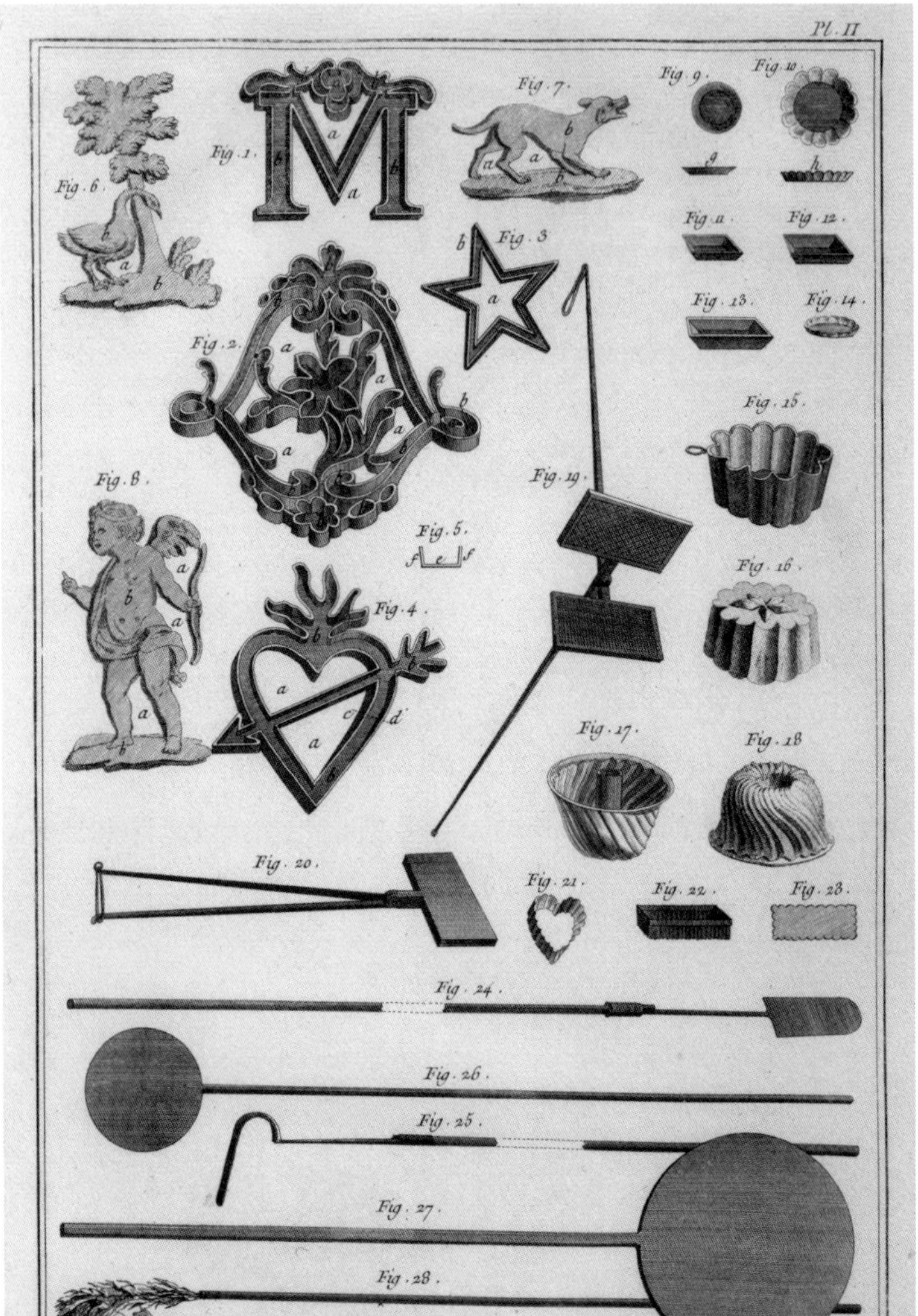


18世紀の砂糖菓子職人が使用していた道具

り、饗宴はしばしば「砂糖の饗宴」（sugar banquet）とも呼ばれた。

1574年、ポーランド王でじきにフランス王アンリ3世の座も控えていたヴァロワ朝アンリはヴェネツィアを訪れ、行く先々で手厚いもてなしを受けた。ヴェネツィアの武器庫では展示品の武器に感銘を受け、その後砂糖を使った軽食を供されている。王は武器だけでなく、マジパンと砂糖ペーストで作られた見事な芸術品にも感銘を受けた。いざ食事をしようと腰かけてナプキンを取った王は、あっと驚く。そのナプキンも砂糖でできていたからだ。そればかりか、皿やパン、ナイフ、フォーク、スプーンにいたるまで、すべてが砂糖工芸だった。翌日、王は再び「砂糖の饗宴」に招かれる。王を出迎えたのは、最高級の真っ白な砂糖で作られた300人の女性の像——いわば砂糖のハーレムだ。像のひとつは女王で、アンリにふたつの王冠を差し出していた。饗宴の終わりに客は特別な袋を渡され、砂糖細工を持ち帰った。王は心を強く打たれ、39個の小さな砂糖の彫刻を注文してフランスに持ち帰ったそうだ。[9]

「砂糖の饗宴」は特に結婚式にぴったりだ。たとえば1585年、デュッセルドルフの城で盛大に行われた結婚式の締めくくりは並外れたものだった。そのようすはフランス・ホーヘンベルフの版画にも描かれていて、布をかけたテーブルに城、木々、魚、ライオン、ゾウ、騎乗の男、その他巨大な砂糖の彫刻がずらりと並んでいる。そびえ立つ作品があまりに大きく、前景に描かれた客はみな小人のようだ。結婚式が終わるとすぐに客は彫刻を砕いて、土産として持ち帰った。[10]

客だけでなく、見物人も砂糖工芸を壊して食べるのはめずらしいことではなかった。後にサラダに関する最初期の書物『アケターリア——サラダ論考 *Acetaria: A Discourse of Sallets*』を著して有名になったジョン・イーヴリンは、出席した多くの饗宴についての記録を日記、手紙、その他の書き物などに残した。1685年12月の日記では、ジェームズ2世がヴェネツィア大使のために開いた饗宴について書いている。

テーブルには12枚の大皿が積み重なり、客は互いの顔がほとんど見えないほどだった。砂糖菓子を盛った皿をこの絶妙なバランスで積み上げるには数日を要したに違いない。大使たちがこの皿にさわることはなかったが、興味津々に駆けつけた見物人たちがあっという間にこの傑作を崩し、砂糖菓子を持ち去ってテーブルを空にする光景をおおいに楽しんだ。[11]

オスマン帝国時代、トルコの菓子職人が作る菓子は有名だった。ヨーロッパの菓子職人と同じく王室や宗教にかかわる行事、特に割礼の儀式や結婚式で精巧な砂糖工芸を披露している。彼らが作ったのは砂糖の庭園、動物、バックギャモン、チェス一式、そして神話の登場人物などで、とりわけ有名なのは庭園だ。砂糖のチューリップ、バラ、キズイセンが、土に見立てた茶色の砂糖の花壇に咲き誇る。小道は砂糖でくるんだアーモンドを敷きつめて作り、砂糖でできた木に砂糖のレモンとアプリコットが実を結んでいた。このような砂糖の芸術品は多くの人が見物できるように街中を運ばれ、その後群衆たちに分け与えられた。1675年、メフメト4世の長男の割礼を祝う祭りの11日目には、菓子を盛った1000枚の皿が地面に並べられ、民衆たちにふるまわれている。トルコの歴史家メアリー・イシンによると、こうした祝いの儀はとても大がかりで、菓子職人は数か国から集められたという。数百人の地元の菓子職人に加え、ヴェネツィアやギリシャのキオス島の菓子職人たちも、砂糖工芸を作るために雇われた。[12]

菓子職人を雇っていない家では、精巧な飾りつけと砂糖の彫刻は借りたり購入したりすることもできた。また18世紀になると、流行の最先端を行く饗宴では砂糖の彫刻の代わりにマイセン、セーブル、ウェッジウッドなど新興の製造会社による美しい磁器が飾られるようになっていく。

## ◉饗宴の奇抜な娯楽料理

饗宴のテーブルに並ぶ数々の奇抜な娯楽料理のなかで、最も使い勝手がいいのはマジパンだ。このアーモンドと砂糖のペーストは手や型を使って造形、着色され、ハム、ベーコンから洋ナシ、オレンジにいたるまで、独創的なあらゆる品々に形を変えた。マジパンの起源は、砂糖の精製技術が進み、アーモンドが豊富に収穫できた6世紀ペルシャだと思われる。中世後期までに、このおいしい菓子はシチリア、ヴェネツィア、スペイン、ポルトガル、そしてヨーロッパ中に広まった。マジパンは造形しやすいだけでなく、味もよい。そのため、飾ったかと思うとすぐに食べられてしまうことが多く、作り手をがっかりさせることもあった。このことについてはレオナルド・ダ・ヴィンチも不満を漏らしている。「わが主、ルドヴィーコ公とそのお仲間が、私の作品を最後の一片までむさぼり食べる光景に心が痛んだ。今後はあまり味のよくない菓子を見つけねばならない。私の作品が生き残るために」[13]

現在、マジパンで作られた本物そっくりのナシ、スイカ、ザクロ、トマト、その他の果物や野菜は、ヨーロッパの多くの国やアメリカで売られている。中に砂糖を混ぜた卵黄やジャム、チョコレートが入っているもの、粉砂糖をまぶしたものなど種類はさまざまだ。クリスマスやイースターにはマジパンは必要不可欠で、この時期にはヒツジの形のマジパンが店頭に並ぶ。

「砂糖とアーモンドを混ぜると造形しやすく、しかもおいしい」という名案を誰が思いついたのかはわかっていない。だが、マジパンがこれほど長く親しまれている背景には、スペイン、ポルトガル、イタリア、シチリアの修道女たちの存在があったことは間違いない。多くの宗教騒乱、戦争や争いのなかにあって、修道女たちは修道院を維持するためにマジパンやその他の菓子を作って販売していた。修道女たちは地元で売るだけでなく、宣教師や探検家が旅立つ際には菓子を託して世界中に広めた。仕入れ業者を介さずに

マジパンはスペインの都市トレドの銘菓だ。

販売する取り決めも、抜かりなく行っていたようだ。今でも、数は少ないがこの伝統を受け継ぐ修道院がある。マドリードのパラシオ・プラザ・コン・デ・ミランダにある17世紀に建てられたコルプス・クリスティ修道院では、アーモンドビスケット、ナラニネ（オレンジ菓子）、その他のペイストリーを買うことができる。ここではマジパンは作っていないが、やってきたことは同じだ。修道院の入り口の壁に木製の小さな回転ドアのような台がはめ込まれていて、修道女と客は顔を合わすことなくやり取りすることができる。客はテーブル横の壁に貼られたメニューを見てどの菓子を買うかを決め、注文票とお金を台に載せてまわす。数分後に台が再び回転し、注文した菓子の包みが出てくるという仕組みだ。

「マルチパン（marchpane）」もしばしば饗宴の娯楽料理に挙げられる品で、マジパン（marzipan）と同じもののように聞こえる。たしかに関連性はあるが、このふたつは別物だ。１６５９年に出版された作者不詳の『完璧な料理人 *The Compleat Cook*』に載っているマルチパンの作り方は、まずアーモンドペーストを作り、パイ皮と同じ要領で麺棒で延ばす。その生地のふちを「タルトと同じように」折ってから、生地をウエハースに載せて焼き上げるのだ。このレシピのタイトルは「マルチパンの砂糖がけの作り方」で、最初に焼いた後に「バラ水と砂糖を塗り」、「鳥の羽」で全体に伸ばすよう指示している。そしてマルチパンが焼き上がったら、「長い砂糖菓子をマルチパンに飾って供する」[14]。このレシピにはマルチパンの大きさは示されていない。後年、イギリスの廷臣《ていしん》ケネルム・ディグビー卿が著した『学識あるケネルム・ディグビー卿の開かれた戸棚 *The Closet of the Eminently Learned Sir Kenelme Digby Kt. Opened*』（１６７１年）には、マルチパンは人の手の大きさであり、指ほどの厚さが好ましいという記述がある。[15]

当時の大半の男性と同じく、ディグビーも友人たちからレシピを蒐集《しゅうしゅう》していた。そうしたレシピはディグビーの補佐をしていたジョージ・ハートマンによって死後に編纂、出版されている。ディグビーは多才な人物で、ナイトの称号を持ち、作家で、海軍士官でもあった。ヨーロッパの科学、哲学、数学の分野で

マジパンで作られた、世にも美しいウナギ。

も有名で、現代のワインボトルの形を発明したとも言われている。1630年代、ガラス工場を所有していた彼は、首の部分が細く、底がくぼんだボトルの形を考案し、また、ボトルの首に取りつけてワインが垂れるのを防ぐリングを作ったという。読書家でもあり、多くの貴重な写本や本を蒐集していた。彼は自身の蔵書をオックスフォードのボドリアン図書館とパリの国立図書館に寄贈し、1655年にはマサチューセッツ州ケンブリッジにできて間もないハーバード・カレッジ（現在のハーバード大学）にも40冊の本を寄付している。[16] 朝食にベーコンと卵を食べることを最初に広めたひとりでもある。前述の著書に、「ふたつのポーチドエッグ（原文では poached ではなく poched と綴られている）とよく焼いた良質の薄いベーコン数切れは、朝食や食事の最初の品としてなかなかよい」と記している。[17]

ディグビーのマルチパンのレシピは、『完璧な料理人』のものとはいくつかの点で異なっている。ディグビーのレシピにはふち飾りはなく、生地を紙の上で焼き、こげないように途中で裏返す。「表面はかりっと、中はしっとりと焼かねばならない」という指示もある。マルチパンの砂糖がけには、卵白、砂糖、オレンジ花水またはバラ水を混ぜた液が使われた。ディグビーの指示だ。「完成したマルチパンは混じりけがなく、真っ白で、ほどよく磨かれた銀または鏡のようになめらかであるべきだ」

菓子職人はまた、精巧な砂糖工芸の土台としてマルチパンを使用していた。1562年、エリザベス1世はマルチパンを土台にしたセントポール大聖堂の彫刻を贈られている。[18] マルチパンを自分で作るのは難しいときは、つてがあれば菓子職人からじかに買うこともできた。フランスのエクス＝アン＝プロヴァンスの特産品であるアーモンド菓子、カリソンは、マルチパンから派生したものだ。

## ◉フォーク、ナイフ、スプーン

寒い冬の日、オレンジの皮の砂糖漬けやシロップに浮かぶ生ショウガほどおいしい「饗宴のごちそう」があるだろうか？　かつて饗宴のテーブルを飾った砂糖菓子はキャンドルの光で輝き、見た目も美しく味もすばらしかった。果物や木の実は砂糖漬けにすることで旬の時期だけではなく一年中楽しめるようになり、家の主の富を誇示する役割も担ったのである。砂糖はハチミツと同じく優れた防腐剤だ。売り物としての瓶づめや冷蔵技術が発達するずっと前、船旅が長く危険を伴うことも多かった時代の料理人は、ハチミツや砂糖を使えば果物を安全に保存でき、季節を問わず楽しめることを知っていた。生の果物は危険であり、砂糖菓子には薬効があると考えられていたので、砂糖漬けの果物は重宝された。著書『料理大全――分析と過去の教え、系統と技巧、イングランド、フランス、イタリア、ドイツなどの最良の伝統に基づく調理法 *The Whole Body of Cookery Dissected, Taught, and Methodically, Artificially, and according to the best Tradition of the English, French, Italian, Dutch, &c*』（1673年）で、ウィリアム・ラビシャは「サラダと新鮮な果物には気をつけること。家の主が体調を崩す危険性がある」と注意をうながしている。[19]

16世紀と17世紀の料理書には、まったく同じではないにせよ、似通った菓子のさまざまなレシピが掲載されている。『淑女と貴婦人の戸棚』1611年版には、ショウガ、メギ［落葉低木。実は熟すと赤くなる］、セイヨウスグリ、サクランボ、さまざまな根茎や柑橘類、さらにはスミレ、マリーゴールド、「あらゆる種類の花、果物、スパイス」の砂糖漬けという項目があった。レシピの大部分は「一年中保存できる」という言葉で締めくくられている。その頃にはほとんどの料理人は砂糖を用いて果物を保存していたが、「一年中マルメロを保存する」というタイトルのディグビーのレシピではハチミツを使っている。[20]

そのような菓子は「サケット」または「サッケイド」と呼ばれ、湿ったものと乾燥したものがあった。湿ったサケットは果物や果物の皮をシロップに漬けたもので、饗宴のコースに組みこまれていた。手で食べるとシロップでべたついてしまうため、専用のフォークが使用されるようになる。乾燥したサケットも饗宴のメニューに入ることがあった。これは果物をシロップに漬けてから水気を切り、砂糖をまぶしてオーブンで乾燥させたものだ。

『女王の宮廷料理』のなかで著者T・ホールは、果物を乾燥させながら「魚に小麦粉を振って揚げるのと同じように」3〜4回砂糖を振りかけるよう指示している。以下は、同書に掲載された「メギのシロップ漬け」のレシピだ。

まずメギをシロップに漬け、湯にすばやく浸して余分なシロップを洗い流す。次に、炒った砂糖を振りかけ、オーブンまたはコンロで3〜4時間乾燥させる。頻繁にかき混ぜ、上質の砂糖をさらに加える。しっかり乾燥させて、ダイヤモンドのように光沢が出るまで火を止めないこと。[21]

多くのレシピには、サケットに特定の薬効があると書かれている。17世紀から18世紀にかけて、エリンギウムの根の砂糖漬けは催淫剤としてよく効くとされ、イギリスをはじめとするヨーロッパ諸国で人気があった。ディグビーのレシピには、レタスの茎（芯）やゼニアオイの茎のサケットがある。彼のお勧めは、春に採れたまだ青くやわらかいゼニアオイを砂糖で煮て、火から下ろした後一晩つけておき、翌日また火にかけるという調理法だ。この工程を「6回、ときには8〜9回繰り返す。〔中略〕こうすると、ゼニアオイにシロップが十分しみこむ」。この時点で湿ったサケットとして保存してもいいし、オーブンで乾かして乾燥させてもよい、とディグビーは書いている。彼自身は表面をしっかり乾燥させ、内部はしっとりとしたものを好んだ。「イタリア人はこれを多く食べる」。そして、排尿時の痛みや、淋病の痛みを和らげるのにも効果があると述べている。[22]

スプーンは昔からスープや粥をすくうのに用いられ、貝殻を使っていたのが発展したとされる。ナイフは本来武器であり、食事に招く側が用意することはほぼなかった。そのため、客は携行用のナイフの鋭く尖った端でテーブルに出された料理を一口大に切り、口に運んだ。フォークはもともと二股が普通だった。しかもそれは給仕用で、食事に使用するという概念はなかった。事実、一般的にはなかなか浸透しなかったようだ。だが15世紀になると、イタリアの貴族や裕福な商人がサケットをはじめ菓子専用のフォークを使い始めた。今のフォークよりも小さく、細い2本の歯がついたサケット用フォークは、べたつく乾燥したサケットを刺して食べるのに好都合だった。湿ったサケットには、一方の端は鋭く、もう一方はスプーンの形をした特殊なフォークが考案された。尖ったほうで果物をつき刺し、スプーンのほうでシロップを皿からすくう。

当初、世間ではフォークを使うなど女々しく気障だと反発が強く、反宗教的だという意見まで噴出した。尖った先が悪魔の角に似ているし、なによりフォークの使用は神の贈り物である食べものに手で触れるこ

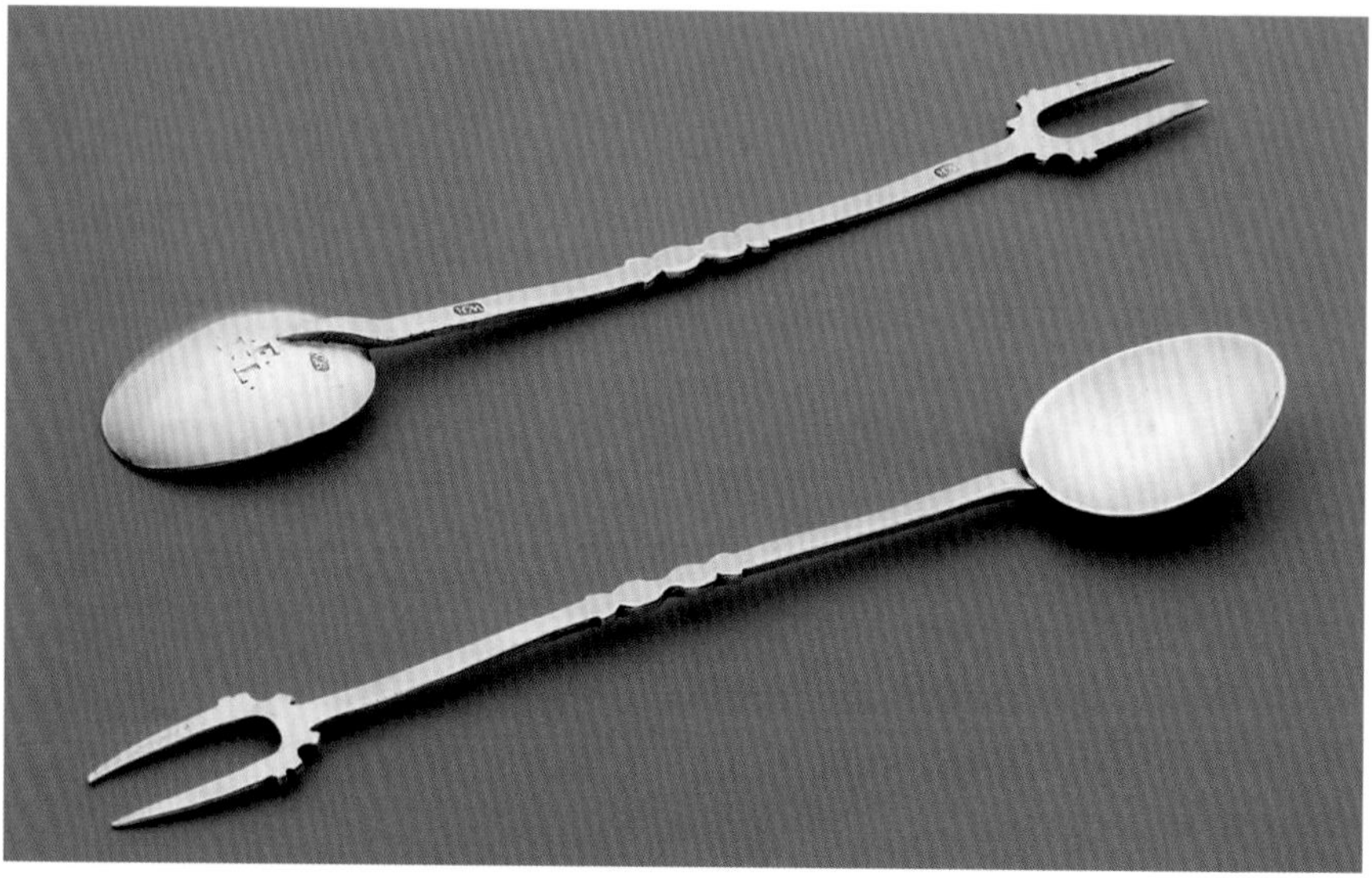

アメリカで17世紀に製造された、銀のサケット用フォーク。

とを拒否する行為だと見なされたからだ。[23] 最終的に、フォークはイタリアからフランス、スイス、ドイツ、オランダ、イギリス、そして16世紀から17世紀にかけてスカンジナビア諸国とヨーロッパ諸国で徐々に受け入れられるようになった。17世紀終盤には、マサチューセッツ州ボストンで銀製のサケット用フォークの製造が始まる。フォークは実用品であると同時に装飾品でもあった。大半は銀製で複雑なデザインが施され、真珠や琥珀《こはく》、象牙、ガラス玉があしらわれたものもあった。菓子専用のフォークはほぼ2世紀にわたって使用されたが、18世紀初頭になると三叉の食事用フォークが広く用いられるようになる。

「サケット」という語は廃れたが、ショウガの砂糖漬けは今でも愛されているし、プディングや他の菓子には柑橘類の皮の砂糖漬けが使われている。キプロス、クレタ島、ギリシャの多くの村では果物の砂糖漬けが今も好まれている。スプーン菓子とも呼ばれ、市販品もあるが、一番おいしいのは自家製のものだ。誰かの家を午後に訪れる機会があれば、その家の女性が冷たい水と一緒にきらきら光るスプーン菓子の入ったボウルを差し出してくれるだろう。彼女たちが砂糖漬けにするのは、プラム、チェリー、オレンジの皮、イチジク、ブドウ、まだ熟す前の青いクルミ、マルメロ、ニンジンなどだ。シロップで煮て殺菌済みのガラスの瓶につめられたスプーン菓子は数か月は保存できるから、いつ客が来てもふるまうことができる。今はサケット用フォークではなくスプーンを使うとはいえ、呼び名が違うだけでスプーン菓子とサケットは同じものだ。

## ◉「フランス式サービス」とデザートコース

17世紀、貴族のヨーロッパ料理の世界は大きく変化し、食べものと健康に関する新しい書物や理論が登場する。料理書は以前より入手しやすくなり、翻訳版も多く出版されて国境を越えて広まった。体液理論の概念は衰退し、砂糖は薬としての魔力を失って今でいう糖尿病を誘発するとも言われるようになった。辛い料理と甘い料理は区別され、香辛料の味を和らげるために砂糖を使うこともなくなった。また、甘い料理は食事の最中ではなく最後に出されるようになる。とはいえ、砂糖の消費量が減ったわけではない。ただ、新大陸のプランテーション、奴隷労働、精製所の増加により砂糖の価格が下がり、その稀少性が低下したのは事実だ。砂糖は上流階級だけでなく多くの庶民に手が届くものになった。特に、(ヨーロッパ人にとって)目新しいコーヒーという飲みもの、紅茶、チョコレート飲料の甘みづけに砂糖はよく利用された。

配膳方法も変わった。フランス式サービスが、徐々にフランスだけでなくヨーロッパ全土の標準になり、この慣習は19世紀まで続く。料理は以前のようにただテーブルを埋めつくすのではなく、すべてが対称になるよう慎重に配置された。この頃の料理書にはたいてい、レシピとメニューに加えて正しいテーブルセッティングの図が載っている。すべての料理は置くべき場所が決まっていて、正式な食事の場ではその正し

AFBEELDINGE van het DESSERT der VIER VOORNAAMSTE TAFELS van het FESTYN, door Zyne Excellentie den Heer BARON VAN REISCHACH, Rooms Keyzerlyken Minister in den Haag, gegeven den 19 January 1746, ter gelegenheid van de VERKIEZING en KROONING van ZYNE ROOMS KEYZERLYKE MAJESTEIT.
EERSTE TAFEL.
PREMIERE TABLE.
TWEEDE TAFEL.
DEUXIEME TABLE.
DERDE TAFEL.
TROISIEME TABLE.
VIERDE OF GROOTE TAFEL.
QUATRIEME OU GRANDE TABLE.
REPRESENTATION du DESSERT des QUATRE PRINCIPALES TABLES, au FESTIN, donné le 19 Janvier 1746 par Son Excellence Monsieur le BARON DE REISCHACH, Ministre Impérial à la Haye, à l'occasion de l'ELECTION et du COURONNEMENT de SA MAJESTÉ IMPERIALE.

神聖ローマ皇帝フランツ1世を祝う1747年の祭りでは4つの主テーブルが用意され、それぞれに凝ったデザートコースが並んだ。

い場所に配置される必要があった。

通常は3～4コースが提供され、各コースに数十種類以上の料理が含まれる。多くのレシピには、その料理が日常の食事ではテーブルの隅または中央に置かれるべきか、それとも饗宴のテーブルのメインになる料理かなど、それぞれに適した場所の解説もあった。最初のコースはスープで構成され、美しい深皿に注がれてテーブルの中央に配置された。深皿が2枚必要な場合は両端に並べ、深皿よりも小さな皿に盛られた肉料理を真ん中に置く。さまざまな料理を載せた中サイズの皿はテーブルの四隅に、その間に小さな皿が置かれる。8つの小さな品、すなわちオードブルはメイン料理の近くに並べられた。客の席はテーブルを囲むように用意される。

最初のコースが終了すると次のコースの品々が並び、中央には大きなロースト料理が置かれた。これは肉でも魚でもよく、しかも実際にはローストされていなくてもよい。つまり、別の調理法でもかまないが、とにかくコースのメインディッシュになる料理ということだ。ロースト料理の周囲には最初のコースと同じく小皿に載せた料理が、ルールに従って並べられる。3番目のコースではテーブルの中心に最も目を引くデザートを配し、菓子の小皿で周りを囲む。より格式の高い食事の席では、最後のデザートコースの前に甘いアントルメの数々が用意された。

大きな屋敷では、最初のコースは料理人が「主厨房（キュイジーヌ）」で、デザートは菓子職人が「オフィス」で調理した。オフィスは主厨房よりも小さく涼しい場所にあり、ゼリー、マジパン、クリーム、その他の冷たい料理や砂糖細工が作られる。18世紀にはチョコレート、氷菓子、アイスクリーム、ケーキが流行り、これもオフィスの担当だった。調理場だけでなく料理書でもこのふたつは区別され、料理人が著す料理書に菓子が載ることはめったになかった。フランスでは、料理人も菓子職人も男性の仕事だった。イングランドの主厨房で働くのは通常は男性の料理人で、1660年の王政復古後はフランス人が雇われ

この17世紀のオランダの菓子店では男たちが調理し、女主人が販売している。

ることも多々あった。一方、女性は小さな邸宅の厨房やオフィスで調理をするか、食料や乳製品の貯蔵室で働いた。[24] イタリアの裕福な家庭では、フランスの料理人やフランスで修業したイタリア人が雇われた。ナポリとシチリアでは、彼らはフランス語の「ムッシュー（messieur）」から派生した語、「モンツ（monzu）」と呼ばれた。19世紀になると、フランスの料理人はヨーロッパ中の宮廷の厨房で働くようになる。また、フランス語で出版された料理書が英語、ドイツ語、スウェーデン語、その他の言語に翻訳され、フランスの流儀とレシピを広めるのに貢献した。

「シェフ」という語が使われるようになったのは18世紀半ばだ。同時代の料理界の重要人物で多くの料理書も著したフランソワ・ムノンが、著書『宮廷の夕食 *Les Soupers de la cour*』のなかで自分をシェフと名乗ったのが最初である。[25] やがて、シェフ・ド・キュイジーヌは料理長を、シェフ・ドフィスあるいはパティシエはペイストリー部門の責任者を指す語となる。

17世紀に起こった料理の変化は、イタリアのバルトロメオ・スカッピの『オペラ *Opera*』（１５７０年）、ドイツのマルクス・ルンポルトの『新しい料理書 *Ein New Kochbuch*』（１５８１年）、イングランドのヒュー・プラットの『ご婦人のお気に入り *Delights for Ladies*』（１６００年）などの料理人が書いた本ですでに予言されていた。なかでも、料理の新時代の幕開けと中世の終わりを的確に告げたのは、フランソワ・ピエール・ラ・ヴァレンヌの『フランスの料理人 *Le Cuisinier François*』（１６５１年）だろう。彼の手法、系統立った作業、新しいレシピは新たな調理の基準を作った。『フランスの料理人』は１６５３年に英語に翻訳され、75年以上にわたって増刷され続けた。２年後に匿名で出版された『フランスのパティシエ *Le Pâtissier françois*』の著者もラ・ヴァレンヌだと考えられているが、真偽のほどはわかっていない。いずれにせよ、こちらも『フランスの料理人』と同じ切り口でオフィスでのパティシエの仕事について書いた本であり、さまざまなペイストリー生地とクリームの分量や大きさ、温度、およびレシピが詳細に記されている。取り上げられているのはマカロン、甘いパイとタルト、スポンジケーキとパイ生地などだ。この本で初めて小さなオーブンを表す「プチフール」という語が登場し、19世紀にはフランスで有名な砂糖をまぶした小さなケーキを指す語に変わる。[26]

砂糖を用いた菓子を作る技能はパティシエにとって必要不可欠だった。その結果、菓子料理の本や専門的なマニュアルは、砂糖を沸騰させるまでのさまざまな段階の解説から始まるものが多くなる。通常の料理と菓子の両方に精通した数少ない料理人のひとり、フランソワ・マシアロの著書『ジャム、リキュール、果物の新しい手引き書 *Nouvelle instruction pour les confitures, les liqueurs, et les fruits*』（１６９２年）は、砂糖をどう選び、透明にし、調理するかという説明から始まっている。彼は砂糖シロップの状態を「糸」「真珠」

18世紀スペインのデザートテーブル。30人分が用意されている。

「ひと吹き」「羽」「ひび」「キャラメル」の6段階に分けて説明した。当時は調理に温度計など使っていなかったことを考えると、このようにシロップの状態を細かく定義したことは驚嘆に値する。当時の料理人は、感触、におい、見た目によって状態を判断した。マシアロは他の菓子職人と同様、人差し指を熱いシロップに浸し、その指と親指をいったん合わせてから離すことでシロップの状態を確かめた。判断基準は指の間に伸びたシロップの糸の太さと、それが崩れるのにかかった時間だ。

　マシアロの著書は間もなく英語に翻訳され、しゃれたフランス風スタイルを好んだイギリス貴族のホイッグ党員たちに大きな影響を与えた。同じく彼の『王室とブルジョワの料理人 *Le Cuisinier roial et bourgeois*』も、1702年に『宮廷と田舎の料理人 *The Court and Country Cook*』として英語に翻訳される。この本は2章構成になっていた。第1章には

1月に開く饗宴用メニューが掲載され、3番目のコースについてこんな記述がある。「果物とコンフィで構成されるコースだが、ここでは省く。これは料理人ではなく菓子職人の仕事だからだ[27]」「菓子職人への新しい手引き」という項目は砂糖を加熱する工程で始まり、果物をシロップに漬け、マーマレード、ゼリー、コンフィ、マルチパンを作る多くのレシピを含んでいる。こうした標準的なものだけでなく、新しいレシピもあった。果物の砂糖漬けを大量に使うメレンゲのレシピでは、ふたつのメレンゲを「双子のように」合わせた菓子を紹介している。パイ生地やマカロンのレシピもあった。マカロンは「甘いアーモンド、砂糖、卵白を使った菓子」と定義され、ウエハースは「このために作られた」木製の道具を使って円錐形に巻くとの説明がある。

饗宴の準備に関する項目でマシアロは、客が持ち帰って家族や友人に配れるように飾りを施した小さな籠に菓子をつめて渡し、その場ではマーマレードや新鮮な果物など水分の多いデザートを出すのがよいと書いている。別の項目の見出しには、デザートの調理に失敗したときのための「菓子製造において起こり得る問題と、その対処法」がある。[28]

**◉変わることの難しさ**

デザート料理の変化は緩やかだった。マントヴァ［イタリア半島北部］のゴンザガ裁判所の主席料理人であり、1662年に出版された『高度な調理技法とその指南書 *L'arte di ben cucinare, et instruire*』の著者バルトロメオ・ステファニは、当時もまだムスク、アンバーグリス、バラ水などを風味づけに使用し、コンフィ、カボチャやシトロンの砂糖漬け、さまざまな果物や花のジャムをデザートとして供していた。[29]

パトリック・ラムは、チャールズ2世、ジェームズ2世、ウィリアム王とメアリー王妃、アン女王に仕えた宮廷料理人の大物だ。著書『宮廷料理あるいは完璧な宮廷料理人 *Royal Cookery; or, The Compleat*

*Court-cook*』（１７１０年）では甘い料理と辛い料理を組み合わせたものが多く、彼が過去のスタイルを踏襲していることがわかる。冷たい料理が並ぶ結婚式のレシピには、菓子を積み上げた大きなピラミッドがテーブル中央の名誉ある場所を占め、その脇にはゼリーの小さな皿が並ぶ。しかし、その周りを囲むのはチーズやケーキ、カスタードだけでなく、鶏肉、子羊の肉、その他香辛料の効いた料理の皿だった。

そびえ立つ菓子のピラミッドがテーブル中央を飾ることはよくあり、不安定に積み上がった菓子が崩れないよう、ときには何層かごとに皿が差しこまれた。皿は銀、白目《しろめ》、錫《すず》のものでも、または本当に磁器であってもすべてポーセリン（磁器）と呼ばれた。17世紀のフランス社会の日常やゴシップを綴った手紙で有名なセヴィニエ侯爵夫人は、ある晩餐会で菓子のピラミッドを災難が襲ったときのことを書き留めている。手紙によれば、そのピラミッドは20枚の磁器で組まれていて、それがひっくり返ったときには耳をつんざくような音が鳴り響き、音楽をかき消すほどだったという。[30]

フランス式サービスはヨーロッパ中に広がったものの、イングランドの料理人のなかにはフランス式の普及を苦々しく思う者もいた。彼らは著書の序文でフランスの料理はぜいたくすぎると不満を述べ、イングランドの肉と農産物のほうが上質であり、外国の食材は避けるべきだと主張したが、その一方で彼らの著書には必ず外国のレシピが含まれていた。要するにイングランドの料理人は、フランス人が上流階級の家に雇われ、自分たちよりも高い賃金を支払われていることに落胆していたのだ。

料理書『都会と田舎の料理人または完全なる主婦 *The Compleat City and Country Cook; or, Accomplish'd House-wife*』（１７３２年）の著者チャールズ・カーターは、自分がこれまでさまざまな公爵や伯爵の料理人を務め、イングランドだけでなくフランドル、ベルリン、スペイン、ポルトガルで働いてきたと述べている。そして、どこもフランスの影響を強く受けていることに苛立ちを隠さなかった。

品揃え豊富なロンドンの店の宣伝用トレードカード。砂糖、チョコレート、コーヒー、紅茶など18世紀の流行の品を紹介している。

我が国の貴族と紳士階級の一部はフランスの慣習と料理にあまりにも固執し、外国から料理人を雇い入れてこそきちんとした料理が食べられるなどと考えている。ところがその料理人の国は（わが国と比べれば）貧しく、彼らの性根も軽薄で、好みもころころと変わる。こうした料理人の手にかかれば食材本来の味は凝った飾りや味つけのためにむしろ損なわれ、舌をよろこばせるどころか戸惑わせることになろう。[31]

カーターのメニューの大半はふたつのコースで構成されている。2コース目は甘いパイやタルトがメインで、それを囲むように辛い料理が並べられた。だが、特別にデザートだけでひとつのコースを構成する場合もあり、彼はそれを「Desart」と呼んだ。このコースの目玉は菓子のピラミッドで、周囲をレモンとピスタチオのクリーム、ビスケット、桃、ネクタリン、アプリコット、ゼリー、そしてシラバブと呼ばれるクリームが囲んでいた。

しかしフランス料理を称賛するイギリス人もいた。農業に関する本を書いたアーサー・ヤングは革命の時代にフランスを訪れ、忍び寄る革命の気配に恐れながらもフランス人の生活を称賛してこう記した。

フランスの料理についてひとつだけ述べておきたい。大きなテーブルを買う余裕があるヨーロッパ人の全員がフランス人の料理人を雇っている――あるいは同等の修行を積んだ料理人を雇っているという事実だ。〔中略〕彼らは１００の料理を１００の異なる方法で飾り、その大半は見事な出来栄えだ。〔中略〕イングランドではデザートが供されるのは通常は大きな食事会か、それほど大規模でないにせよ格式ある出し物が催される場合に限られる。しかしフランスでは、軽い食事の席であろうと饗宴であろうとデザートは欠かせない。たとえ乾燥させたブドウやリンゴのみだとしても、デザートはスー

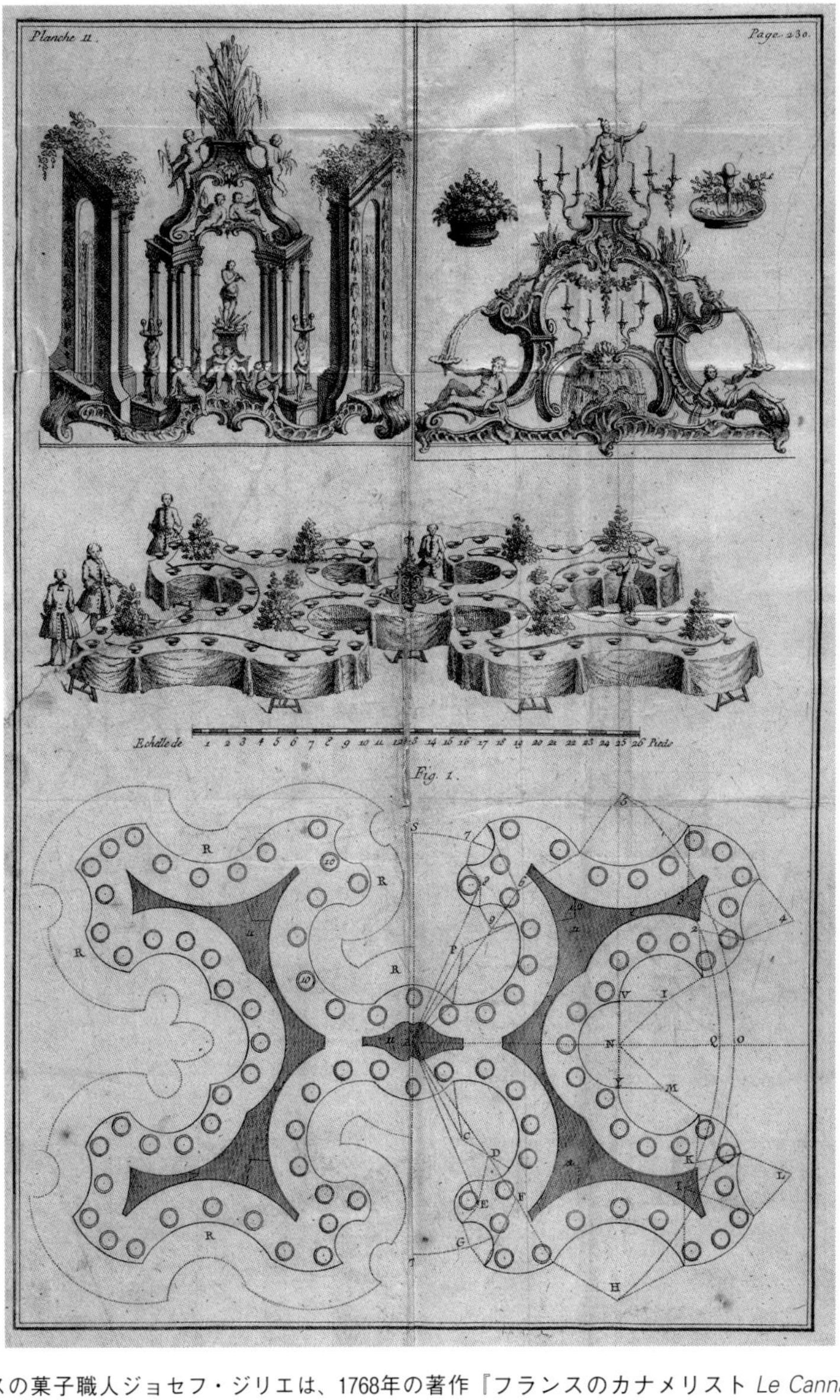


フランスの菓子職人ジョセフ・ジリエは、1768年の著作『フランスのカナメリスト *Le Cannameliste français*』でデザートと配膳の詳細な計画を示した。

プと同じように必ず食卓に上るのである。[32]

## ◉ペイストリーの建造物

テーブル上の装飾は、主にその時代の芸術様式に即して考案された。17世紀のパティシエはバロック様式の菓子ピラミッドを作り、続く18世紀には新古典主義の菓子の彫像が、ロマン主義の時代には崩れかけた古典的な遺跡がテーブルを飾った。[33] このような芸術的な砂糖工芸を作ることは熟練したパティシエの証《あかし》であり、その第一人者が――アントナン・カレームという名で一般に知られる――マリー＝アントワーヌ・カレームだ。有名シェフの先駆けとも言えるカレームは、フランス料理の偉大さと優雅さを体現した人物だ。シェフでもパティシエでもあった彼が作る精巧な砂糖工芸、いわゆるピエス・モンテは大きな評判を呼ぶ。フランスからイギリス、ロシアにいたるまで、ヨーロッパのあらゆる厨房でカレームは大テーブルを飾るピエス・モンテを作り続けた。それは芸術的であり、しばしば建築物と呼べるほどのものだった。

カレームの経歴はかなり特異だ。フランス革命の嵐が吹き荒れていた時代、10歳になるかならないかの頃にパリの路上で親に置き去りにされるものの、運よく生き延びることができた。機知に富んでいたカレームは厨房での仕事を見つけ、その後菓子職人の弟子になる。菓子製造の技術を学んだだけでなく、フランス国立図書館で版画を研究して建築を学び、砂糖、ペイストリー、菓子用のペースト、メレンゲでテーブル上に建築物を再現する技術を習得するに至る。初めて絞り袋を用いてメレンゲを絞ったのはカレームだと言われている（それ以前はスプーンで造形していた）。カレームは料理は一種の建築であると考え、フランス料理界のパッラーディオ［16世紀に活躍したイタリアの名建築家］と呼ばれるのをよろこんだという。1821年にウィーンで開かれた洗礼を祝う晩餐では、ローマ時代の荘園、ヴェネツィアの噴水、橋の上に建つアイルランド風のあずまや、いくつもの岩が突き出た地面に建つペルシャのあずまやを制作した。それも、スープからゼリーまで32種類の異なる料理を作ったうえでだ。また、フランス料理に使用するソースを体系化し、今も愛されているスフレ、ババロア、ネッセルローデ［砂糖漬けの果物やナッツ、リキュールなどで作られた冷菓プディング］などのデザートを普及させた。[34]

カレームは、ナポレオンと当時の外務大臣シャルル＝モーリス・ド・タレーラン、ロシア皇帝アレクサンドル1世、イギリスの摂政皇太子（後のジョージ4世）、パリのロチルド家の料理人として仕えてきた。また、厨房で効率よく働くためのシステムやレシピ、菓子工芸について多くの本を書き、大きな影響を与えた。図版もついた彼の著書には、『パリの宮廷菓子職人 *Le Pâtissier royal parisien*』（１８１５年）、『華麗なる菓子職人 *Le Pâtissier pittoresque*』（１８１６年）、『フランスの給仕長 *Le Maître d'hôtel français*』（１８２２年）、『パリの料理人 *Le Cuisinier parisien*』（１８２８年）などがある。遺作『19世紀のフランス料理法 *L'Art de la cuisine française au xixe siècle*』は彼の死後１８３３年に完成した。なおカレームは50歳を待たずに亡くなっている。

## ◉ロシア式サービス

しかし19世紀になるとフランス式サービスに陰りが見え始める。形式ばった食事が見直され始めていたこの時代、フランス式サービスは過剰だという風潮が広まったのだ。テーブルセッティングは芸術的だが一度に並ぶ品数が多すぎて、料理は食べる前に冷めてしまう。現代的なロシア式サービスは、今の大半のレストランと同じで料理が順番に運ばれる給仕法だ。この給仕法では品数も減り、熱いものは熱いうちに食べることができた。テーブルの見栄えより食事そのものに価値を置いたロシア式サービスは、ロシアからフランス、ドイツ、イギリスに広まり、最終的にはアメリカでも普及する。一時期ロシアで働いていた

1874年、8名分のロシア式サービスのテーブル。

カレームは、フランス式サービスの長所とロシア式サービスの長所をよく理解していた。それでも、自分の芸術的才能をいかんなく発揮できるフランス式サービスを好んだという。

カレームの思いとは逆に、フランス革命を経た19世紀の後半には派手さを抑えた実用的なロシア式サービスが徐々に優位になっていく。カレームのような料理人が作る見事な菓子工芸はほぼ姿を消し、テーブル上の砂糖の寺院や磁器は新鮮な花に取って代わられた。華やかさを演出するために凝ったデザートが並ぶこともあったが、そびえ立つ、そしてときには崩れ落ちる甘い建造物の時代は終わりを告げようとしていた。

多くの国では食事の最後に2コースのデザート料理がついていた。フランスなら、ババロアなどの品で構成されたアントルメの後に、ケーキや果物を含むデザートコースが続く。イングランドでは、食事の最後から2番目のコースの多くがパイまたはタルトで、その後テーブルクロスが取り除かれ、果物、ナッツ、菓子などの2番目のデザートコースが供された。１７３７年に書かれた『女性の本分または女性のための完璧な手引き *The Whole Duty of a Woman; or, An Infallible Guide to the Fair Sex*』（作者不詳）にはこんな文章がある。

デザート〔Desert と表記〕を出すときには、テーブルをきれいに片づけ、上部のテーブルクロスとその下の革の敷物を取り外し、一番下のきれいなテーブルクロスだけにするのを忘れぬこと。乾燥した菓子、砂糖菓子や果物はピラミッドのように、またはその前のコースで出された主要料理に見劣りせぬよう配置する。[35]

その後しばらく経つと、テーブルクロスを取り外すのは高価なマホガニーのテーブルを見せびらかしたいからだ、と書き立てる者も現れた。19世紀半ば、有名な料理人で社会活動家でもあったアレクシス・ソイヤーの『現代の主婦 *The Modern Housewife or Ménagère*』が出版される。本には約千のレシピに加え、B夫人とL夫人が家政と正しいもてなしについてやり取りをする架空の往復書簡が含まれていた。B夫人はある手紙で、友人たちを食事に招待し、デザートを出すときにはテーブルクロスを外したと書いている。「〔夫のB氏が〕マホガニーがちゃんと見えるように、と言うものですから……。シティから来たお友達に『さあ、マホガニーのテーブルの下で足を伸ばして』と勧めたとき、テーブルクロスのせいでマホガニーが見えないのはいただけませんものね[36]」。

以上見てきたようにヨーロッパとイングランドのほとんどの地域では、料理とは別個のデザートコース

ラムゼイ夫人が好んだトルコのパイ、バクラヴァ。

で食事を締めくくることが一般的になったが、世界中がそうだったわけではない。トルコでは昔のヨーロッパと同じく、菓子は食事の途中で他の多くの料理とともに出されていた。だが、19世紀後半のヨーロッパでは菓子と香辛料を入れた料理は区別されるのがすでに当たり前になっていたため、ディナーの途中で甘い料理が出されると、ヨーロッパの人々は戸惑うようになっていた。

## ◉トルコのよろこび

19世紀、アグネス・ラムゼイ夫人はイギリスの著名な考古学者の夫とトルコを訪れ、各地をまわった日々の生活を本にした。村々のテントや衛生的とは言えない宿屋に夫とともに泊まった経験が中心で、この本によって「トルコ人は悪党」という多くのヨーロッパ人の考えを訂正したかったと書いている。夫人によれば、彼らは悪党どころか「素朴で、穏やかで、親切で、友好的」な人々だった。彼女は地元の人々の家

現在、ギリシャのキルキスにある「セラコン」というベーカリー。アグネス・ラムゼイ夫人もお気に入りだった、ぱりっとしたパイのフィロ生地を女性たちが伸ばしている。フィロ生地は空中で回転させ、向こう側が透けて見えるまで薄くする。

に招待され、またハーレムも訪れている。ヨーグルト、パン、トマト、オリーブという質素な食事から手の込んだ複数のコースまで、現地のほぼすべての食べものを気に入ったという。特に絶賛されているのがトルコ菓子だ。もっとも、ある食事の席で、クリーム入りのバクラヴァ［何層もの生地の間にきざんだナッツ類を挟んで焼いたパイ］が出された後も料理が続いたことに戸惑ったことも記されている。途中どころか、食事はまだ始まったばかりだったのだが。

その食事の際、最初のコースに出された米料理は口に合わなかったが、次の子牛のローストはおいしかったようで、夫人はこれを「肥えた子牛」と表現している［新約聖書「ルカによる福音書」より派生し、「肥えた子牛を屠《ほふ》る」という表現は歓待を意味する］。その後に運ばれた皿を見て、彼女はそれを最後の品、つまりデザートだと思った。その名も「アラビアンナイトのクリームタルト」。ラムゼイ夫人はこう書いている。

直径45センチほどで、パイ皮は黄金色にきらめいていた。サクサクしてなんとも言えず軽やかな生地と、中に詰まった濃厚なクリームの繊細な香り――とても言葉では表現できない！　クリームタルトをきちんと評価するにはまず食べなければ。私の子供時代の夢が叶ったのだ。

ラムゼイ夫人はこれで食事が済んだと思いテーブルを立とうとした。ところが、驚いたことにまだ料理は続いたのだ。次に来たのは「ドルマ〔米、タマネギ、ひき肉、さまざまなスパイスなどの具材をナスやピーマンなどの野菜につめて煮た料理〕だった。〈中略〉お腹がすいていたらきっとおいしかっただろう。でも私は満腹だった」。続いて、ハチミツで煮たサクランボ、ピスタチオをつめた子ヤギのロースト、再び菓子、鶏肉、野菜、果物が運ばれる。肉と菓子が「恐ろしいほど次々と出てきた。〈中略〉日は暮れてランプが灯ったが、それでもこの恐怖の宴は続いた」。最後にピラフが出され、彼女は「ピラフはトルコでは最後に出てくる料理だ」とほっとしたが、それも間違いだった。[37]

デザートは常に正しい順番で現れるとは限らない。[38]

# 第3章　乳製品のよろこび

かのシェイクスピアは「バラは名前を変えても香りは変わらない」と言ったが、それはクリームの味と香りにも当てはまる。クリーム・アングレーズ、クレマカタラーナ、レアチェ、スノウ、シラバブ、カスタード、フラン、フローン、フール、ミルクプディング、ババロア、クロテッドクリーム、クレーム・シャンティイ、ラテミエーレ、シュラグオーバー、パンナコッタ、プディムフラン、プディムヴェルド、クレームブリュレ――挙げればきりがない。イングランドからアルゼンチン、バルセロナからブルッヘ［ベルギーの都市］まで、名前がなんであれ、とにかくクリームは舌の肥えた面々をよろこばせ、空腹な人を満足させ、病人を癒やしている。

もっとも、現在世界中で愛されているクリームを使った料理の価値は、時代によって大きく異なった。庶民の食べものと見なされた頃もあれば、主に上流階級のものだった時代もある。イングランドでは、17世紀から18世紀にかけて土地の囲い込み法が実施された結果、かつて村の家畜を放牧できるよう開放されていた共有地は閉鎖され、裕福な土地所有者だけのものになってしまった。そのため乳製品は農村の貧しい人々には手が届かず、多くの子供がくる病を発症した。一方、貴族は乳製品をそのまま食べるのではなく、さまざまに手を加えて楽しんだ。それまで素朴な食べものと考えられていたミルクプディングからシ

「陽気なミルクメイド」は、1688年出版の『ロンドンの喧騒 *Cries of London*』で街頭の物売りとして描かれた。

ラバブまで、クリームを使った料理は上流階級の間で流行したのである。

この流行は酪農にまつわるすべてのものに影響した。ミルクメイドは人々の理想となり、純粋さと女らしさの象徴となった。彼女たちの姿は子供向けの物語や、当時裕福な市民が蒐集していた額絵用の版画などにも描かれている。リンゴのような頬。美しい衣装。多くの絵では繊細なレースで縁取りされたペチコートがスカートの裾からのぞいていた。もしもミルクメイドに美しい衣装を買う余裕があったとしても、そんなかっこうで搾乳をしたり牛乳のバケツを市場に運んだりするのは難しかったに違いない。

一見素朴なこの流行は、イングランド、フランス、ロシア、その他の国で、広大な地所に趣味の酪農小屋を建造する風潮につながっていく。貴婦人たちはこの酪農小屋で牧歌的な生活を楽しみ、友人をもてなした。搾りたての温かい牛乳を飲み、ときにはバターをかき混ぜたりクリームを泡立てたりと、ミルクメイドの真似事を楽しんだ（とはいえ趣味の酪農小屋は牛の臭いなどの不快なあれこれを避けるため、実際に作業を行う酪農場からは離れた場所に建てられていた）。16世紀半ばにカトリーヌ・ド・メディチが所有していたフォンテーヌブローの酪農小屋は、その最初期の例だ。マリー・アントワネットがヴェルサイユ宮の一画に「王妃の村里」を造ってミルクメイドに扮したことは有名だし、フランスでは他にもシャンティー、ランシーなどに趣味の酪農小屋があった。[1] １７８３年には、ロシア皇帝パーヴェル１世の皇后マリア・フョードロヴナがサンクトペテルブルク近くの宮殿に酪農小屋を建てている。[2] 一方、イングランドの地所に建てられた趣味の酪農小屋（「観賞用の酪農小屋」とも呼ばれた）は、もう少し堅実なイメージだ。イングランドでは酪農小屋は所有者と地所との関わりの深さを示し、主《あるじ》がその地所への責任感と、地域の価値を高める使命感を持っていることを印象づけるためのものだった。

いたるところに建てられた趣味の酪農小屋は主に女性の王国であり、家政を任されている奥方が望むもの——生産するよろこび、あるいは娯楽——を与えてくれる場所だった。酪農小屋は特に18世紀に流行し

（それ以前にも存在していた）、自然への回帰と質素な生活を主張するロマン主義の流行、すなわち哲学者ジャン・ジャック・ルソーの著作の影響を受けて発展する。もっとも、趣味の酪農小屋それ自体は質素とはほど遠いものだ。当時の最も有名な建築家によって設計され、ギリシャの寺院やゴシック様式の城、スイスの城などが再現された。材料には大理石または石材が用いられ、壁にはウェッジウッドのタイルが敷かれるか牧歌的な絵画が飾られ、優美な噴水と大理石の作業台が備えつけられた。17世紀後半のイングランドではメアリー2世がこの流行を取り入れ、夫であるウィリアム3世の故郷オランダから青と白のデルフトタイルを取り寄せて、装飾的な酪農小屋をハンプトン・コートに建てている。貴族たちもこれに倣い、たとえばノーサンプトンシャーのオルソープに住むスペンサー伯爵夫人は、1786年にロマン主義の素朴な様式の酪農小屋を建てた。[3] その数年後、ベッドフォード公爵はベッドフォードシャー州ウォバーン・アビーに中国風の精巧な酪農小屋を作っている。また、1858年にはアルバート王子がフロッグモアの農場に、マジョリカタイル張りの壁とステンドグラスの窓を備えた、ヴィクトリアン・ゴシック様式の酪農小屋を建設した。

酪農小屋で楽しむという概念は、王侯貴族から富裕層へと広がりを見せた。19世紀の著名な本『家政読本 *The Book of Household Management*』は、イングランドのイザベラ・ビートンが王侯貴族ではなく富裕層に向けて書いたものだ。一般に『ビートン夫人』と呼ばれるこの本では酪農小屋を「ミルクメイドが司る聖堂」と呼び、家の女主人だけでなく客が訪れることもあるので、小屋を常に清潔に保つのはもちろん、「装飾を施し、絵のように美しく」保たなければならないと書いてある。[4]

酪農小屋とは、奥方が隣人をもてなしたり、高級な陶器を飾ったり、友人にシラバブやフラマリーをふるまったりする洗練された場所だった。少なくとも、お気に入りのクリーム系デザートを楽しむ場所だったことは間違いない。

ウィンザー城近郊フロッグモア、王室専用の酪農場にある乳製品製造所。

### ◉クリームの中のクリーム

料理書はクリームを使った料理のレシピであふれるようになった。メアリー・イールズ夫人による、1718年に初めて英語で出版されたアイスクリームのレシピはこんなふうに始まっている。「錫《すず》のアイスクリーム用の皿をいくつか用意し、好きなクリームで満たす。あっさりした味でも、甘くても、なかに果物を入れてもかまわない」。その後にはクリームを凍らせる方法についての説明が続くが、あまりくわしくないのは、アイスクリームのレシピの前に、アーモンドからピスタチオ、「あらゆる種類の果物のクリーム」まで、十数種類ものクリームのレシピが書かれているからだ。どんなクリームもアイスクリームの材料になった。なかには「マスのクリーム」なるレシピもあるが、魚のマスを使ったクリームではないのでご安心あれ。これはオレンジの花水で風味づけされ、魚の形にかためたクリームをホイップクリームで囲んだものだ。料理人は昔からなにかというと食べものを別の形に造形してきた。この風潮は、その後のアイスクリームの普及とともに全盛期を迎えることになる。[5]

1702年に出版されたフランソワ・マシアロの『宮廷料理と田舎料理』には1ダース近くのクリームのレシピがあり、こんなことが書かれている。「クリームにはいくつか種類がある。代表的なものにアーモンドとピスタチオのクリーム、こがしたクリーム、かためた後に粒状に砕いたクリーム、揚げたクリーム、イタリア風のクリームなど」。パイやタルト用のチョコレートクリームや、小麦を加えてとろみをつけたカスタードクリームのレシピもあった。牛乳が禁止となる断食日用として、まずアーモンドを砕いたものを漉《こ》してアーモンドミルクを作り、それをクリームにする方法も載っている。こがしたクリームは今のクレームブリュレに似ているが、表面をキャラメル化するのに使う道具は今とは違う。マシアロの料理書には「真っ赤に熱したシャベルで表面のクリームをこがし、きれいな黄金色に仕上げること」とあった。[6]

次の「チョコレートクリーム」のレシピは、現在アメリカでチョコレートプディングと呼ばれるものと同じだ。レシピに「沸騰させる（walm）」とあるが、実際にはプディングの生地を熱しすぎると卵はたいていかたまってしまう。マシアロは「煮る」という意味でこの言葉を使ったのかもしれないし、卵がかたまるので漉し器で漉すようにと指示したのかもしれない。

1クォート［約1リットル］の牛乳に砂糖1ポンド［約120グラム］を入れて15分間煮つめる。次に、卵黄1個分を溶いたものをクリームに加えて3、4回沸騰［walm］させる。その後、火から下ろしてチョコレートとクリームの色が均一になるまで混ぜ合わせる。再び火にかけて3、4回沸騰させ［walm］、漉し器で漉した後、好みの飾りつけをする。[7]

アーダシェイズ・H・ケオリアンによる1913年出版のアメリカの料理書『東洋の料理書——健康的でおいしく、経済的な、アメリカ人好みの味と調理法にアレンジされた東洋料理 *The Oriental Cook Book: Wholesome, Dainty and Economical Dishes of the Orient, especially adapted to American Tastes and Methods of Preparation*』には、「パクラヴァのクリーム包み」というレシピがある。これはあのラムゼイ夫人もお気に入りで、著書『トルコの日常 *Everyday Life in Turkey*』に登場したクリームたっぷりのバクラヴァによく似ている。[8]また、1966年に発行されたポルトガル系のアメリカ料理の本では、基本的なカスタードのレシピに1杯のポートワインを加えている。[9]クリームの種類は無限だ。

**◉飲むクリーム、食べるクリーム**

「ミルク酒」と呼ばれるクリーム状の温かいアルコールの登場は、少なくとも16世紀にさかのぼる。ミ

イギリス製の陶器のカップ。ミルク酒が冷めないよう蓋がついている。

ルク酒は寝酒として人気があり、またぐっすり眠れるようにとベッドの中で飲む者もいた。『マクベス』ではマクベス夫人がダンカン王の護衛係に薬入りのミルク酒を飲ませ、マクベスは彼らが昏睡状態になった隙に王を殺害する。もちろん、普通のミルク酒に怪しげな薬は入っていない。

温かいミルク酒は、本来は牛乳にエール、サック（辛口の白ワイン）、クラレットワインまたはオレンジジュースと砂糖を混ぜて加熱したものをいう。庶民はミルク酒にパンくずを入れて食事にした。貴族たちが飲むミルク酒はクリーム、サック、ブランデー、卵、すりおろしたビスケットまたはアーモンドで作られる。[10]料理人によってはジンジャー、ナツメグ、シナモンで味つけした。『熟達したイギリスの家政婦 *The Experienced English Housekeeper*』では、著者のエリザベス・ラフォールドはアーモンドを用いたミルク酒をバラ水で風味づけし、陶器の皿に注いだ。本には「テーブルに出すときにはミルク酒にマカロンを3つ浮かべること」という指示がある。[11]

首尾よくできたミルク酒は3層に分かれている。一番上は「グレイス」と呼ばれる泡状のクリーム、中間層はなめらかなカスタード、3層目は温かいエールまたはアルコールだ。ミルク酒のカップには注ぎ口がついていて、泡立った1層目とクリーム状の2層目をスプーンですくって食べた後、カップ下部の注ぎ口から3層目を飲むことができた。最も美しいミルク酒用のポットは陶器または銀製だ。蓋と受け皿とセットになっていて、プレゼントとしてもよろこばれた。

ミルク酒によく似たシラバブは、甘みをつけたリンゴ酒やワイン、ダイダイのジュース、その他酸性の飲料に牛乳やクリームを注ぎ、クリームを凝固させて作るデザートだ。ミルク酒は火にかけて温めるが、シラバブは（ほとんどの場合）加熱せずに常温か冷やして供された。このような違いはあるにせよ、どちらもエッグノッグと呼ばれるクリームを使ったアルコール飲料と関連がある。シラバブ（Syllabub）はsillabub、sullabub、sullybub、sillie bube、sillybob などさまざまに綴られた。フランスでは料理人は「シラバブ・ソリード（syllabub solide）」や「シラバブ・スー・ラ・ヴァーシュ（syllabub sous la vache）」などの用語を使っていた。[12] 昔のレシピには、リンゴ酒を大きなガラス製のボウルに注いで甘みをつけてから牛がいる場所まで運び、ボウルに直接牛乳を搾って入れるという記述が多く見られる。リンゴ酒に新鮮な温かい牛乳を注ぐと泡が立つ。これを1、2時間おいておくと泡の上部は凝乳《ぎょうにゅう》に、下は乳清《にゅうせい》に分離する。これに新鮮なクリームを注いでテーブルに出すこともあった。

イギリスの食物史家イヴァン・デイは近年、牛を実際に一頭用意してこの方法でシラバブを作る実験をした。一応それらしきものはできたが、当時のレシピのようにうまくはいかなかったらしい。デイはこの経験から、「このレシピを書いた人々は以前のレシピを写しただけで、自分で牛を搾乳してシラバブを作ってはいないのではないか」と述べている。[13]

この方法は難しいと考えたのか、手近に牛がいなかったのか、別の方法が書かれたレシピは当時もあった。直接牛乳を搾り入れるのではなく、リンゴ酒やワインに高い位置から牛乳またはクリームを注いで泡を立てるやり方だ。「木製の牛」と呼ばれる道具を利用するレシピもある。「木製の牛」とは一種の注射器であり、これに牛乳を入れて勢いよくアルコールに注いで泡立てたのである。

18世紀、富裕層に人気を博したホイップ状シラバブは、クリームとワインを混ぜたものを泡立てて表面に角《つの》を作ったものだ。その層をすくい取り、漉し器に移して水分を切る。これをクリームがなくなるまで何度も繰り返す。泡の水分がすべて切れて食卓に出せるようになるまでには何時間、ときには一日かかることもあった。ラファルド夫人はグラス半分に赤ワインや白ワインを注ぎ、雲のようなホイップを載せるという美しいシラバブを客にふるまったという。ミルク酒と同じくシラバブもグラスに注いで供されることが多く、人々は液体部分をすすり、上部のホイップしたシラバブをスプーンですくって食べた。

少量のワインと濃厚なクリーム、砂糖、レモンを混ぜ、泡が立つまでかき混ぜて作ったものは、エバーラスティング・シラバブと呼ばれた。これは上部の角《つの》をすくい取ったり、水を切ったりする必要はない。このシラバブは永遠（エバーラスティング）とまではいかなくても、数日間は分離せず日持ちがした。また、トライフル［洋酒をしみこませたスポンジケーキやカスタードなどをグラスに入れて作る菓子］に載せて食べることもあったようだ。イギリスの料理作家ハナー・グラス夫人は著書『手軽で簡単な料理法 *The Art of Cookery Made Plain and Easy*』で「牛乳のシラバブ」というレシピに加え、他にも「ホイップ」「エバーラスティング」「ソリッド」の3種類を紹介した。

### ソリッドシラバブの作り方

濃厚なクリーム1クォート［約1リットル］に1パイント［約470ミリリットル］の白ワイン、レモン2個分の果汁、すりおろしたレモンの皮1個分を加え、好みで甘みを足す。これをチョコレー

人気を取り戻したシラバブは、今でも軽くふわふわのデザートだ。

トひき器で均一になるまで撹拌《かくはん》する。その後、グラスかボウルに注ぎ、翌日まで涼しい場所に置いておく。[14]

シラバブの全盛期は16世紀から19世紀まで続き、作家たちはこの有名な菓子を比喩として利用した。1889年の『ロンドン・デイリー・ニュース』紙春号では、春の新しい婦人用帽子を「レースの泡を浮かべたシラバブにすぎない」と表現している。これを読めば、その帽子が実用的とは言えない、フリルだらけのデザインだと読者にはわかったのである。1849年に出版されたシャーロット・ブロンテの小説『シャーリー』のヒロインは、「私がいつシラバブのようなソネットを作り、ガラスの破片のように脆いスタンザを作ったというの?」と言った。これで読者はシャーリーが言わんとしていることを理解できる。[15] 軽く、泡立つシラバブがどんなものかを知らない者はいなかった。シラバブに関係するレシピや文章はあちこちで目にすることができたからだ。有名な童謡にも「ハートの女王はタルトを作らず、クラブの女王はシラバブを作った」という一節がある。

## ●ゼリー状のミルクプディング

過去に存在したクリームの多くは、今日のデザートテーブルから消えてしまった。なかには今も愛されているもの、人気を盛り返したものもあるが、その一部は呼び名が変化している。また、まったく別物になったものもある。最も古くからあるクリームのひとつ「リーチ(leach)」の起源は14世紀にさかのぼる。この語はアングロ=ノルマン語の「薄切り(slice)」に由来し、leach(leache、leche、leech、lechemeat とも綴られる)は、肉、卵、または果物をゼリー状にした、薄切りできる料理を指した。テューダー時代には、リーチは通常アーモンドミルクを使ったゼリー状のミルクプディングを指すようになる。17世紀初頭になると宗教改革によって断食や乳製品禁止の決まりが緩和され、四旬節の間も牛乳やクリームが食べられるようになった。リーチの凝固剤に使われたのは子牛の足の煮出し汁やアイシングラス（特定の魚の浮袋から採ったゼラチン）、雄ジカの角の煮出し汁だ。さらに砂糖で甘みをつけ、クリームか牛乳でコクを出し、バラ水またはアーモンドで風味づけをした。

金箔をたっぷり使ったもの、白いままのもの、赤く色づけされたもの……いずれにしろリーチは饗宴の人気料理だった。王政復古の時代、ロバート・メイはリーチをバラ水、ムスク、メース、メース油で味つけしている。そしてでき上がったリーチを「格子模様に」薄切りし、これがリーチの最良の調理法だと書いた。

ラファルド夫人も似たようなリーチを作ったが、彼女の本が出版された1769年にはその名は「フラメリー」に変わっていた。初期のフラメリーはオートミールを煮つめたゼリーで、たいてい牛乳かクリームを添えて出された。その後、オートミールは使わず、より洗練されたゼリープディングへと進化し、リーチと同じような料理になったのだ。ラファルド夫人はフラメリーのベースを甘いアーモンドと苦いアーモンドを組み合わせて作り、バラ水で味をつけた。彼女のフラメリーは美しく、レシピはかなりくわしく書かれている。ラファルド夫人のレシピのフラメリーは薄切りではなく、さまざまな型を使って作るものだった。レシピには、生地を注ぐ前に型を冷たい水で濡らすようにという指示がある。そうすればフラメリーを取り出す際に型を湯に浸す必要がなくなるのである。湯に浸して「型から取り出すと、フラメリーの形が崩れてしまうことがある」と彼女は注意をうながしている。[16]

ラファルド夫人は、フラメリーをコチニールでピンクに、サフランで黄色に、ホウレンソウで緑色に着色した。また、装飾がかかった、ときにはかなり風変わりなフラメリーも作っている。透明なゼリーの海で魚が泳ぐというフラメリーでは、まず型を使って4匹の大きな魚と6匹の小さな魚のフラメリーを作った。

そして、子牛の足を煮出して作った透明なゼリーを大きなボウルに注ぎ、かたまってから2匹の小さな魚をゼリーの右下に配置し、上から透明なゼリーを追加して層を重ねた。その後、残りの4匹の小さな魚を「互いに向かい合うよう、またボウルをひっくり返したときに頭と尾が見えるように」配置し、魚を固定するためにまたゼリーを足し、その上に4匹の大きな魚を載せてさらにゼリーを注いだ。翌日、夫人はボウルを大皿の上でひっくり返した。このフラメリーはきっと見ものだったに違いない。

ラファルド夫人の別のフラメリーで、「メンドリの巣の作り方」というレシピがある。[17] まずフラメリーを作り、それを小さな卵の殻に注ぐ。次に、子牛の足で煮出した透明なゼリーを皿に注ぐ。次にレモンの皮の砂糖漬けで巣を形作り、冷えてかたまったゼリーの上に置く。フラメリーの卵の用意ができたら、殻をむいてレモンの巣に並べるというものだ。それから2世紀以上経って、何千マイルも離れたアメリカのコロラド州にある有名なレストラン「フォート」のオーナー、ホリー・アーノルド・キニーは、何世代にもわたって家族の伝統であった名高いイースターデザートの思い出を語った。祖母のキャサリンも、父で「フォート」の創設者サム・アーノルドも、そしておばのメアリー・アーノルド博士も作ったデザートで、今ではキニー自身が毎年作っている。このデザートは「鳥の巣プディング」と呼ばれ、一種のブランマンジェと見なされているが、ラファルド夫人の「メンドリの巣」から派生したことは間違いない。キニーは次のように書いている。

このレシピは私が子供の頃からあったもので、今でもイースターには必ず作っている。〔中略〕他の私の多くの好物と同じく、父のサムから教えてもらった。父はこう言っていた。「子供の頃、この『鳥の巣プディング』なしのイースターなんてあり得なかったよ。おまえのおばあちゃんがこのレシピをどこで覚えたかはわからない。おばあちゃんのご先祖様、イングランドのクエーカー教徒だったフォッ

サム・アーノルド、子供の頃のホリー、祖母のキャサリンを描いた絵。3人ともイースターの「鳥の巣プディング」にわくわくしている。

キイチゴ科の仲間のボイセンベリーを使うと、きれいなラベンダー色の少し酸味のあるフラメリーができる。

クス家から伝わったものかもしれないな」

本のなかでキニーは、復活祭の数週間前から卵の殻を集めて乾燥させておき、ブランマンジェを作って何等分かにしたら、それぞれ違う風味と色をつけたと書いている。その後ブランマンジェを卵の殻に注ぎ、カットグラスの深皿にワインのゼラチンを半分ほど入れる。ラファルド夫人と同じように、キニーも巣には果物の皮の砂糖漬けを使う。ただしレモンの皮ではなく、オレンジとグレープフルーツの皮だ。すべての材料が準備できたらゼラチンの上に巣を置き、その中にブランマンジェの卵を静かに並べる。完成した品は、18世紀のイギリスのテーブルと同様に21世紀のアメリカのテーブルをにぎやかに飾った。[18]

最も人気のあるデンマークのプディングのひとつに、「ロズグロズ・メッ・フルーゼ」がある。「赤い果物のプディングのクリームがけ」という意味で、このプディングの生地には普通のフラメリーのようにクリームや牛乳ではなく、赤いベリーを使う。ただ、上からクリームをかけてあるものも多い。次のレシピはダイオウを使用した応用編で――あるデンマーク系の祖母の代からアメリカに住む子供や孫へと引き継がれてきたレシピだ――「ダイダイのフラメリー（ロズグロズ・メッ・フルーゼの一種）」と呼ばれてきた。なぜ「フラメリー」という語を使ったのかはわからない。アメリカ人にとっては「フラメリー」のほうが発音しやすいからか、それともメイン州に住む隣人がこの語を使ったのかもしれない。このレシピはメイン州の住人でデンマークの血を引くホリー・コルダが提供してくれた。祖母アメリア・トアスエーヤ・ムラからおばのマリオン・コルダへと受け継がれたものだ。

**ダイダイのフラメリー**（ロズグロズ・メッ・フルーゼの一種）（4～6人分）
ダイダイを2センチ大にカットしたもの　4カップ（600グラム）
砂糖　3/4カップ（150グラム）
オレンジまたはレモン1個分の皮をすりおろしたもの
水　1/2カップ（120ミリリットル）
コーンスターチ　大さじ3杯

・ダイダイ、砂糖、オレンジ（レモン）の皮、水を鍋に入れる。
・ゆっくりと沸騰させ、ふたをして2～3分またはダイダイが型くずれしない程度にやわらかくなるまで煮る。煮すぎないように気をつける。
・コーンスターチを少量の冷水で溶き、鍋のなかに静かに混ぜ入れる。沸騰させ、とろみが出て透明になるまでゆっくりかき混ぜる。
・完成したら皿に注ぎ、砂糖を振りかける。冷めきらないうちにクリームをかけて出す。

シンプルなブランマンジェの素朴な美しさ

フラメリーは今ではほとんどの料理書やデザートメニューから姿を消し、この語自体もあまり使われなくなった。だが、かつてはシラバブのように比喩としても多用される、誰もが知る言葉だったのだ。うわべだけの称賛、たわごと、役に立たない装飾品など、「軽い」とか「実体のない」ことを意味した。作家マーク・トウェインは、蒸気船の婚礼の間の装飾についての描写で、その「仰々《ぎょうぎょう》しくフラメリーのように甘ったるい部屋を見て、信心深い市民たちはだまるしかなかったはずだ」と書いた[19]。

### ●色鮮やかな白い料理

フラメリーと密接な関係にあるブランマンジェの起源も中世までさかのぼり、時の経過とともに多くの変化を遂げてきた。じつに国際色豊かでさまざまな種類があり、イタリア、フランス、スペイン、ドイツ、トルコ、イギリス、そして最終的にはアメリカに広がっていく。ルネサンス期の料理、食事、食べもの、健康に関する案内書の傑作、バルトロメオ・プラティナが書いた『正しい快楽と健康について *De honesta voluptate et valetudine*』には、ビアンコマンジャーレのレシピが載っている。ブランマンジェ、ビアンコマンジャーレ、マンハール・ブランコなど呼び名は国によって違うが、どれも「白い料理」という意味だ。ただし、実際に白いものばかりではない。フランスの料理書には、ブランマンジェを赤、金、青、銀など異なる色に着色するレシピがある。19世紀の料理書のなかには、言葉だけを見れば矛盾した料理「チョコレート・ブランマンジェ」のレシピもあった。

白い料理はもともとアーモンドミルクとすりつぶしたカポンの肉で作られ、とろみがつくまで煮込んでから砂糖で甘みをつけて作られた。バラ水で香りづけすることも多く、テーブルに出すときにはこれにザクロの種子を飾る。後には、鶏肉の細切り、または肉が禁止されている断食日には魚を使い、とろみを出すのに米かシカの角の煮出し汁を加え、砂糖とアーモンドで味つけしたレシピも出てくる。トルコでは、原形に近い料理が今も残っている。タヴック・ギョウスと呼ばれる鶏のムネ肉のプディングだ。材料は鶏肉の細切り、米、牛乳、砂糖、風味づけのシナモンで、デザートと見なされている。フィリピンのブランマンジェは水牛のミルクを用い、コーンスターチでとろみをつけ、あぶったココナッツを振りかける。くだけた呼び方は「ティボック・ティボック（胸の鼓動を表すタガログ語）」。ゆするとブランマンジェの中で心臓が鼓動しているかのように震えるからだ。[20]

17世紀になると、大半の国でブランマンジェに肉や魚を使わなくなった。ラ・ヴァレンヌは鶏肉ではなく鶏肉の煮出し汁を使用したし、フランソワ・マシアロは鶏肉や魚を使わないブランマンジェをイングランドに持ち込んだ。『宮廷と田舎の料理』ではブランマンジェのふたつのレシピが紹介されている。ひとつはメンドリを使ったもので、プディングがなめらかになるよう生地を漉すようにという指示がある。ふたつ目のレシピには魚や家禽を使わない。使われているのは、シカの角を削った粉、砕いたアーモンド、牛乳、クリーム、オレンジの花水だ。

ブランマンジェは型に入れてかためるクリーム状の菓子、つまり今の形状に近いものになりつつあった。凝固剤には、時代によっていろいろな材料が用いられている。アイシンググラス、子牛の足、シカの角、海藻、そして19世紀になるとクズウコン、コーンスターチ、粒状ゼラチンなどだ。フラメリーと同様、料理人は奇抜な形のブランマンジェを多く作り、趣向を凝らした飾りつけをして提供した。

『手軽で簡単な料理法』の1796年版には、ブランマンジェを半月と星の形にして、透明なゼリーの土台に載せたレシピがある。著者ハナー・グラスはこのレシピを「月の光」と名づけた。グラスが作る基本的なブランマンジェは、アイシンググラスを凝固剤にしてクリームをかため、バラ水とオレンジの花水で風味をつけた甘い菓子だ。レシピにはこう書いてある。「これはいい副食になる。クリームを添えたり、一緒にワインを飲んだり——とにかく好きなものと一緒に食べればよい。焼きナシで周りを囲めば見た目も味も完璧だ[21]」

ブランマンジェはアメリカでも人気を博した。ルイザ・メイ・オルコットが書いた南北戦争時代の小説『若草物語』には、「緑の葉の花輪と、エイミーのとっておきの赤いゼラニウムの花で囲んだ」ブランマンジェが登場する。[22] オルコットの母アビゲイルは、どこかの新聞に載っていたクズウコンのレシピを切り抜き、「領収書と簡単なレシピ」と呼ぶコレクションに加えたという。19世紀のアメリカの有名な料理人で、家政学者、教師でもあるマリア・パーロアは、いくつもの料理書や雑誌のコラム、販促用パンフレットを執筆して強い影響をおよぼした。著書『パーロア嬢の若き家政婦 *Miss Parloa's Young Housekeeper*』には、アイリッシュモス（海藻の一種）を使用してブランマンジェをかためる方法が書かれている。

### アイリッシュ・モスのブランマンジェ

アイリッシュ・モス　1ジル［約140ミリリットル］
塩　塩さじ1杯
牛乳　1クォート［約1リットル］
バニラエキストラクト　小さじ1杯
砂糖　大さじ2杯

アイリッシュ・モスの分量は大まかでよい。洗って砂粒と海草を取り除く。細かい砂まですべて洗い落としたら二重鍋に入れ、冷たい牛乳を注いで火にかける。頻繁にかき混ぜながら20分間煮る。その後漉し器で漉したものをボウルに入れ、砂糖とバニラエキストラクトを加える。ボウルを冷水に浸し、ブランマンジェをその中に注いだらかたまるまで置いておく。粉砂糖とクリームを添えて出す。[23]

ブランマンジェは――クズウコンやアイルランド・モスではなく、牛乳とゼラチンで作った場合だが――パンナコッタによく似ている。パンナコッタはイタリアのピエモンテ地方の伝統的なゼリー状のクリームプディングで、今ではイタリアはもちろん世界各地で人気のデザートだ。ハナー・グラスのブランマンジェのように、ナシや他の果物を添えて供されることも多い。緑の葉とゼラニウムで飾ってもきっとすてきだろう。

### ●ひとさじのブランマンジェ

中世では、ブランマンジェは優れた病人食だと考えられていた。のど越しも消化もよく、しかも貴重な薬、つまり砂糖が入っていたからだ。鶏肉とアーモンドも健康によいとされていたので、ブランマンジェは体液バランスを取るのにぴったりの食べものだった。14世紀の有名な料理書『食物譜 *Viandier*』には「カポンを使った、病人のためのブランマンジェ」のレシピが紹介されている。[24]

それから5世紀が過ぎ、体液理論がもはや過去の遺物となってもブランマンジェが体にいいという考え方は残っていた（カポンはもう使われなくなった）。ファニー・ファーマーが書いた『病人と回復期の患者のための食べものと料理術 *Food and Cookery for the Sick and Convalescent*』（１９０４年）には、チョコレートのブランマンジェとバニラのブランマンジェのレシピがあった。同世代の料理人マリア・パーロアと同じく、ファーマーのレシピでもアイリッシュ・モスでとろみをつけている。『若草物語』では病気になった隣人ローリーのために、マーチ家の長女メグがブランマンジェを作った。妹のジョーがそれをローリーに届け、「あっさりしてるからきっと食べられるわ。やわらかくて、のどが痛くてもつるりと入るわよ」と言う。[25]

ミルクのおかし

ちいさなマフェットじょうちゃん
ちいさないすにすわって
ミルクのおかしをたべていた
するとクモがやってきて
となりにすわった
マフェットじょうちゃん　すたこらにげだす

CURDS AND WHEY

Little Miss Muffet
Sat on a tuffet
Eating her curds and whey.
Along came a spider
Who sat down beside her
And frightened Miss Muffet away.

21世紀の子供はクモを怖がるだろうか？　この昔ながらの童謡を聞くとさまざまな疑問が浮かんでくる。小さないす（tuffet）ってなに？　ミルクのおかし（curds and whey）って？　そして、なぜちいさなマフェットじょうちゃんはそんなものを食べていたのか？　子供にそう聞かれた親にとって、最初の質問に答えるのは簡単だ。挿絵があればそれを見せればいい。tuffet は低い座席またはクッションつきの小さな足載せ台を指す。pouffe と呼ばれることもあるが、とにかく普通のスツールと違って座面は布で、たいていはつめ物が入っているか布や革が張られている。

一方、「ミルクのおかし」こと curds and whey（凝乳と乳清）は少々手強い。若者やあまり知識のない人は、この言葉からかたまった牛乳を連想するだろう。冷蔵庫に牛乳を入れたまま休暇に出かけ、戻ってきたときにはそれが酸っぱい臭いを放っている、あのイメージだ。まったく的外れというわけでもないが、凝乳は最古の乳製品のひとつで、傷んだ牛乳ではなくむしろ新鮮なカッテージチーズやリコッタチーズの

1884年にジョン・エヴァレット・ミレー卿が描いた絵。可愛いマフェットじょうちゃんは心底クモに怯えているようだ。

ようなものだ。凝乳は牛乳がレンネット（凝乳酵素）や酸に触れた結果できる凝固物で、通常はチーズを作る過程で作られる。乳清はその下に溜まる薄い緑がかった液体だ。凝乳も乳清も、それだけで食べる場合もあった。作り方は、まず新鮮な温かい牛乳に酵素を加える。そのままでもいいし、レモン、バラ水、桃の種（苦いアーモンドに似た風味になる）またはバニラで味つけしてもいい。レンネットを加えたら温かい場所に置き、凝乳と乳清が分離するまで待つ。

チーズや、凝乳と乳清を作るのに用いられるレンネットは子牛の胃から取られたもので、たいていの肉屋で売っていた。使う前にはレンネットが含まれる部位を磨き、塩でこすり、乾燥させる必要がある。その後、沸騰したお湯を上から注ぎ、6時間かそれ以上ねかせておく。その後レンネットを取り出して、残った液体を牛乳に加えて混ぜるのである。ワインやレモンの果汁でも牛乳はかたまるが、レンネットのほうが効果的だとされていた。「レンネットまたはトライフルのクリーム」というレシピでは、レンネットの代わりにアーティチョークを使用している。これはフランス流と呼ばれ、クリームによい風味が加わると考えられていた。[26]

凝乳と乳清は、砂糖とナツメグとともに、クリームまたは白ワインのピッチャーを添えて供されることもあった。また、料理人によっては凝乳を取り出し、漉し器に載せて水気を切った。それを皿に移して砂糖とナツメグを振りかけ、クリームを載せてテーブルに出す。ハルーミチーズという特産品があるキプロスでは、今でも温かい凝乳にオレンジの花水とイナゴマメのシロップをかけて食べることがある。晴れた春の午後、庭に座ってイナゴマメのシロップをかけた凝乳を食べる——マフェットじょうちゃんもこれならきっと大よろこびしたに違いない。

昔から乳清は、田舎の素朴な夏の飲みものだった。「ホイッグ」とも呼ばれ、17世紀と18世紀には健康ドリンクとして流行している。サミュエル・ピープスは日記のなかで、「乳清を飲める酒場（whay-house）」

18世紀ロンドン、街頭で凝乳と乳清を売るようすが描かれている。

に行って「大量の乳清」を飲んだ、と記した。フランス語では「プティ・レ」、ルイ15世の公妾《こうしょう》ポンパドール夫人が頭痛と生理痛を治すのに飲んだと言われている。[27]

凝乳、またはやわらかい新鮮なチーズはチーズケーキの材料としても使われる。古代から、料理人は凝乳の水気を切り、砕いてなめらかにし、みずみずしくやわらかいチーズケーキを作ってきた。紀元前776年に第1回オリンピックに出場したギリシャの選手たちはチーズの入ったケーキを与えられたという。[28] 18世紀のイングランドの料理人は、レモン、バラ水あるいはオレンジの花水、またはナツメグでチーズケーキを風味づけし、ときにはスグリやプラムを添えた。また、小麦の生地を敷いたパイ皿や小さなタルトの型に凝乳の混合物を注いで焼くこともあった。現在では、チーズが作られる場所には必ずチーズケーキがある。昔から、イースターやユダヤ教の祝祭シャブオットのような春の祝日にチーズケーキはつきものだ。また、クリームチーズで作るニューヨーク・チーズケーキは、今では伝統料理の一種と見なされている。

## ●ジャンケットの登場

「ジャンケット（junket）」というクリーム状のプディングもある。この語はチーズを入れるイグサの籠を表すフランス語の jonquette に由来している。これがチーズそのものを指すようになり、その後、甘みを加えて風味づけした凝乳のデザートに用いられるようになった。甘いものや珍味をすべてジャンケットと総称することもある。プラティナが『正しい快楽と健康について』で紹介した「アーモンドのジャンケット」のレシピでは、断食の日用に牛乳の代わりにアーモンドミルクを使用している。[29]

16世紀には、「ジャンケット」はにぎやかな祝宴や饗宴を指す語になった。19世紀になると、アメリカでは「政府の経費で役人が行く旅行」という意味に変化し、これは多くの納税者から無分別で無駄な行為

アービング・コブが病院で食べたものよりはるかにおいしそうなジャンケット。

だと見なされた。ブランマンジェやフラメリーと同じくジャンケットも優れた病人食だったが、生クリームやラム酒、アーモンド、その他の風味づけを一切排除した味気ないジャンケットをすべての患者が歓迎したわけではない。第一次世界大戦中に『サタデー・イブニング・ポスト』誌の特派員だったアメリカの作家アーヴィング・コブは、手術後の回復期に病院で食べたジャンケットについてこう記している。

> 万国共通かどうかはわからないが、病院で食べるジャンケットとは、おいしく心弾む味つけに必要な材料を、工程のどこかですべて取り除いたカスタードのことだ。生地の要となる卵は、ひどく取り乱したメンドリが怒りに任せて産んだような味がする。[30]

## ●雪景色

16世紀から19世紀初頭にかけては厳冬が続き、この時代は小氷期として知られている。特に

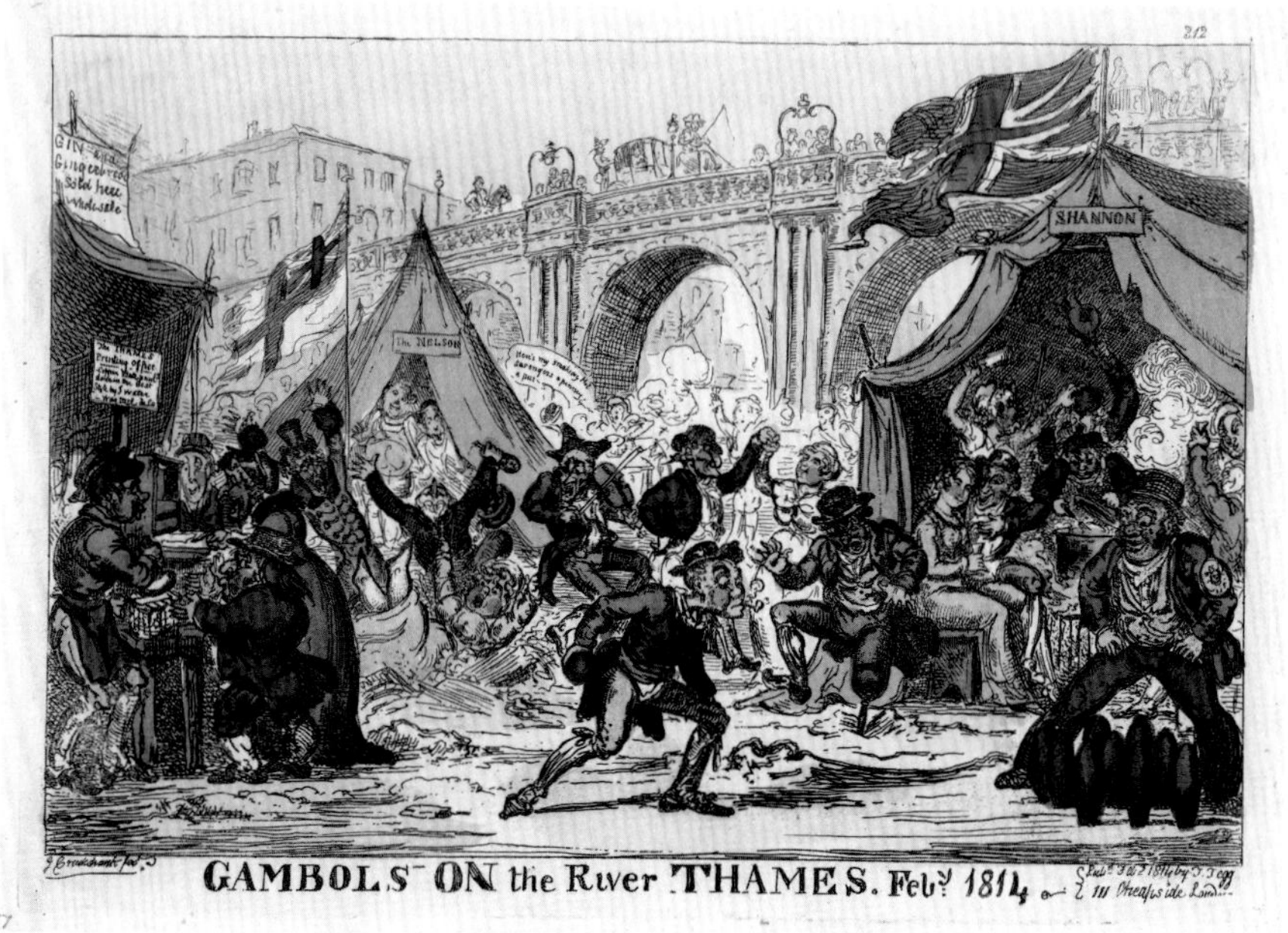


1814年、テムズ川の「フロスト・フェア」で大騒ぎする人々を描いたジョージ・クルックシャンクの諷刺画。

ヨーロッパとアメリカは大きな影響を受けた。農業と貿易は大混乱となり、多くの人々が苦しんだ。例のごとく、最も打撃を受けるのは貧しい人々だ。農民、漁師、ワイン生産者、その他さまざまな労働者の暮らしが困窮、または破綻した。イングランドでは、テムズ川は今よりも広く浅かったため、しばしば凍った。すると、ロンドンっ子たちはこの機会に雪と氷を満喫しようと、氷の上で即席の「フロスト・フェア（氷の祭り）」を開催した。

子供も大人もスケートをしたり、靴のままやそりで滑ったりして遊んだ。音楽が演奏され、川を渡るときには船の代わりに馬車が使われた。商人は氷上にテントを立て、ローストビーフからジンジャーブレッド、ホットチョコレートまでありとあらゆるものを売った。1814年の「フロスト・フェア」の最終日には、ゾウがテムズ川を練り歩いたと言われている。印刷業者は氷の上に印刷機を持ってきて、ユーモラスなメッセージつきのこんなチラシを作ってはお土産として販売した。

警告
貴殿J・フロストの、力と暴力によるテムズ川占拠に対し、即刻中止するよう警告する。
A・ソー［ソー（thaw）には「溶ける」という意味がある］
発行者　氷上の印刷業者S・ワーナー　1814年2月5日[31]

凍った雪の広がる屋外の光景は、菓子職人や料理人が屋内で饗宴のテーブル上に生み出す不思議な冬の世界にも影響を与えたのだろうか。18世紀には、富裕層の家庭のテーブルは雪のような菓子で埋めつくされた。料理人たちはクリームと卵白をふわふわに泡立て、そこにローズマリーの小枝を挿して雪山の頂《いただき》に立つ小さな木に見立てた。また、果物を水に浸し、氷が張るまで凍らせたりもしている。あらゆる種類のクリームとカスタードプディング、クリームを使ったアルコールドリンクも作られた。
イングランドの哲学者で美の専門家、エッセイストでもあるジョセフ・アディソン（1672～1719年）は、ある食事会でテーブルを飾ったデザートに感激し、これを食べて破壊するという蛮行におよぶことができなかったという。もっとも、同じテーブルの客は誰ひとりそんな罪の意識は感じなかったらしい。当時『タトラー』誌に寄稿していたアディソンは1709年3月21日火曜日の記事で、あらゆる種類の「フランス風の珍品」（なんらかのフランス料理が形を変えた品）をテーマにした晩餐について軽蔑した調子で書き、食べる気がしないと述べている。記事では「ローストしたヤマアラシ」に見えた料理が、実はラードを塗った七面鳥だったというエピソードも披露した。最後に、彼はサイドテーブルに追いやられるという屈辱を受けた「見事なサーロイン」をしげしげと観察し、口に入れた。このローストが「ぜいたくな珍品」より軽く扱われたことに憤慨したアディソンだが、デザートが運ばれるとだいぶ機嫌は直ったようだ。

ようやくデザートが運ばれてきた。しかも、それまでのどの料理よりもすばらしい。すべてが正しい法則で並べられ、美しさを極めた冬のかけらのようだ。水の入ったピラミッド形の容器で凍らせた砂糖菓子の数々は、乗り物がちりばめられたつららを思わせる。また、雪のように泡立った大量のクリームも置かれ、そばには飴玉を載せた小皿がいくつもある。まるで雹《ひょう》の山々のようだ。その脇には大量の色とりどりのゼリー。目の前の品々のいくつかは、これに手を触れて台無しにするのはしのびないほどの出来栄えだ。同席した客人たちにいささか腹が立つ気持ちを私は抑えられなかった。たとえレモンの皮1枚、飴玉ひとつでも動かせば、このすばらしい光景は損なわれてしまうというのに。[32]

テーブルは、静かに雪に覆われたのどかな庭のように美しく見えたに違いない。このようなテーブルセッティングに費やされる膨大な作業は、ほとんどの客が目にすることのない地下室で行われた。一方、一般の家庭に雇われた料理人の大半は、デザートの美しい雪景色をテーブル上に創り出すことはできなかっただろう。だが、彼らも「スノウ」やクリーム、カスタードプディングを作り、見栄えよく飾ることはできた。事実、何世紀にもわたってさまざまな種類のクリームが作られている。バルトロメオ・スカッピは、16世紀にネーヴェ・ディ・ラテ（ミルクの雪）というレシピを紹介した。『新正統料理法 *Proper New Booke of Cookery*』（１５４５年）には、「スノウをたっぷり使った料理」というレシピがあり、ハナ・ウーリーの料理書『女王のような戸棚または豊かなキャビネット *The Queen-like Closet or Rich Cabinet*』（１６７２年）にも非常によく似たレシピがある。[33]

### スノウ・クリームの作り方

クリーム1パイント［約600ミリリットル］、卵白3個、スプーン1〜2杯のバラ水をカバ材の棒でよく泡立ててから皿に移す。皿にはあらかじめバターで固定したマンシェ半個を載せ、中央に長めのローズマリーの小枝を刺しておく。皿にスノウ・クリームを載せたら、数種類の菓子を飾る。[34]

イングランドの他の料理書や、フランス、ドイツの料理書にも同様のレシピは多く見られる。右記のレシピでスノウの下に置かれた「マンシェ」とは、白い小さなパンのことだ。通常、スノウをパンの上にまわしかける前にパンの皮（耳）の部分は取り除いておく。マンシェの代わりにリンゴを使う場合もある。料理人たちはクリームと卵白を泡立て、できた表面の泡をすくい取ってマンシェやリンゴの上に載せ、その工程を皿がいっぱいになるまで何度も繰り返した。別の種類のクリームでは、泡が立つたびにざるに載せて水切りし、残りのクリームを再び泡立ててまたすくい取る。これをクリームがすべてなくなるまで繰り返す。

この当時はまだ泡立て器やロータリー式の卵の攪拌器、ましてや今の時代の電動ミキサーはなかったので、クリームと卵白を泡立てるのはかなりの重労働だった。料理人は小枝を束に結んだものを使い、たいていのレシピは「30分かそれ以上泡立てる」と書いていた。ただし、どんなに大変でも料理人たちはちょっとした創意工夫の精神を忘れなかった。多くの料理人はローズマリーの枝で泡立て器を作るか、ローズマリーの小枝を別の小枝に結びつけてクリームに風味を加えた。ハナー・グラスはレモンの皮を枝に結びつけたが、これも当時は一般的だった。桃の木の小枝で苦いアーモンドの風味を加えた料理人もいる。小枝の代わりにモリニージョという、ホットチョコレート専用に作られたメキシコの木製泡立て器でクリームを泡立てる方法もあった。

「ホイップクリーム」という用語は17世紀まで使用されていなかったようだ。フランスでは「クレーム・シャンティイ」または「クレーム・フーエッテ」と呼ばれていた。現在、イタリア語ではホイップクリームは「パンナ・モンタータ」、スペイン語では「ナタ・モンターダ」、そしてドイツでは「シュラークザーネ」だ。ホイップクリームが特に好きなウィーンっ子は「シュラークオーバーズ」と呼ぶ。この言葉は、リヒャルト・シュトラウスが作曲し、ハインリッヒ・クレラーが振り付けをしたバレエの作品名にもなっている。舞台はウィーンのケーキ屋で、マジパンやジンジャーブレッド、フルーツケーキが命を宿して踊るという作品だ。1924年の初演を観た批評家のハインリッヒ・クラリークは、「このホイップクリームを消化するのはそれほど簡単ではない」と書いた。[35]

泡立てずに加熱して作るクリームはクロテッドクリームと呼ばれ、今でもイギリスの名物だ（似たものに、中近東のカイマクがある）。デボンシャークリームとしても知られるクロテッドクリームは、弱火で牛乳またはクリームを煮たものをかたまるまで置き、表面の濃いクリーム層を注意深くすくい取ったものだ。最も一般的な食べ方はスコーンに載せるというものだが、果物にトッピングしたり、そのまま食べたりすることもある。ハナ・ウーリーは、「キャベツクリーム」と呼ばれる装飾的な料理を作った。クロテッドクリームの層をすくい取り、キャベツの葉のように重ねながら並べるのだ。レシピには、バラ水と砂糖を混ぜたものを各層の間に塗り、葉に見立てたクリームが貼りつかず、それでいてキャベツの株に見えるよう注意すること、という指示がある。

### キャベツクリームの作り方

25クォート［約28リットル］の新鮮な牛乳を火にかけ、かたまらないようにかき混ぜる。沸騰する前に火を止め、できるだけ急いで20前後の皿に注ぎ分ける。冷めたらかたまったクリームの表面を網杓子ですくい取り、キャベツの葉のようにしわを作りながらパイ皿に載せ、1枚ずつ重ねていく。この工程を3回繰り返す。各層の間にバラ水と砂糖を混ぜた濃い水溶液を羽で塗る。次にクリーム少量にショウガを入れて沸騰させる。火を止めた後にバラ水と砂糖、湯通しして粉にしたヨルダンアーモンドの液で味をつけ、かたまらないよう冷めるまでかき混ぜる。マンシェをかたくならない程度に焼いたものを薄切りにする。これを皿に置いてクリームをかけ、その上にキャベツのクリームを載せる。[36]

## ●混沌と魅惑の世界

こうした乳製品のデザートのなかには、明確に定義し、その歴史をたどることが困難なものもある。レシピの幅はかなり広く、また同じ料理でもたとえば「フール（fool）」と書いてあるものもあれば「トライフル（trifle）」と書いてあるものもある。フールは現在はスグリやルバーブなどの果物を混ぜた素朴なクリームと定義されることが多いが、かつてはもっと凝った料理で、ケーキ、カスタード、ワイン、ホイップクリーム（最低でも）を層状に組み合わせたものに近く、それがトライフルとして知られるようになった。フールもトライフルも濃厚であると同時に素朴で、なめらかで美しい。名前が名前なので誤解を受けそうだが、そこに軽蔑的な意味はまったくない［foolには「愚かな」、trifleには「取るに足りないもの」という意味がある］。どちらの語にも、ふんわりした少量のクリームを使った、軽くてはかないデザートという意味が含まれている。フールとトライフルの定義は、その口当たりと同様につかみどころがない。『オックスフォード英語辞典』ではフールを「クリームにさまざまな材料を加えて煮た料理」と定義し、「とらえどころがない」と表現している。そして、このふたつの語が登場した最も初期の文章を引用している。「一種の凝固したクリームで、英語ではフール（foole）またはトライフルと呼ばれる」。これはジョン・フロー

美しい王冠のような現代のトライフル

リオの『言葉の世界——英語とイタリア語の最も豊富で正確な辞書 *A Worlde of Wordes; or, Most Copious, and Exact Dictionarie in English and Italian*』（１５９８年）の中の文章だ。[37] 別の言い方をすれば、クロテッドクリーム、フール、トライフルについては16世紀後半の文献が残っているということだ。トライフルの初期のレシピを見ると、その大半は現在のように何層にも重なった目を引くデザートとは異なる。どちらかと言えば伝統的なフールに似ており、ホイップクリームのなかに果物がちりばめられた、みずみずしい軽めの夏のデザートだった。一方、初期のフールについてはホイップクリームではなくカスタードを使うこともあり、それにビスケットやケーキを加えた、今のトライフルによく似たレシピもある。『武器の研究 *The Academy of Armory*』の著者ランドル・ホームは、フローリオの著作から約1世紀後の１６８８年にこう記している。「フールは一種のカスタードで、もっと素朴な味だ。クリーム、卵黄、シナモン、メースを煮て作る。これを小さく切ったパンに載せ、ナツメヤシの薄切り、砂糖、白と赤のコンフィを添えて供する」[38]。このレシピはフールというよりトライフルに近い。

現在、フールは一般的に「裏ごしして甘みをつけた果物とクリームのみを混ぜ合わせたもの」と定義される。最もよく使われる果物のひとつはセイヨウスグリだ。エステル・ウッズ・ウィルコックスが編集した19世紀のアメリカ料理の本には、果物はカスタードと組み合わせても、普通のクリームと組み合わせてもよいと書かれている。

### セイヨウスグリのフール

セイヨウスグリをやわらかくなるまで煮込み、砂糖を加え、漉し器で水切りをする（陶器が一番よい）。その後、沸騰させたカスタードを作るか、濃厚なクリーム（セイヨウスグリ１クォートにつき約１ジル［１４０ミリリットル］）にしっかりと甘みをつけ、出す直前にセイヨウスグリに注意深く混ぜ入れる。

――L・S・W夫人[39]

現在のトライフルにはさまざまな種類があるが、基本的にはリキュールに浸したケーキまたはビスケットの土台に、カスタードや場合によってはゼリーを載せ、シラバブかホイップクリームをトッピングして作る。19世紀後半の小説『エルジー・ヴェナー――運命のロマンス *Elsie Venner: A Romance of Destiny*』で、アメリカ人作家のオリバー・ウェンデル・ホームズはトライフルをこう描写している。「家庭で創作される最もすばらしい芸術品。〔中略〕クリーム、ケーキ、ジャム、ゼリー、ワイン、シナモン、ホイップの、混沌と魅惑の世界[40]」

トライフルはイギリスからいつしか英語圏の国々――アメリカ、オーストラリア、ニュージーランド、イギリスの支配下にあったインド、カナダの英語を話す地域――へと伝わり、さらにはその他の国へも広まった。作家のヘレン・サベリとアラン・デイビッドソンは著書『トライフル *Trifle*』でトライフルの歴史をたどり、フランスの料理作家ジュール・グーフェがこの料理をムース・ア・ラングレーズと名づけたというエピソードを紹介した。またドイツ、アイスランド、ハンガリー、エリトリア、南アフリカ、ロシアのトライフルの歴史についても調査している。[41]

アメリカ初の料理書を執筆したアメリア・シモンズのトライフルのレシピは、じつにシンプルだ。シモンズの本は一般的に『アメリカの料理法 *American Cookery*』と呼ばれるが、正式な書名は『アメリカの料理法――または肉、魚、家禽、野菜の調理手法、ペースト、シュー、パイ、タルト、プディング、カスタード、果物の砂糖漬け、豪華なプラムケーキから素朴なケーキまであらゆる種類のケーキの最良の調理法。この国のすべての階層の人々のためのレシピ *American Cookery; or, The Art of Dressing Viands, Fish, Poultry and*

*Vegetables, and the Best Modes of Making Pastes, Puffs, Pies, Tarts, Puddings, Custards and Preserves, and all kinds of Cakes From the Imperial Plumb to Plain Cake, Adapted to This Country, and all Grades of Life*』だ。それまでにもイングランドや他の国の料理書がアメリカで印刷されたり持ち込まれたりということはあったが、アメリカで書かれ、出版されたのはこの本が初となる。1796年に出版された同書は、クランベリーを使ったり、スイカの皮で「アメリカのシトロン」を作ったりするなど自国の食材を取り入れたこと、また糖蜜という語にイギリス英語の「treacle」ではなくアメリカ英語の「molasses」を使ったことで有名だ。シモンズのトライフルのレシピは同時代のイングランドのものと似てはいるが、より堅実で素朴だと言える。

トライフル

細かく砕いたビスケット、ラスク、スパイス入りのケーキを皿に盛ってワインで湿らせ、沸騰させたカスタード（あまり濃すぎないもの）を注ぎ、シラバブを載せる。ゼリーと花で飾りつけをする。[42]

イタリアにはズッパ・イングレーゼという同様のデザートがある。サベーリとデヴィッドソンはこれを「イギリスのトライフルとよく似た材料（スポンジケーキまたはビスケット、リキュール、カスタードおよび／またはクリーム、任意のトッピングや飾り）を使ったイタリアのデザート。ただし、これがトライフルの起源とは断定できない」と記した。[43] だが、1891年の『厨房の科学と美食法 *La scienza in cucina e l'arte di mangiar bene*』英語版で、著者ペッレグリーノ・アルトゥージは自分のレシピを「ズッパ・イングレーゼ（イギリスのトライフル）」と名づけている。よりバロック的なシチリアのトライフルは、カッサータまたはカッサータ・パレルミターナと呼ばれる。トライフルには料理人と同じ数だけ種類があるが、一般的にはリキュールで湿らせたスポンジケーキにリコッタチーズや砂糖漬けの果物、あるいはチョコレートの層を重ね、粉砂糖と（または）マジパンで覆って作る。たまにホイップクリームを載せる場合もある。20世紀に生まれたティラミスも、トライフルの流れを汲むデザートだ。ティラミスはエスプレッソとラムに浸した細いカステラ菓子、ザバイオーネ［卵黄、砂糖、マルサーラワインなどで作るカスタード風クリーム］、マスカルポーネ、ホイップクリームの層を重ねて作る。また、リコッタチーズを使った最も有名で最も愛されているクリーム菓子を挙げるなら、シチリアのカンノーロだろう。これは繊細な甘みを加えたリコッタチーズと、チョコレートやシトロンの砂糖漬け、カボチャなどを混ぜ合わせて、小麦粉をかたく焼いた円筒型の生地につめたものだ。菓子の両端に細かくきざんだピスタチオをまぶすこともある。クリームは生地が湿っぽくならないよう食べる直前につめると、なめらかなクリームとぱりっとした生地の絶妙な食感を楽しむことができる。

もうひとつ、20世紀に生まれた同種の菓子にラテンアメリカのトレスレチェケーキ（3種類の牛乳を使ったケーキ）がある。無糖練乳、加糖練乳、クリームの混合物に浸したこのスポンジケーキは、１９７０年代あるいは80年代にネスレによって開発されたと言われている。これを最もよく食べる国はメキシコだが、中南米のほとんどの国に独自のトレスチェケーキがある。[44]

## ●震える、臆病なカスタード

いわゆるカスタードの起源は少なくとも14世紀にさかのぼる。「custard」という語は皮（crust）のついたタルト（tart）を意味する「クラスタード（crustade）」から派生した。一般的なクラスタードは、肉や果物の他スープや牛乳、卵、スパイスを材料とした、具を包みこまないタイプのパイだった。辛いものでも甘いものでも、食事の最後ではなく途中でテーブルに運ばれた。最終的にはデザートコースの人気料理になったが、今でも香辛料を使ったものはキッシュとして親しまれている。

スポード社のふたつきカスタードカップとスタンドのセット。1810年頃のもので、幾何学模様が描かれている。

甘いカスタード——牛乳、卵、砂糖、香味料を均一に混ぜて火にかけて作るクリーム——は、台所で生み出される料理や飲みもののなかで最も使い勝手がよい品のひとつだ。調理法も、弱火で煮たり、オーブンで焼いたり、こげ目をつけたりと多岐にわたる。それだけを焼いてカップで食べることもあれば、型を使って凝った形にしたり、パイやタルトのつめ物として使ったり、エクレアやシュークリームのようなシュー皮のつめ物にしたりもする。ソースとして使う場合はバニラからモモ葉までいかようにも味つけでき、パン粉をまぶして揚げることすらある。フランスのデザート「イル・フロッタント」（浮島）ではカスタードは海に見立てられるし、凍らせたカスタードはアイスクリームになる。

カスタードとそこから進化したクリームは、プディング、クリーム、クレーム、クレーム・アングレーズ、クレーム・キャラメル、ペイストリー・クリーム、フランなどと呼ばれる。フランスの料理用語ではカスタードではなく、クレームという語が一般的だ。スペインでの呼び名はナティージャ、イタリアではクレマ、ドイツではバニラプディング、ポルトガルではクレーム・

1947年の映画『ポーリンの冒険』の一場面。シェフたちがパイを投げようとかまえている。

デ・オヴォシュ。タイとラオスで「サンカヤ」と呼ばれるカスタードはココナッツミルクで作られ、まだ熟れていないやわらかなココナッツを彫ったものかカボチャをくり抜いたものに入れて調理される。

カスタードをつめて焼き上げるパイやタルトはとても身近な料理だ。スカッピの16世紀のカスタードパイ、パスティッチ・ディ・ラッテはバラ水とシナモンで味つけされていた。パスティス・デ・ナタと呼ばれるポルトガルの個性的なカスタードタルトは通常はシナモンで風味づけされていて、ポルトガルからブラジル、マカオその他ポルトガル語圏の国や地域で有名だ。ココナッツカスタードとバナナクリームパイは、かつてアメリカのレストランでは人気メニューだった。

カスタードはユーモアの源ともなる。『料理人 *The Cook*』という17世紀のエッセイの著者で英国教会の聖職者ジョン・アールは、

ほぼすべての国や地域に独自の種類があるが、名前が何であれ、クリームとキャラメルの組み合わせは味の完璧なマリアージュだ。

鋭いナイフや煮えたぎる湯などを武器に厨房で戦争をしかける暴力的な存在として料理人を描写した。アールによれば、料理人は軍隊の配列のように料理を並べ、最前線には屈強で手強い肉を、「後列には揺れ動くタルトや小きざみに震えるカスタード、その他牛乳に浸した女々しい食べものなど、冷たく臆病な料理を配置する」[45]。20世紀初頭のハリウッドでは、ほぼすべてのドタバタ映画に特別にやわらかいつめ物を使った、持ち運ぶとカスタードが揺れるようなパイが登場した。誰かにパイを投げ、相手の顔がクリームだらけになるようすがとてつもなく愉快だと見なされていたのだ。パイ投げは1920年代のハリウッドで大人気だったギャグで、キーストン・スタジオ［映画産業初期に設立されたアメリカの映画スタジオ］が撮影用のパイを発注していた菓子店は、他のものを作る時間がまったく取れなかったという[46]。

見た目にわかりやすいギャグ、病人食、素朴な自家製デザート、パティシエによる豪華な創作料理――どれもクリームとカスタードのことだ。また、アイスクリームの生地でもあり（氷が簡単に手に入るようになると、アイスクリームはカスタードやクリームに代わる人気デザートになった)。昔のデザートが廃れたことを嘆いた者が、少なくともひとりはいる。ロンドンのカミング博物館を設立した蒐集家ヘンリー・セイヤー・カミングは「シラバブとシラバブの器」というタイトルの1891年の記事で、シラバブと専用の器が忘却の危機にさらされていると書いた。また、すでにシラバブ用の皿は減少しつつあり、幸運にも皿を所有しているならば大事にするべきだと主張している。また、こんないっぷう変わった詩も創作した。

泡立てたシラバブ

雪山のようなシラバブが
カスタード、ゼリー、タルト、
ほろ酔いのケーキ、甘いトライフルに添えられ
宴会のテーブルの仲間入りをする
おお！　われらのよろこび、シラバブよ
スパイスとサックワインで風味をつけた
ああ！　その次にはホイップを楽しもう
背中ではなく［whip にはホイップの他に鞭という意味がある］、口で
子供たちはどれだけ色めきだったことか
シラバブを一目見て！
その泡立ちを目にして口のなかには唾がたまり

よろこびのあまり手のひらをこする
愚かな人々はすでに忘れてしまった
シラバブの作り方を
シリー諸島に向かい
再び教えを乞わねばなるまい
おお！　きっと彼らの脳は混乱するだろう
ベルゼブブの手練手管に
この悪魔は残酷な悪意を持って奪い去るに違いない
シラバブのよろこびを[47]

カミングは、シラバブだけでなく凝乳や乳清、ミルク酒、リーチ、スノウ、フラメリーなども今ではめったに見かけないと考えていた。[48] アイスクリームがあるというのに、誰がそんな古くさいものを食べるだろう？　20世紀初頭、アイスクリームは人々に大いなるよろこびをもたらすことになる。

# 第4章　デザートの夢と現実

「デザートは芸術だ」とビートン夫人は書いた。たしかに、テーブルを飾るクリームの雪山、フラメリーの魚、クロテッドチーズで作ったキャベツを見ればその言葉も納得できる。[1]ただし、夫人はデザートを作るにはそうした夢の部分だけでなく現実に目を向けねばならないことも承知していた。卵や生地を小枝の束だけで1時間かき混ぜてデザートを作るのは楽ではない。また、なにかを焼こうと思えば、オーブンの燃料となる大量の木材や石炭を運ぶ必要がある。アイスクリームを作るには氷は必要不可欠で、しかも氷があったにせよ大変な作業だった。当時流通していた、または手頃な値段で手に入る材料や道具だけで調理しなければならないため、デザートの数や種類には限界があった。こうした事情から、当時デザートを作るのは使用人の仕事であり、それを楽しむのは裕福な人々だけというのが一般的な図式だった。だが19世紀に入り、科学の発達とさまざまな道具、製造方法、輸送技術の向上により、簡単に作れる安価なデザートが大量に生産され始める。

アイスクリームは当初とても特別な料理と見なされ、1671年に行われたガーター勲章の祝宴でこれを供されたのはただひとり——チャールズ2世だけだった。日常的にアイスクリームが食卓に上るようになるのは何世紀も後のことだ。19世紀になると氷貿易が始まり、最新式のアイスクリーム製造機が開

S 1. Jelly of two colours. T 1. Raspberry Cream. U 1. Centre Dish of various Fruits
V 1. Trifle. W 1. Strawberries au naturel in ornamental Flowerpot.

ビートン夫人はゼリーやクリーム、果物のデザートをシンプルに、そして美しく盛りつけた。

発された。砂糖の価格も手頃になり、イングランドやアメリカの都会に住む浮浪児ですらわずかな金額でアイスクリームを買えるようになる。

16世紀、氷の実験をしていたナポリの錬金術師たちが、雪や氷に塩や岩塩を加えるといろいろなものを凍らせることができるという方法を発見した。当初、料理人はこの新しい冷凍技術を用いて、水で満たしたピラミッド型の容器に果物や花を入れて凍らせた。これはテーブルの飾りにもなり、あたりの空気を冷やす効果もある。また、果物を水に浸して光沢が出るまで凍らせてからテーブルに運んだり、マジパンで作った船を氷の海に浮かべたりもした。だが、飲料やクリームにも冷凍技術が用いられるようになったのは17世紀後半のことだ。料理人はこの技術を用いて、フローリオが1611年に編纂した辞書で定義した「水、レモンの果汁、砂糖、アンバー、ムスクを材料とした、非常に高価で繊細なトルコの飲料」、つまりソルベを氷菓子にアレンジすることに成功する。[2] 当時人気のあった多くのクリームやカスタードプディングもアイスクリームに姿を変え、当時は「氷のクリーム」「氷のプディング」と呼ばれていた。

アントニオ・ラティーニはナポリのスペイン貴族の家計や事務を管理する家令で、17世紀後半に『現代の家令 *Lo scalco alla moderna*』という本を出版した。氷とアイスクリームのレシピを掲載した本としてはもっとも早い時期の一冊だ。ラティーニは果物の果汁で作った氷とクリームで作った氷の両方にソルベット(sorbetto)、ソルベッティ(sorbetti)という言葉を使用した。ジェラートという語は19世紀まで登場しない。ラティーニは著書で「ナポリでは大量のソルベッティが消費され、ナポリ人なら誰でも生まれつきその作り方を知っている」と述べた。もちろん、これはかなり大げさな表現だ。現にラティーニ自身、ソルベッティ作りはプロに任せるのが一番だと書いている。彼のレシピはあまり詳細ではなく、アイスクリームを作る技術を知る人でなければ意味があまりわからないだろう。だが、味つけは魅力的だ。たとえばソルベット・ディ・ラテ(ミルクのソルベ)は砂糖漬けのシトロンまたはカボチャで味つけされているし、シナモンアイスには松の実を加えている。また、新鮮なサクランボで酸味のあるサクランボアイスを作り、サクランボが時期外れのときには乾燥サクランボで代用している。チョコレートソルベッティのレシピはふたつある。当時チョコレートはほぼ飲料としての用途しかなかったので、このレシピは革新的だった。彼は、チョコレートソルベッティのひとつを冷凍ムースと呼び、凍らせている最中は絶えず攪拌する必要があると述べた。生地をかき混ぜよという指示を彼が書いているのはこの部分だけであり、後世の料理人たちはここが大事なポイントだと認識した。ラティーニはまた、氷には砂糖や雪と同じ触感が必要で、かたく氷の粒が残っているものはだめだと指摘している。

　その後しばらくは、料理書に掲載されるアイスクリームのレシピは数が限られていた。そして、レシピの多くはクリームの作り方よりも凍らせる方法にページを割いている。グラス夫人とラファルド夫人の著書にも似たようなレシピがある。以下はラファルド夫人のものだ。

> 12個の熟したアプリコットの皮を剝いて種を取り、熱湯につけてから上質の大理石の乳鉢でつぶす。2度精製した砂糖6オンス［約170グラム］、沸騰させたクリーム1パイント［約600ミリリットル］を加え、目の細かい漉し器で裏ごしする。これを蓋つきの缶に注ぎ、細かく砕いた氷と大量の塩を入れた桶につける。缶の縁についたクリームがかたまってきたらかき混ぜ、全体がかたまるまでまた桶につけておく。クリーム全体がかたまったら、缶から取り出して型につめて蓋をする。先ほどと同じように氷と塩を入れた別の桶を用意し、型を中央に、氷をその下と上に置いて4～5時間おいておく。型を湯につけて中身を取り出す。ただし、夏は食べる直前に型から出すこと。アプリコットがない場合は好きな果物で代用できるが、きちんとかたまるか気をつける必要がある。[3]

やがて、ようやく1768年にパリで『菓子職人のためのアイスクリームの調理法 *L'Art de bien faire les glaces d'office*』が出版される。これは、氷とアイスクリームの作り方に特化した最初の本だ。著者M・エミーについては、非常に腕のいい菓子職人だということ以外はほとんど知られていない。この本には100を超えるレシピに加えて冷凍、成形、給仕の指南が書かれ、読者対象はプロの菓子職人だ。エミーの指示は明確で、彼は「この本の通りきちんと手順を踏めばアイスクリームの仕上がりは完璧」だと述べている。使用される材料は、現在の冒険心に富んだパティシエのものに匹敵していた――アンバーグリス、ライ麦パン、パイナップル、ミルクコーヒー、パルメザンチーズとグリュイエールチーズ、トリュフ、バニラ……まだまだたくさんある。

エミーは完璧主義者であると同時に現実主義者でもあり、果物や果実は味のうえでも期待感を高めるうえでも、旬のものを使うのが好ましいと考えていた。そして、新鮮な果物が入手できない冬にはチョコレート、コーヒー、シナモン、その他のスパイスを用いたアイスクリームを作るように勧めている。ただし、雇い主によっては冬でも果物のアイスクリームを希望することも承知していて、果物の砂糖漬けで代用する方法もあるとした。氷やアイスクリームにアルコールを使うことには反対だったが、どうしても必要な場合はどのアルコールを使うべきかを助言している。マラスキーノというリキュールやラム酒、またはラタフィアを勧め、ただし「完成したアイスクリームの味には責任を持たない」と書いた。[4]

かつての料理人はフラメリー、リーチ、ゼリー、クリームを形成、着色して果物や野菜、花、その他趣向を凝らした品を作ったが、エミーや他の菓子職人はそれと同じことをアイスクリームで行った。たとえばイールズ夫人がクリームでマスを作ったようにアイスクリームの魚を作ったし、メロン、ナシ、ピクルス、白鳥、魚、ハムのアイスクリームなどもあった。造形に長けた菓子職人であれば、アイスクリームをいかにも本物のように客に信じ込ませることは可能だ。さまざまな果物、肉、魚が実はアイスクリームだ

美しいだけでなく実用的な、1778年製作のセーブル焼きアイスクリーム用クーラー。中を冷たく保つために、容器の内部とくぼんだ蓋の両方に氷を入れて使用した。アイスクリームは容器の仕切りの内側に保存される。

ということに気づいたとき、大半の客は感心し、大よろこびした。昔アンリ3世が本物だと信じて大よろこびした砂糖の饗宴をほうふつさせる話だ。

しばらくすると、似たようなアイスクリームのお遊びをする者があちこちで出てきた。『完璧な料理人 *The Thorough Good Cook*』(1895年)のなかで、著者のジョージ・サラはウィーンで驚くようなアイスクリームを見たと書いている。「ウィーンの料理人はアイスクリームで本物そっくりのロブスター、牡蠣《かき》、アスパラガス、はてはマトンのカツレツや小さなハムまで作り出す」。ある年、彼は友人たちを食事に招いて「アイスクリームのおふざけ」をやってみようと思いついた。まず、大きなジャガイモ数個を皮にしわが寄るまで焼いておく。その後ジャガイモを半分に切り、身をくり抜いて卵白を塗ってからアイスクリームをつめた。切ったジャガイモを合わせてひとつに戻し、ナプキンを敷いた皿に載せる。メニューの名前は「焼きジャガイモつめ物風」。サラによると、ほとんどの客はだまされ、「びっくりした!」「想像もしなかったよ」などと言ったという。ところがある男性は、目くばせをしてジャガイモを手に取ってふたつに割り、中になにが入っているかをみんなに見せた。なぜわかったのかと問われ、彼はこう答えたという。「焼きジャガイモなら冷たいはずがない。なのに載せてある皿はガラスで、スプーンはアイス用ときている。おかしいじゃないか?」[5]

## ◉万人のデザート

イギリスからドイツ、フランス、アメリカ、そして他の国々にも産業革命の波が広がるにつれ、人々の生活は良い意味でも悪い意味でも大きく変わった。好ましい変化のひとつは、氷を、そしてアイスクリームを手頃な価格で庶民も作れるようになったことだ。18世紀、池や湖の氷を手に入れ、貯氷庫を所有できたのは富裕層だけだった。しかし19世紀半ばになるとアメリカ人のフレデリック・テューダーが氷の収穫、

1805年のパリでは、アイスクリームを食べることは高級な趣味だった。

貯蔵、配送、販売を世界的なビジネスに変え、ほぼ誰でも氷を利用できるようになった。テューダーや、後に彼と競合することになる商人たちによって、氷は日用品になったのである。氷は世界中の家庭へ直接届けられ、氷の塊を入れて食べものを冷却保存するアイスボックスが一般的な家庭製品になった。この影響は広範囲におよんでいる。実業家のアグネス・マーシャル夫人は、１８９４年の著書『極上のアイス *Fancy Ices*』で自分が発案したアイスクリームの型を宣伝した。氷を積める鉄道車両の導入によって新鮮な果物、野菜、魚、解体されたばかりの肉を新しい市場へ長距離輸送できるようになり、食品流通も変化した。医療の面では、発熱した患者の治

年齢に関係なく、アイスクリームは特別なごちそうだ。

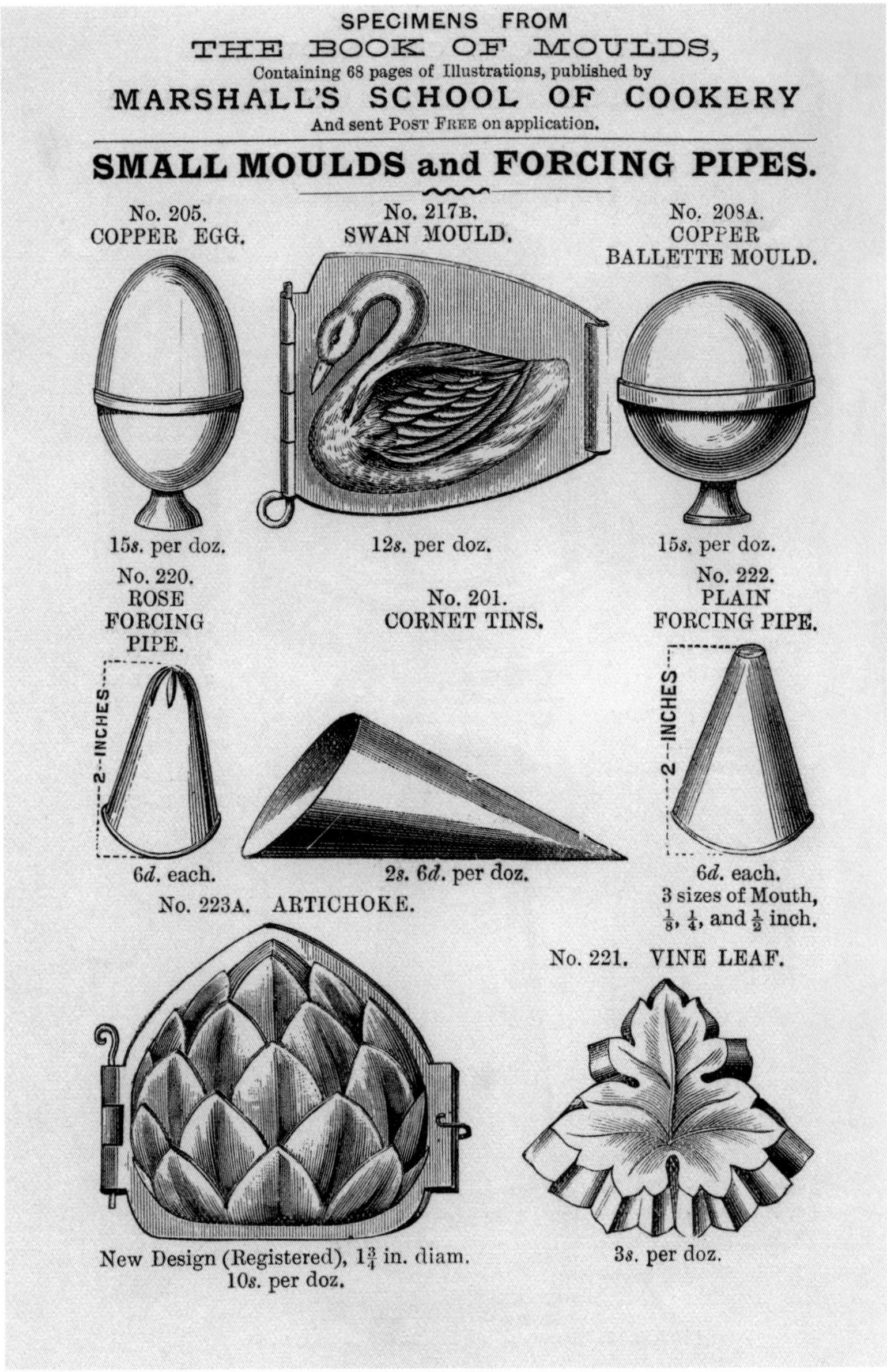
SPECIMENS FROM
THE BOOK OF MOULDS,
Containing 68 pages of Illustrations, published by
MARSHALL'S SCHOOL OF COOKERY
And sent POST FREE on application.
SMALL MOULDS and FORCING PIPES.
No. 205. COPPER EGG.
15s. per doz.
No. 217B. SWAN MOULD.
12s. per doz.
No. 208A. COPPER BALLETTE MOULD.
15s. per doz.
No. 220. ROSE FORCING PIPE.
2 INCHES
6d. each.
No. 201. CORNET TINS.
2s. 6d. per doz.
No. 222. PLAIN FORCING PIPE.
2 INCHES
6d. each.
3 sizes of Mouth, $\frac{1}{8}$, $\frac{1}{4}$, and $\frac{1}{2}$ inch.
No. 223A. ARTICHOKE.
New Design (Registered), $1\frac{3}{4}$ in. diam.
10s. per doz.
No. 221. VINE LEAF.
3s. per doz.

アグネス・マーシャル夫人は1894年の著書『極上のアイス』で、自身が考案したアイスクリームの型を宣伝した。

実的になったのである。

療に氷を使えるようになった。そしてアイスクリームの生産と販売も、氷を入手しやすくなったことで現

テューダーがボストンからカルカッタに氷を輸送したことから、インドのアイスクリーム産業が始まった。現在、インド中の人々がマンゴー、ピスタチオ、イチジクといったアイスクリームのフレーバーや、チョコレートでコーティングした子供の大好物「チョコバー」を楽しんでいる。伝統的なインドの氷菓クルフィは、牛乳をカラメル化するまで煮つめてから、砂糖、ピスタチオ、アーモンド、バラ水を加えたものだ。アイスクリームとは違って生地を攪拌せず、円錐形の型に入れて冷凍する。[6]

1843年、フィラデルフィア出身のアメリカ人女性ナンシー・ジョンソンが、手まわしのクランク式アイスクリーム製造機を発明した。これを使えば蓋を閉めたままアイスクリームの生地を安定してかき混ぜることができ、プロでなくてもこれまでより速く、容易に生地を凍らせることが可能になった。アイスクリーム製造機の登場は、かつてエミーたち菓子職人が理想としたなめらかな生地を実現したのである。クランクをまわす仕事を命じられることの多かった少年たちには、へらについたクリームをなめてもいいというご褒美が与えられたことも付け加えておこう。イングランドでも、1844年に菓子職人のトーマス・マスターズが同様のアイスクリーム製造機を発明している。これは氷の製造も可能で、彼は人工的に作った氷でアイスクリームを作った最初のひとりとなった。もっとも、当時天然の氷の流通がすでに広く行われていて、しかも人工のものより安全だと考えられていたため、マスターズの製造機はほとんど評判にならなかった。

最終的には、この発明品はさまざまな人々によって改良が重ねられ、19世紀後半には家庭用と業務用両方のアイスクリーム製造機が広く普及する。業界誌では、ホテル、レストラン、アイスクリームパーラー、菓子店などの業務用として、最初は馬を、次に蒸気を動力とした製造機が宣伝された。アイスクリームを

国の誇りだと考えるイタリア人でさえ、外国のアイスクリーム製造機を重宝している。『厨房の科学と美食法』を著したペッレグリーノ・アルトゥージは次のように書いている。

3種類の機能を持ち、へらを必要としないアメリカのアイスクリーム製造機のおかげで、アイスクリーム作りは非常に容易かつ迅速にできるようになった。このおいしい食べものの官能的なよろこびをもっと頻繁に味わわないのは損というものだ。[7]

新しい機器が普及し、また氷が入手しやすくなったため、家庭の料理人から街頭の物売りまで、誰もがアイスクリームを作り始めた。プロの菓子職人や伝統を重んじる人々はこの風潮を不愉快に感じていたようだ。『古きロンドン街頭の呼び売り *Old London Street Cries*』（1885年）の著者アンドリュー・テュアーは、行商人たちが売り歩く1ペニーのアイスクリーム「ホーキーポーキー」の品質を疑問視して「おそろしく甘く、おそろしく冷たく、煉瓦のようにかたい」と表現した。高価な牛乳の代わりにどろどろにすり潰した質の悪いスウェーデンのカブを生地に使ったのではないかという説もある。[8] イギリスの菓子職人フレデリック・T・ヴァインは、行商人が売る氷菓を「怪しげな代物」と疑った。[9] アメリカの『コンフェクショナーズ・ジャーナル』誌1883年版の編集者はもっと手厳しい。彼は「安物売りの行商人のやり方」で作られたアイスクリームを次のように描写した。

工場生産のクリーム、安価な材料で作ったクリーム、教会や慈善バザーで売られるクリーム、安宿や救貧院で出されるクリームは、どれも詐欺同然の粗悪品だ。これらはクリームとは呼べず、水となにかを混ぜた泡状の液体により粗悪な「風味」をつけたものにすぎない。そして、その風味の材料がな

一流の菓子職人たちは街頭のアイスクリーム売りを見下していたが、子供たちは街頭で買えるアイスクリームが大好きだった。

にかは悪魔が差し向けた調合者だけが知っている。[10]

だが、こうした批判は時代の流れに逆行していた。この頃すでにアイスクリームは身近なものとして広く親しまれていたのだ。1891年、ハンブルク・アメリカ小包輸送会社はアイスクリームを汽船の船倉に積んで世界中を航海し、船内メニューにも登場させた。その後は鉄道の食堂車、ホテル、レストラン、アメリカのドラッグストア内のカウンター（ソーダ・ファウンテン）のメニューと同じく、アイスクリームは蒸気船のデザートメニューの常連となり、ケーキやパイと組み合わせられることも多かった。アイスクリームは家庭や菓子職人の手で作られ、街頭で売られ、店で食され、貧富の差に関係なく万人に愛されるものになったのだ。

## ●城から一般家庭まで

今日、パティシエの優れた技は文明が発達したすべての国や地域で称賛の的となっている。その起源は世界の揺籃《ようらん》期、具体的にはさまざまな方法で小麦粉、バター、卵を組み合わせて味を追求してきた先人たちの時代にさかのぼる。こうして生まれたのがケーキやパン菓子だ。

先人たちはハチミツ、砂糖、果物の配合に試行錯誤し、さまざまな工夫を凝らして造形し、やがて伝統的なケーキは城から一般家庭まで、あらゆる祝祭日のテーブルを華やかに飾るようになった。[11]

フランスの著名な料理人ジュール・グーフェは、彼の菓子料理書の導入部でケーキの簡単な歴史を記し、こう指摘している。

PLAAT II.

VERSCHILLENDE GEBAKKEN.

1. Brioche. — 2. Manqué. — 3. Timbale van amandeldeeg gevuld met room en aardbeien. — 4. Croquembouche van genueesch gebak. — 5. Parijsche Nougat. — 6. Biscuit. — 7. Sultane. — 8. Breton.

カラー印刷されたグーフェの著書の挿絵が食欲をそそる。この本はロッテルダムで1893年に出版された。

かつて、ペイストリーに関する知識は女性の教養において重要な部分を占めていた。貴族の女性も富裕層の娘も修道女も、多岐にわたる菓子のなかからその場に最もふさわしいものを選ぶことができたのだ。[12]

グーフェは自著を、プロの男性パティシエだけでなくこのような女性たちに向けて書いたと述べた。男性が――そして女性も――遥か昔からさまざまなケーキや他の甘い料理を生み出そうとしていた、というグーフェの説は正しい。だが、彼はアイスクリームからケーキまで、オーブン、庶民へのデザートの普及に産業革命が果たした役割については見落としていた。19世紀になると、オーブン、調理器具、型、型抜き、材料、輸送や冷蔵手段などの発達により、プロも家庭の料理人もペイストリーやデザートのレパートリーが大きく変化する。新しい料理書の影響も大きかった。当時は料理書、特に拡大する中産階級向けのものが急増した時代だ。カラーの挿絵が掲載された本もある。こうした本にはレシピだけでなく、ディナーパーティの開催、料理の盛りつけ方、おしゃれなテーブルセッティングに関するアドバイスも紹介されていた。女性の料理作家が女性に向けて書いたものが大半を占めていたが、なかには男性料理人がほぼ男性ばかりの同業者に加えて女性読者を対象に書いた本もある。あらゆる新しい分野が発展したことで焼き菓子の世界は一変し、目がくらむようなデザートが次々と生み出されていった。

## ◉手間いらずのオーブン

アイスクリームが新しい設備や道具によって作りやすく、また価格も手頃になったように、焼き菓子の技術は新しいオーブンによって改善された。いったん使い方を覚えれば、新しいオーブンはそれまでのものよりも扱いやすく効率的だ。19世紀初頭にはオランダ、イギリス、アメリカで木材または石炭を燃料と

1870年の新しいオーブンの広告。子供でもケーキを焼けるほど操作が簡単だとアピールしている。

する鋳鉄製オーブンが使用されていた。これによって菓子製造は以前より容易になったものの、石炭や木材を大量にオーブンにくべる必要があった。その後、1826年にイングランドの発明家ジェームズ・シャープがガスオーブンの特許を取得する。多くの都市でガス灯が導入され始め、都市部の家庭では新しいガスオーブンを台所に取りつけるようになった。もっとも、一部には抵抗もあった。新しい技術にとにかく難癖をつける人というのはいるものだ。だが、ロンドンの高級な「リフォーム・クラブ」の有名シェフ、アレクシス・ソイヤーはこの新しいガスオーブンを推奨し、こう意見を述べた。

また、ガスオーブンは必要なときに必要なだけつければよいので、経済性の向上が見こめる。毎日ガスが供給されるロンドンや他の大都市でしか使用できないのはいかにも残念だが、この器具が必要なのは田舎よりも台所の狭い大都市だ。ガスオーブンを使えば、どんなに狭い台所であっても熱が部屋にこもることはない。[13]

ソイヤーは触れなかったが、家庭の料理人が特によろこんだのはオーブンにくべる大量の木材や石炭を運ぶ必要がなくなったこと、そのため台所が汚れるのを防ぐことができたことだろう。20世紀前半には電気が供給される都市が増え、電気オーブンも使われるようになった。この頃、ようやくサーモスタットがガスと電気のオーブンに取りつけられるようになる。この技術は長年にわたって工夫を重ねながら使用されてきた。

こうしたオーブンや温度調節器がない頃の料理人は、判断と経験を頼りに、オーブンの予熱は完了したか、生地によって焼く時間はどのくらいが適切かを見極めてきた。料理書のレシピには「スラック・オーブン」「クイック・オーブン」「ブリスク・オーブン」などの語が使用されている。オーブンに手を入れて温度を確認したり、白い紙をオーブンに差し込んで茶色にこげるまでの時間を計って判断したりする方法もあった。ラファルドはチーズケーキの焼き方を説明する際、オーブンを熱しすぎるとケーキはこげて「美しさを失い」、逆に「オーブンの温度が低いとぐったりと悲しげな姿になる」と書いた。[14]

焼きナシのデザートについては、イギリスの料理作家エリザ・アクトンが「先にパンを焼いて出した後の」オーブンに入れ、一晩中置いておくようアドバイスしている。「砂糖を加えて煮込んだり焼いたりしたものより、はるかに風味がよい」[15]。パンは焼きナシよりも高温で焼くので、その後温度が下がるとナシをじっくり焼くのに適した温度になった。ケーキの項目の導入部で、アクトンは次のように書いた。

軽いケーキはすべて、生地を膨らませて焼きかためるのにオーブンをかなり高温にする必要がある。大きく濃厚なケーキなら、中まで火を通すのに十分なオーブンの温度を長く保たなくてはならない。

そして、小さなシュガーケーキには小さなオーブンを用い、生焼けなのに濃い焼き色がつくということがないよう気をつける。ジンジャーブレッドも、軽くぶ厚いものでなければ、あまり高温にせずじっくり焼く必要がある。メレンゲ、マカロン、ラタフィアケーキはもう少し温度を上げてもよい。[16]

1904年には『ドイツの郷土料理 *German National Cookery*』という本が英語とドイツ語で出版された。著者のヘンリエット・ダヴィディスは紙を使ってオーブンの温度を判断する方法を紹介し、こんなアドバイスを呈した。

オーブン内の温度は紙を使って確認できる。紙がすぐに黄色（黒ではない）に変わったら高温で、軽いパイ生地やイースト生地を焼くのに向いている。ゆっくりと黄色に変わる場合は中温で、ほとんどの種類の焼き菓子に適した温度だ。低温だとケーキなどを焼くには低すぎるので、なにかを乾燥させるときに用いるのがよい。[17]

20世紀初頭にはサーモスタットがついたオーブンが出まわり始め、料理書でも焼く温度が明記されるようになった。1904年出版のイギリスの菓子職人に向けた業界誌『ケーキの本』のレシピには、オーブンの温度を150℃、175℃、190℃に指定しているものも、単に「焼く」とだけ表記してあるものもある。この雑誌に掲載された「特許を取得したガスオーブン」の広告では、ガスの供給を「完璧に制御することができ、火加減を細かく調節できる」と謳った。[18]

21世紀になると、炭火で焼くという初期の手法に戻る料理人も現れた。『ニューヨーク・タイムズ・マガジン』誌2016年6月26日版の記事を書いたサム・シフトンは、石炭が灰で覆われ、中温になったらグリルに鶏肉を載せるようアドバイスしている。中温かどうかは「石炭の5インチ［約13センチ］上に手をかざし、5〜7秒間そのままいられるかどうか」で判断するそうだ。[19]

## ◉調理道具

新しいオーブンに加えて、料理に使う新たな道具も登場した。針金の泡立て器や機械式の卵泡立て器は今日では単純な道具に思えるが、当時の料理人にとっては大きな進歩だ。卵や生地を1時間以上も小枝の束で泡立てる必要がなくなった。ケーキやビスケット、メレンゲや他のデザートを作ることがより実用的となり、手首も疲れずに済むようになった。19世紀半ばには異なるタイプの機械式泡立て器が特許を取得したが、最も有名だったのはドーバーという会社のものだ。特にアメリカで非常に人気があり、レシピに「ドーバーで5分間泡立てる」という表記もよく見られた。[20] イングランドや他のヨーロッパの料理人はアメリカ人ほど卵泡立て器に関心を示さず、針金製の泡立て器を重宝する傾向にあった。いずれにしろ、小枝の束を使い続けた料理人はいないようだ。

優れた計量器具も普及した。計量カップとスプーンが市場に登場する19世紀後半まで、多くのレシピでは液体を量るにはティーカップやワイングラスを、乾燥した材料には塩さじを使っていた。また、貨幣単位を用いて「スパイスを1ペニー分」とか「3ペニー分のシナモンパウダー」などの表現もある。[21] ソイヤーは、その料理に応じてペイストリーを「半ペニーの厚さ」や「半クラウンの厚さ」に丸めるようにと書いた。また、別のレシピではペイストリー生地を20に分け、それぞれ「1ペニーよりも大きく」と指示している。[22] どの本のレシピも砂糖の量については特定の指示はなく、単に「甘くなるまで加える」という表現が多かった。デザートの種類によっては「たっぷり」などと書いてある。「たっぷり」がどれくらいを指すかをきちんと判断できるかどうかは料理人の腕次第だった。

卵泡だて器を使うと、小枝の束を使うより簡単に手早く泡立てることができた。

ヨーロッパでは調理の際に容器の体積に頼らず、正確に重さを量るようになった。一方アメリカではワイングラスや目分量の代わりに、測定器ではなく計量カップとスプーンを使うことが主流となる。現在「カップケーキ」と言えば小さいケーキのことだが、19世紀のアメリカのレシピでは多くの場合カップ1杯分、2杯分、3杯分、4杯分というシンプルな計量で作られたケーキを指した。たとえば、バター1カップ、砂糖2カップ、小麦粉3カップ、卵4個、ベーキングパウダー小さじ1杯という具合だ。料理学校を創設した料理研究家ファニー・メリット・ファーマーが著した有名な『ボストン料理学校の料理書 *Boston Cooking-School Cook Book*』（1896年）を始めとするアメリカの料理書には「正確で一貫性のある計量方法が必要」とあり、これが重さではなく容器を使って測る方法が広まるきっかけとなった。今でもヨーロッパとアメリカの計量法は違うが、レシピに両方が併記される場合もあり、料理人が自分に合うやり方を選ぶことができる。

長年経験を積んだ料理人は、オーブンの温度を計って調節したり、標準化された測定器を使ったりする必要はなかったかもしれない。だが、若者、特に家族から離れて生活している人々には必要なものだった。そして、身近に教えてくれる人がいないこうした層は、当時製造され始めていた使いやすい新たな焼き菓子製品やインスタントのケーキミックスをこぞって購入するようになる。

## ●菓子よ、膨らめ

アメリカで最初に特許を取得したのはサミュエル・ホプキンスだ。彼は1790年にイースト菌の一種である炭酸カリウムの製法を考案し、ジョージ・ワシントンの署名入りで特許が交付された。それまでずっと料理人は天然酵母を使ってやわらかいケーキやパンを作り、また卵白を泡立ててスポンジケーキを膨らませていた。バターと砂糖を混ぜ合わせる「クリーミング・メソッド」も、ケーキを膨らませるための手

1837年、アルフレッド・バードは卵アレルギーだった妻のために、トウモロコシ粉をベースにしたカスタード風パウダーを発明した。この商品は今でも人気だが、本来のカスタードに比べれば味が落ちるという声もある。

法だ。アメリア・シモンズは、木灰で作った「真珠灰」（重炭酸カリウム）という酵母や、アメリカで「エンプティン」と呼ばれていたジャガイモやホップで作る自家製の液体酵母を使用した。だが、19世紀半ばに市販の化学膨張剤が導入され、19世紀後半から20世紀初頭にかけてケーキの生産は大幅に増加する。

イギリス人化学者でバード&サンズ社の創設者アルフレッド・バードは、妻が天然酵母を消化できない体質だったことから、その代替品を生み出す実験を開始した。１８４３年、後に「ベーキングパウダー」として知られることになる「バードの醗酵パウダー」を開発し、まもなく製品として売り出した。また、彼はカスタードとブランマンジェの粉末も発明している。社名の記載はないが、

1898年版『実践的料理百科――あらゆる調理法と配膳に関する辞典 *The Encyclopedia of Practical Cookery: A Complete Dictionary of All of the Art of Cookery and Table Service*』には次の通りに書かれている。「ブランマンジェの粉末が袋入りで販売されている。これはデンプン調製品で作られており、良質で安価だということだ」[23]

ドイツのアウグスト・エトカーは、バッキンと呼ばれるベーキングパウダーで成功を収めた。彼の会社は小麦粉500グラム［1・1ポンド］の醗酵に必要な分量の小さな包みを一般家庭向けに販売し、1906年までに5000個を売り上げている。[24] アメリカでは、最も有名な製造会社にラムフォード、デイヴィス、クラバーガールなどがあった。安全性に関する議論が生じ、味が悪くなるという指摘も一部にあったが、20世紀初頭にはケーキやパンを焼く際にクリームタータ―（酒石酸水素カリウム）、重曹、ベーキングパウダーは欠かせないものになっていた。化学膨張剤を使えば調理時間は短縮される。安全で品質も確かだと判断されてからは、こうした膨張剤は非常に売り上げを伸ばした。女性誌はこの新製品を用いたレシピを掲載し、製造会社は著名な料理人や料理作家などが寄稿した独自のレシピ本やパンフレットで商品を宣伝した。

早くも1895年にはアメリカン・ロイヤル・ベーキングパウダー社が、購入者たちから寄せられたレシピをまとめた料理書を出版する。書名は『私の「お気に入りレシピ」*My Favorite Receipt*』で、パイ、クッキー、プディング、ドーナツ、ケーキ、その他香辛料を使った料理や飲みもののレシピも含まれていた。当然ながら、すべてではなくても大半のレシピの材料にロイヤル・ベーキングパウダーが入っている。そのうちのひとつ、マサチューセッツ州リンフィールドのスティーブン・ギルマン夫人の「エレクションケーキ（偉大な祖母のレシピ）」では、小さじ1杯のロイヤル・ベーキングパウダーが使われた。「もしおばあちゃんが知っていたら、きっと使ったはずだから」というのがその理由だ。[25] この本のレシピの大半はまだ段落形式で書かれていて、混ぜ合わせる手順、鍋のサイズ、温度などの詳細の表記はない。次のレシピ

ベーキングパウダーが変えたのはデザートだけではない。この頃からユーモラスな広告が増え始めた。

はその典型だ。

ティービスケット

クリーム1クォート［約1・1リットル］、小麦粉2クォート［約2・2リットル］、ロイヤル・ベーキングパウダー小さじ4杯、塩小さじ1杯。高温のオーブンで10～15分焼く。

――ジェームズ・S・パーカー夫人、ニュージャージー州フリーホールド。[26]

●プディングだらけ

プディングには長い歴史がある。エジプトからイングランド、イタリアからインドまで、いたるところで作られ続けてきたある種のパンプディングの起源は、少なくとも中世にさかのぼる。プディングのレシピは多く、種類もさまざまだ。ハナー・グラスはごく小さなパンを味のついていない牛乳に浸し、プディング用の布に包んで煮込んだ。これは最も素朴なプディングの一例だ。フランスのシャルロット・オ・ポンム（リンゴのシャルロット）は、バターをたっぷり使ったパンとリンゴの層で作られたプディングで、より濃厚でぜいたくな味わいだった。

ライスプディングは西洋に伝わるまで何世紀もの間アジアで親しまれてきた食べもので、インドではほぼすべての地域ごとに独自の調理法がある。南インドではパヤサムと呼ばれ、ケーララという小さな州には黒と白のふたつのパヤサムがある。黒いパヤサムはココナッツミルク、パラミツという果実のジャム、バナナまたは米、ヤシ糖（未精製の黒糖）で作られる。白いパヤサムの材料は牛乳、砂糖、米または春雨だ。インド南西部にあるこの州の名、ケーララは「ココナッツの木の土地」を意味すると言われ、実際、この地域のデザートにはよくココナッツが使われる。スリー・ケーララ・ヴァルマカレッジの准教授ヴリンダ・ヴァルマによれば「パヤサムの王様はチャッカ・プラダマン」で、これはパラミツのジャム、ココナッツミルク、ココナッツクリーム、ショウガ、ココナッツの薄切り、ギー（澄ましバター）で作られる。[27]カシューナッツと（または）レーズンが加えられることもあるが、このプディングは大半のパヤサムとは違って米を使わない。

ライスプディングは薄味で素朴なものもあれば、フランスのリ・ア・ランペラトリスのようにクリームたっぷりで、砂糖漬けのフルーツ、リキュール、カスタードをぜいたくに使ったものもある。中南米にはテキーラに浸したレーズンを入れたアロス・コン・レーチェがあり、ポルトガル人は祝祭日などにシナモンパウダーを振りかけたアローシュ・ドースを食べる。薄味でなんの飾りもないライスプディングは、下手をすれば気の抜けた味気ないものになりかねない。『クマのプーさん』の著者A・A・ミルンの詩「ライスプディング」では、ライスプディングをもう一杯勧められたメアリー・ジェーンが「力の限り大泣きする」[28]。ミルンがこの詩を書いた1920年代のイングランドでは、ライスプディングはかなり一般的な幼児食だった。場合によってはそれがどんなにまずくなるか、ミルンはよく知っていたのだ。

プラムプディング、スエットプディング［牛や羊腎臓のまわりの脂肪を使ったプディング］、渦巻きプディング、干しブドウ入りスエットプディングなど、イングランドの伝統的な蒸しプディングの起源は、古代ギリシャ時代の肉と血で作ったプディングだ。これはきれいに洗浄した動物の腸に生地をつめて煮たソーセージのような食べもので、腐りやすい肉、血、内臓をすべて使い切るため、動物を解体した直後に作られた。この種のプディングで最も有名なもののひとつに、「プディング族の偉大な首長」と詩人ロバート・バーンズが称賛したハギスがある。

明らかに菓子とは一線を画す、香辛料を使ったこうしたプディングは材料に腸が必要だという欠点があり、動物の解体時にしか作ることができなかった。プディングの生地を動物の胃や腸ではなく、密に織られた布で包むという名案が生まれたのは17世紀だ。プディング用の布は奇跡の発明でもなんでもないが、プディングは徐々に変化し始めた。当初はまだボリュームのある肉料理だったが、徐々に果物、砂糖、スパイスが使われるようになり、より軽くて甘い、デザートプディングが誕生する。チャールズ・ディケンズの小説『クリスマスキャロル』で印象的なプラムプディングも、そうしたプディングの一種だ。自家製でも店で買ったものでも、プディングは今でもイギリスのクリスマスに欠かせないデザートになっている。

19世紀に錫のプディング型が大量生産されるようになり、プディングの人気はそれまで以上に高まっていく。当時のイングランドでは、プディングがない食事は食事と言えないほどだった。エリザ・アクトンは『個人の家庭のための現代料理術 *Modern Cookery for Private Families*』で「かなり豊かな味わい」の「出版社社長のプディング」から「貧しい著者のプディング」まで、数十種類のレシピを紹介している。雇いの料理人がいない家庭でも、型を使えばおいしい蒸しプディングを作ることができた。アメリカでは、エスター・アレン・ハウランドが書いた『ニューイングランドの合理的な主婦 *The New England Economical Housekeeper*』という本に50のプディングレシピが載っている。プディングはこれ以外の地域や国、また社会的環境がまったく違う人々の間でも食されていた。有名なフランスの料理人ユルバン・デュボアは著書『芸術的料理——貴族、紳士、そして一般の楽しみのための実用的な調理法 *Artistic Cookery: A Practical System for the Use of the Nobility and Gentry and for Public Entertainments*』で型を使ったイギリスのプラムプディングを紹介し、こう述べた。「プラムプディングはすべての国で知られ、食されているが、このレシピ通りに作れば最良の味が得られるだろう[29]」

こちらはビートン夫人の、もう少し素朴なプディングのレシピだ。

19世紀イングランドでは、クリスマスプディングを作るのは家族の恒例行事だった。

### アルマ・プディング

材料——新鮮なバター½ポンド［約230グラム］、粉砂糖½ポンド、小麦粉½ポンド、スグリ¼ポンド［約110グラム］、卵4個。

作り方——バターを混ぜて濃いクリーム状になったら、砂糖を少しずつ加えてよく混ぜる。そこに小麦粉を徐々に足し、スグリと卵を入れる。この卵はしっかり泡立てておくこと。すべての材料をよく混ぜ合わせたら、バターを塗った型に生地をていねいに注ぐ。型を布で包んで結び、沸騰した湯に5時間つける。十分に蒸したら粉砂糖をふりかけて出す。

時間——6時間。平均費用——18ペンス。5〜6人用。季節を問わず楽しめる。[30]

## ●ゼリー、特別な日にも日常でも

過去の優美なゼリーは高価なうえに作るのが難しく、客にゼリーを出せるのはその技術を持った使用人たちがいる上流階級の人々に限られていた。幸運にもゼリーを口にすることのできた人々は、その味をおおいに楽しんだ。エリザベス朝のゼリーはショウガとクローブまたはバラ水、新鮮なイチゴで味つけされていた。ロバート・メイはゼリーを着色し、ホタテ貝の殻に入れてかためた。18世紀には、ゼリーは数段からなるケーキプレートに飾られて、テーブルのキャンドルの火に照らされていた。そして、19世紀後半になるとゼラチンが大量に生産され始め、ようやくゼリーは中流階級の食卓にも上るようになる。

価格は手頃になり、調理時間も短縮されたが、新しいゼラチンのなかには質がいいとは言えないものもあった。ビートン夫人は、そんな製品よりも子牛の足を煮込んで作ったゼラチンのほうが「ずっとおいしい」と意見を述べている。自分で作れない場合の選択肢は——広告の謳い文句を借りるなら——クロス＆ブラックウェル社などのメーカーが販売する「比類なき美味なるゼリー」を買うことだった。[31] 20世紀初頭

19世紀初めに作られた、2層から成るウェッジウッドのゼリー型。ふたつの型の間に透明なゼリーを注ぎ、かたまったら模様のない外側の型をそっと取り外す。すると、光沢のあるゼリーの向こう側に美しい模様が透けて見えた。

になるとライムからクロスグリまでさまざまなフレーバーの良質な板ゼラチンと粉末ゼラチンが登場し、ゼリーは安価で迅速かつ簡単に作れる主流デザートになる。メーカーはすぐにレシピ本を出版し、やがて少額の現金と数種類の商品の包装の一部を切り取って郵送した消費者にゼリー型を販売するようになった。ゼリーはテーブルの主役ではなく、ありふれた、だが愛されるデザートになったのだ。

## ●チョコレートの活用法

最も便利で、心ときめく新しいデザート材料のひとつにチョコレートがあった。もちろん、チョコレート自体は目新しいものではない。アステカ人やマヤ人は何世紀もの間飲料として消費していたし、16世紀にアステカ帝国を始め中央アメリカ諸国を征服したスペイン人がカカオ豆をヨーロッパに持ち込んだことで、ヨー

1870年のトレードカードに描かれたカカオ

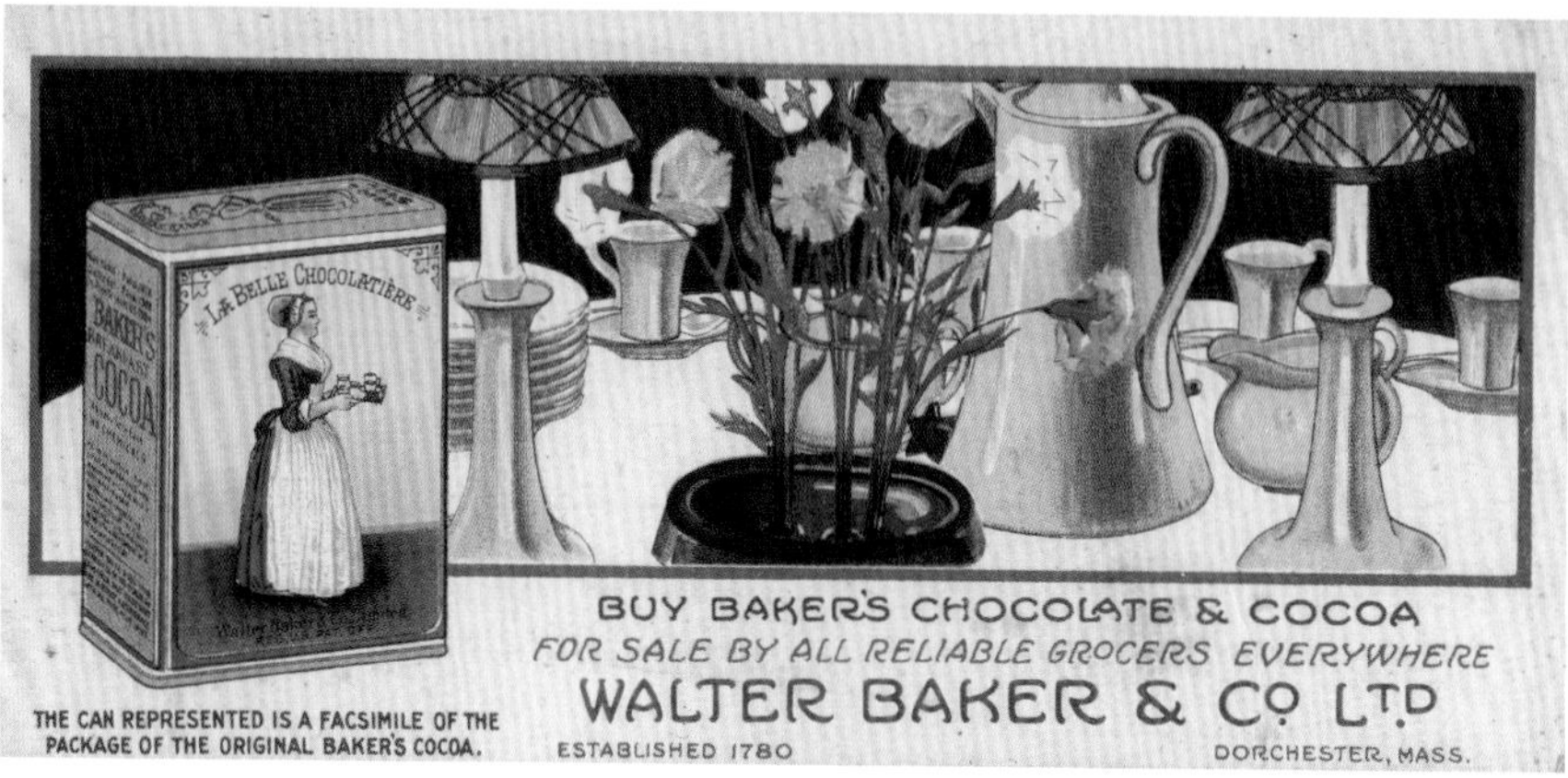

ベイカー社のチョコレートの箱やトレードカードにはたいてい「チョコレートを運ぶ娘」の絵が載っていた。

ロッパでも飲まれるようになっていた。カトリック教徒にとって幸いなことに、断食日でもホットチョコレートを飲むことは許されていた。コーヒーや紅茶などの飲料よりも脂肪分の多いチョコレートは腹持ちもよくおいしいので、特に人気があったようだ。17世紀後半には、ロンドンのコーヒーハウスやパリのカフェで裕福な市民に親しまれた。

だが、この時点ではチョコレートは飲料にすぎなかった。薬局や小さな雑貨屋では粗く砕いた無糖チョコレートの塊が売られ、人々はこれをけずったり溶かしたりして飲むか、ごくたまに料理に使う程度だった。ラテン民族のなかにはチョコレートアイスクリームを作り、チョコレートカスタード、クリーム、糖衣菓子を作る料理人もいたが、焼き菓子に使われることはほとんどなかった。アメリカの初期のチョコレート工場のひとつに、マサチューセッツ州ドーチェスターに住むジェームズ・ベイカーが1765年に創設したベイカー・チョコレート・カンパニーがある。ただし社名とは異なり、長年この工場では製菓用チョコレートの製造はしていなかった。

代わりに生産していたのは飲料用チョコレートの錠剤だ。だが後に製菓用チョコレートの製造を始めると、社名が幸いしてベイカーズ・チョコレートは菓子業界で有名になった。美しいメイド

昔ながらのマーブルケーキ。模様部分には糖蜜ではなくチョコレートが使われている。

の絵が特徴的な広告は、スイスの画家ジャン＝エティエンヌ・リオタールのパステル画「チョコレートを運ぶ娘」を下敷きにしている。[32]

19世紀後半、オランダ、スイス、イギリスの化学者がカカオ豆にさまざまな処理を行う方法を開発し、チョコレートの生産と消費は大きく変わる。アムステルダムではコンラッド・ヨハネス・バン・ホーテンがココア豆を挽いてココアバターとココアパウダーを分離する製法を開発し、より均質化され、油分を抑えた飲用の粉末チョコレートが作られるようになった。スイスのベルンではロドルフ・リンツが、ココアバターを攪拌して均一にする「コンチング」という手法を発明している。イングランドのブリストルではジョセフ・フライが、型に注いで作る固形チョコレートの材料となるペーストを製造する油圧式圧搾機を発明した。[33] こうした技術革新の結果、チョコレートやカカオは初期のチョコレートの塊よりも使いやすくなり、味も改善された。こうして、チョコレートのデザートはさらに数を増していく。

徐々にではあるが、世界各地の家庭やレストラン、カフェなどでケーキやクッキー、プディング、タルト、ソース、アイスクリームの材料としてチョコレートが使われ始め、やがて積極的に取り入れられるようになる。料理書には新しいレシピと既存のレシピの改訂版がこぞって掲載され、他の製造会社と同じく、チョコレート会社も自社製品を用いたレシピ満載の料理書の執筆を人気作家に依頼し、出版した。特にアメリカではチョコレートを使ったレシピは人気で、ベイカー社など特定のメーカーを指定したレシピも多かった。現在チョコレートで作られるデザートのなかには、もともと糖蜜が使われていた黒っぽい菓子をアレンジしたものもある。たとえば今のマーブルケーキのマーブル模様はバニラとチョコレートの生地でできているが、20世紀になるまでは黒い部分にはチョコレートではなく糖蜜と黒糖を使用していた。だが、チョコレートがより身近で流行の材料になるにつれ、糖蜜は時代遅れと見なされるようになったのだ。

「ブラウニー」と呼ばれる正方形のチョコレートデザートも、もとは糖蜜で作られていた。この名前は、1880年代にカナダのイラストレーター、パルマー・コックスが連載していた人気漫画の登場人物「ブラウニー」にちなんでついたと言われている。彼が描く陽気な小人の妖精はさまざまな雑誌、新聞、歌、本で取り上げられ、また人形やクリスマスの飾り、子供用スプーンやフォークなどの商品にもなっていた。イーストマン・コダック社の軽量カメラにも、このキャラクターにちなんでブラウニーと命名されたものがある。糖蜜ではなくチョコレートを使ったブラウニーのごく初期のレシピのひとつは、マサチューセッツ州ボストンのチョコレート会社ローニーズが発行した料理書で紹介された。次のローニーズ・ブラウニーは、20世紀初頭にニューイングランドのコミュニティの料理書に最も多く転載されたレシピだ。

ローニーズ・ブラウニー

バター　½カップ

卵　2個

上：パルマー・コックスが描いた漫画の登場人物ブラウニーは、さまざまな商品の名前になった。ケーキのブラウニーもそのひとつだ。

下：大衆向けに描かれた最初の漫画に出てくるブラウニーは陽気な小人の妖精たちで、もともとはコマ割り漫画の登場人物だ。漫画の人気が高まるにつれ、ブラウニーはペーパードールからボウリングのピンまで、さまざまな商品に使われた。

砂糖　1カップ
ナッツ　½カップ
ローニーズ・プレミアム・チョコレート　2個
小麦粉　½カップ
塩小さじ　¼

クリームバターと右記の材料を加え、バターを塗ったシートの上に広げて10〜15分焼く。オーブンから取り出したらすぐに正方形に切る。[34]

## ◉インスタント（あっという間）の成功

19世紀後半、菓子業界ではカラー挿絵などの製品をおいしそうに見せる新しい印刷技術を利用して、菓子職人たちが焼き菓子の手引書を発行していた。ジュール・グーフェによる数々の手引書は最初にフランス語、次いで英語で出版されている。その後まもなくドイツ人の菓子職人もそれに倣った。カラー挿絵を使った本が英語、スペイン語、スウェーデン語、フランス語に翻訳されたマルーティン・エリッヒ・ヴェバーもそのひとりだ。[35] 1904年にイギリスの菓子職人T・パーシー・ルイスとA・G・ブロムリーが出版した『ケーキの本 *The Book of Cakes*』には、さまざまな展示会やコンクールで賞を獲得した色鮮やかなケーキのデザインが掲載された。本には「ケーキの飾りつけはまだ始まったばかりだ[36]」と書かれ、凝ったデザインと並行して基本的なアイシングとパイピング［クリームを細く絞り出して飾りや文字などを描くこと］のテクニックも紹介されている。この本には、豪華な装飾が施された誕生日ケーキ、クリスマスケーキ、洗礼式のケーキから、庶民の顧客を持つ菓子店向けの素朴で手頃な価格のケーキまで、さまざまな種類のレシピが含まれている。素朴な「1ペニーのスクール・ケーキ」と「18ペンスのスポンジケーキ」も、マジパンケーキや3段のウェディングケーキとともにこの本に掲載された。

レシピとデザインに加えて、プロの菓子職人は価格設定、店頭でのディスプレイ、賞味期限など現実的な問題も考える必要があった。業界誌や書籍にはレシピと一緒に販売やディスプレイに関するアドバイスが含まれており、パン職人、ケーキ職人、アイスクリーム職人、その他の専門家向けの製品や道具の広告も大量に掲載されていた。そのなかには葉、星、花の形になるさまざまな絞り袋と口金、粉砂糖、着色料、ガム・ペーストで作ったケーキの飾り、やわらかい糖菓など基本的な材料、さらにはアイシングの花飾りを作るための小さな土台、既製のアイシングの花やその他の飾り、菓子を焼くためのガスオーブン、作りもののケーキ（ディスプレイ用）、ケーキ箱の広告などがあった。

アグネス・マーシャルは19世紀の一流料理人、講師、起業家、ロンドンの料理学校の創立者であり、『A・B・マーシャル夫人の料理書 *Mrs A. B. Marshall's Cookery Book*』『アイスの本 *The Book of Ices*』『極上のアイス』の著者でもある。優れた商才の持ち主で、著書には自身の名を冠したさまざまな商品の広告——エッセンスやアイスクリーム製造機、菓子型、絞り袋と口金、ゼラチン、野菜を使用した着色料、そして純粋な甘藷糖《かんしょ》や粉砂糖までが掲載された。アイスクリームコーンを作った最初のひとりでもあり、これは当時街角で食べるものではなく、優雅なディナーパーティのデザートとして供されていた。

フレデリック・T・ヴァインはイングランドの菓子職人で、業界誌『イギリスの菓子職人』の編集者でもあった。また『アイス——素朴なものから華やかなものまで *Ices: Plain and Decorated*』『パン職人のためのビスケット——手軽に作れて利益を生む販売法 *Biscuits for Bakers: Easy to Make and Profitable to Sell*』『実用的なペイストリー——パティシエ、料理人、砂糖菓子職人のための手引書 *Practical Pastry: A Handbook for Pastrybakers, Cooks and Confectioners*』『店内およびウィンドウディスプレイに使用する販売可能な商品——（「人気の1ペニーケーキ」を含む）菓子業界の万人に役立つ本 *Saleable Shop Goods for Counter-tray and Window:*

(*Including 'Popular Penny Cakes.') A Practical Book for All in the Trade*』など商売に関する本を著し、菓子職人の現実的な側面について説明した。レシピやイラストに加え、ヴァインはさまざまなアイス、ケーキ、ビスケット、ペイストリーの価格設定についても説明し、富裕層が住む地域では価格を引き上げるか、ときには2倍に設定することを提案した。また、本にはオーブン、アイスクリーム製造機、アーモンドスライサー、粉末グラインダーなど、職種に合わせた実用的な道具の広告も掲載されていて、そのなかにはバード社の粉末ブランマンジェのようなインスタント製品やいわゆる「もどき」商品もあった。こうした商品はその後さらに普及することになる。『店内およびウィンドウディスプレイに使用する販売可能な商品』の1907年版には「リーガル・コンパウンド」というミックス製品のこんな広告が掲載された。

リーガル・コンパウンドは植物性脂肪でできています。甘く、不純物は含まれず、消化しやすく、中性です。衛生局によれば健康的で、コクもあり、豚ラードよりも健全とのこと。しかも、価格面でもかなりお得。〔中略〕割安なあらゆる種類のビスケットにも、バターを使う高級な菓子にもご利用いただけます。〔中略〕ケーキはもちろん、日常の料理にもぴったりです。[37]

ヴァインの功績は、料理の材料の記述のなかで添加物を控えるよう助言したことだ。「この仕事に就いた者はすぐに、すべての菓子において最も大切なのはバターだということに気づくだろう。一流の菓子を作りたければ他の代用品に惑わされないことだ[38]」。また、色が薄く黄身が小さい卵は避けるようにと書いている。菓子を作り手の意図通りにおいしく見せたければ、卵の色が決め手になるからだ。水に溶かして「天然の黄身の色」を出すという粉末は「国内外すべての大手ケーキおよびビスケットメーカー」に使われているとして菓子業界に広く宣伝されたが、ヴァインはがんとしてこれを認めなかった。

1893年に撮影された、ある料理学校の写真。真面目に授業を受ける少女たち。

### ◉家政学者たち

この頃新たな家政学運動が起こり、ヨーロッパとアメリカでは料理学校が急増していた。1883年にロンドンで設立されたマーシャル夫人の料理学校を始め、こうした学校では少女たちに正しい調理の仕方を教え、貴族の家庭の給仕もできるように教育した。イングランドの国立料理養成学校は料理講師の養成を目的に設立された施設だ。スカンジナビア諸国とドイツには労働階級の女性や農夫の妻を対象とした料理学校があり、家政学の観点から料理を教えた。その後、第一次世界大戦後のドイツで興った家政学運動は、余暇時間の増加や新しい調理器具の使用などの利点ではなく、国の経済回復に焦点を絞ったものだった。食物史家のウルスラ・ハインツェルマンが指摘したように、戦後はドイツの多くの地域が貧困に陥り、経済的困難に苦しむ家庭もあった。ドイツの家政学運動には、効率よく料理と家庭管理を行うことで国民を飢えから守るという目的があったのだ。

アメリカで家政学を教えた最も有名な学校は、１８７９年に設立されたボストン料理学校だ。初代校長はメアリー・J・リンカーン、二代目はファニー・ファーマーで、ふたりとも講師であると同時にいくつもの料理書を著した作家でもあった。ふたりの名が広まるにつれ、新しい家政学者たちは、授業はもちろん著書や雑誌の寄稿記事でも厳密さを追求するようになっていく。レシピもより厳格なものになり、味や娯楽性よりも正確な測定や、栄養、消化のよさを重視した。その副産物として生じたのが、個々の判断や味覚に頼るのではなくレシピの指示通り忠実に再現する調理法だ。

ヴィクトリア朝時代に大量生産された道具が急速に普及し、金銭的余裕のある人々は時間短縮のため新しい器具を台所に備えつけた。女性雑誌や料理書は使いやすい製品や器具を勧めるだけでなく、設備の整った台所にあるべき道具のリストも頻繁に掲載し、時とともにこのリストはどんどん長くなった。ビートン夫人も著書でいくつかの道具を挙げ、「カタログにはもっと多くの道具を掲載している」と書いた。彼女のリストには紅茶用のやかん、パンなどを直火で焼くための柄の長いフォーク、パン用のおろし金、串、コーヒーポット、さまざまな種類の鍋、粉箱、ゼリー型、アイスクリーム製造ポットなどがあった。

料理研究家マリア・パーロアが１８８０年にボストンで出版した『ミス・パーロアの新しい料理書と販売の手引 *Miss Parloa's New Cook Book and Marketing Guide*』には、さらに多くのリストが掲載されている。「キッチン用品」の項目で、彼女は次のように書いた。「見栄えのよい料理を作るなら、アイスクリーム製造機、ゼリーとシャルロット・リュスの型、小さな鍋とナイフをたくさん用意しなければならない」

パーロアは、まず基本的な道具を手に入れ、次に「高級料理に使う道具を追加する」のがよいと助言した。彼女が台所に必要だと言った道具は、ワッフル焼き器、ドーバー社の卵泡だて器、さまざまなオーブン用の焼き型、錫のマフィン型ふたつ、チョコレート用ポット、プディングの型と皿、ケーキを入れる器、スパイス入れ、小麦粉用のふるいと砂糖用のふるい、攪拌用の柄の長いスプーン、大さじ、さまざまな切り口になるペイストリーカッター、ビスケットカッター、リンゴの芯抜き、麺棒、ホイップクリーム用の攪拌器、パイ型、レディーフィンガー用の焼き型、菓子用絞り袋ほか、厖大な数になった。料理人で家政学の講師、料理作家、『レディーズ・ホーム・ジャーナル』誌のコラムニストでもあったパーロアは、ときに具体的なメーカー名を挙げて商品を勧めた。

その製品を推薦する裏にはなにかの意図があると思われないよう、パーロアはこう念を押している。「称賛に値しないものを勧めることは一切なく、紹介した商品はすべて金銭的利益を受ける可能性がある人々の売り込み、申し出、情報に左右されるものではない」[39]

やがて、アメリカでは近くに雑貨店しかないような地域の人々でも、さまざまな道具を台所に揃えることができるようになった。郵便料金が安かったことで通信販売事業が可能になり、農村地域への鉄道を使った商品配送が実現したのだ。通信販売は数年のうちに全国で利用されるようになった。1888年、ミネソタ州の鉄道の駅長だったリチャード・シアーズは腕時計のカタログ通信販売を始めた。その後シカゴに移り、パートナーであるアルバ・ローバックとともに銃から女性用のシャツブラウス、ミシンから台所用品まで、ありとあらゆる品を手頃な価格で販売するカタログを作成する。1897年のカタログには最新のオーブン、ワッフル焼き器、ゼリーの型、シフォンケーキの型、マフィンの型、溝つきマフィン焼き器、プディングとアイスクリームの型、錫の計量カップ、ドーバー社の卵泡立て器などが掲載されていた。西部の小さな集落に住む主婦でも、都会に住む親戚と同じ調理用品を買うことができるのだ。その結果、遠距離に住む一族でも同じデザートを楽しめるようになった。

## ◉デザートのメニュー

時代は19世紀から20世紀へと移り、さらに多くのデザート料理が誕生する。だが、レストランのメニューにおいて、まだデザートのジャンル分けは統一されていなかった。デザートは19世紀半ばから独立した甘い料理のコースとなったが、ロシア式サービスが導入された頃にはレストラン、ホテル、晩餐時のメニューでの呼び名はばらばらで、ふたつか3つ、あるいはさらに多くのジャンルごとに記載されることもあった。ふたつの場合、ひとつ目のジャンルはたいてい「ペイストリー」で、何種類ものケーキ、シャルロット・リュス、レディーフィンガー、メレンゲ、パイ、タルト、プディングで構成されていた。ふたつ目は「デザート」で、ご想像通り数世紀前と同じく果物とナッツという品揃えだ。もっとも、多くのメニューには「デザート」という見出しの下に果物だけではなく、アイスクリームまたはゼリーと書かれていた。アメリカでは「ペイストリー」ではなく「プディングとペイストリー」というジャンルも存在し、「デザート」の見出しの下にはアイスクリーム、果物、ナッツの文字が並んでいた。

ニューヨークのアスター・ホテルでは、19世紀半ばのメニューに4つの見出しが記載されたものがある。最初の「華やかなペイストリー」の下には「ゴシック寺院」と「花のヌガー」、2番目の「ペイストリー」の下には、シャルロット・リュス、スイスメレンゲ、シャンパンゼリー、フレンチクリームケーキ、バイエルンチーズ、ラムゼリー、オムレットスフレの名が連なる。「菓子」の見出しの下にはプンシュクラプファル［ラム酒に浸したスポンジを用いたミニケーキ］、マカロン、小さな糖菓、アーモンドケーキ、レディーフィンガー、ボストンクリームケーキ。最後の4番目は単に「果物」だ。[40]

イングランドにあるグランヴィルホテルの1886年のメニューは、当時多くのメニューがそうだったようにフランス語で書かれていて、3つのジャンルに分かれていた。「アントルメ」の構成はタルト・

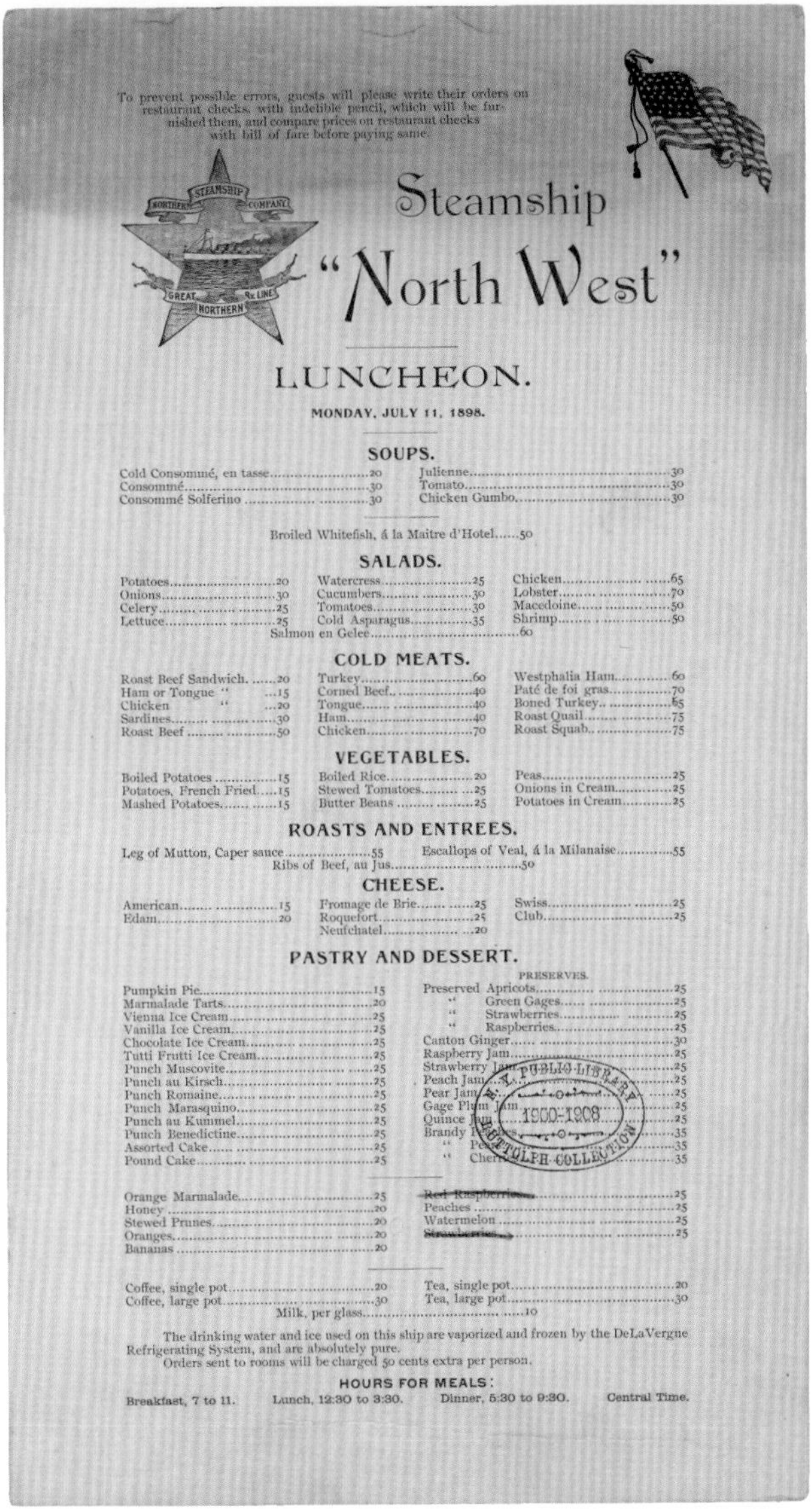

To prevent possible errors, guests will please write their orders on restaurant checks, with indelible pencil, which will be furnished them, and compare prices on restaurant checks with bill of fare before paying same.



Steamship "North West"

LUNCHEON.

MONDAY, JULY 11, 1898.

SOUPS.

Cold Consommé, en tasse.....20
Consommé.....30
Consommé Solferino.....30
Julienne.....30
Tomato.....30
Chicken Gumbo.....30

Broiled Whitefish, á la Maitre d'Hotel.....50

SALADS.

Potatoes.....20
Onions.....30
Celery.....25
Lettuce.....25
Watercress.....25
Cucumbers.....30
Tomatoes.....30
Cold Asparagus.....35
Chicken.....65
Lobster.....70
Macedoine.....50
Shrimp.....50
Salmon en Gelee.....60

COLD MEATS.

Roast Beef Sandwich.....20
Ham or Tongue ".....15
Chicken ".....20
Sardines.....30
Roast Beef.....50
Turkey.....60
Corned Beef.....40
Tongue.....40
Ham.....40
Chicken.....70
Westphalia Ham.....60
Paté de foi gras.....70
Boned Turkey.....65
Roast Quail.....75
Roast Squab.....75

VEGETABLES.

Boiled Potatoes.....15
Potatoes, French Fried.....15
Mashed Potatoes.....15
Boiled Rice.....20
Stewed Tomatoes.....25
Butter Beans.....25
Peas.....25
Onions in Cream.....25
Potatoes in Cream.....25

ROASTS AND ENTREES.

Leg of Mutton, Caper sauce.....55
Escallops of Veal, á la Milanaise.....55
Ribs of Beef, au Jus.....50

CHEESE.

American.....15
Edam.....20
Fromage de Brie.....25
Roquefort.....25
Neufchatel.....20
Swiss.....25
Club.....25

PASTRY AND DESSERT.

Pumpkin Pie.....15
Marmalade Tarts.....20
Vienna Ice Cream.....25
Vanilla Ice Cream.....25
Chocolate Ice Cream.....25
Tutti Frutti Ice Cream.....25
Punch Muscovite.....25
Punch au Kirsch.....25
Punch Romaine.....25
Punch Marasquino.....25
Punch au Kummel.....25
Punch Benedictine.....25
Assorted Cake.....25
Pound Cake.....25

PRESERVES.

Preserved Apricots.....25
" Green Gages.....25
" Strawberries.....25
" Raspberries.....25
Canton Ginger.....30
Raspberry Jam.....25
Strawberry Ja.....25
Peach Jam.....25
Pear Jam.....25
Gage Pl m Jam.....25
Quince J.....25
Brandy P.....35
" Pe.....35
" Cher.....35



Orange Marmalade.....25
Honey.....20
Stewed Prunes.....20
Oranges.....20
Bananas.....20
~~Red Raspberries~~.....25
Peaches.....25
Watermelon.....25
~~Strawberries~~.....25

Coffee, single pot.....20
Coffee, large pot.....30
Tea, single pot.....20
Tea, large pot.....30
Milk, per glass.....10

The drinking water and ice used on this ship are vaporized and frozen by the DeLaVergne Refrigerating System, and are absolutely pure.

Orders sent to rooms will be charged 50 cents extra per person.

HOURS FOR MEALS:

Breakfast, 7 to 11. Lunch, 12:30 to 3:30. Dinner, 5:30 to 9:30. Central Time.

19世紀後半によく見られた蒸気船内のレストランメニュー。見出しには単に「デザート」ではなく、「ペイストリーとデザート（Pastry and Dessert）」と書かれている。

オー・プリュンヌ（プラムのタルト）、ジュレ・オ・シトロン（レモンゼリー）、コンポート・ドゥ・ポワール・ア・ラ・クレーム（ナシのコンポートクリーム添え）、タルトレット・ア・ラ・ピティヴィエ（ピティヴィエ風タルトレット）。「グラース（アイス、冷たいもの）」の下には、ビスキュイ・グラース（アイシングビスケット）、ロー・ダナナ（パイナップル水）が記載され、「デザート」の見出しの下にはなにも書かれていない。[41]

同様に、1894年5月26日にブリュッセルでレオポルド2世とマリー＝アンリエット王妃が主宰した晩餐会のメニューでも、デザートには3つのジャンルがあった。ひとつ目の「アントルメ・ドゥ・ドゥスール」（甘いアントルメ）はプディング・スフリ・ア・ラ・ヴォロンツォフ（プディングスフレヴォロンツォフ風）とシャルロット・リュス、ふたつ目の「グラース」はヴァニーユ（バニラ）とセリーズ（サクランボ）味のアイスクリーム。最後の「果物、デザート」の下にはなにも記載がない。おそらくさまざまな種類の果物とナッツを交ぜ合わせたものだったと思われる。[42]

1920年代になるとアイスクリームからスポンジケーキ、果物まで、メニューに記載される甘い料理全般の見出しは「デザート」という語でほぼ統一された。

当時は家庭でも、少なくともごちそうが並ぶ食事会ではデザートのコースは同じようなジャンルに分かれていた。多くの場合、ペイストリーまたはケーキのコースのどちらかが供され、その後アレクシス・ソイヤーの著書に登場するB氏が望んだようにテーブルクロスが取り除かれると、ナッツやドライフルーツ、新鮮な果物で構成された甘い料理のコースがふるまわれた。

# 第5章　進化するデザート

現在のデザートメニューにある軽くて高級なケーキと昔のケーキの共通点はないに等しいが、それでもケーキには世界各地にまたがる長い歴史がある。今日私たちがよく知る厖大な種類のケーキは、19世紀以前には存在しなかった。何百種類ものケーキがテーブルを飾り、食事客をよろこばせるようになったのは、産業革命によって新しい道具、機器、材料が取り入れられた後のことだ。

古代ギリシャとローマのチーズケーキは、今日の濃厚でなめらかなものとは違ってチーズとハチミツを使った厚みのある丸いケーキだった。また、当初は焼かずに蒸して作られたフルーツケーキは、プラムプディングが発展したものだ。そのプラムプディングの起源をたどると、もともとは肉をたっぷり使った粥だった。イタリアでは、パンフォルテと呼ばれるシエナの有名なフルーツケーキの起源は少なくとも中世にさかのぼる。ナッツと砂糖漬けの果物がぎっしり詰まった平らで濃厚なこのフルーツケーキは、地元だけでなく観光客にも親しまれてきた。パンフォルテは「強力なパン」を意味し、パンペパート（コショウを効かせたパン）とも呼ばれる。昔はコショウが最強のスパイスと見なされていたことからこの名がついた。16世紀では辛い食べものは出産後の女性の体力回復に効果があるとされ、出産直後の女性は友人や家族からこのフルーツケーキをしばしば贈られた。[1] 長持ちするフルーツケーキは現在では冗談のタネにされ

エジプトのトトメス2世の在位期間だった紀元前1492〜1473年頃に食されていた、古式ゆかしきフルーツケーキ。

ることもあるが、昔は大きな利点だった。
中世の北ヨーロッパでは、ハチミツケーキとしても知られるさまざまなジンジャーブレッドが食べられていた。多くの場合、ショウガはもちろん、コショウ、キャラウェイ、アニスの種子で味つけされていた。当初はキリスト教の男子修道院や女子修道院で作られ、その後ギルドに所属する専門のパン職人、そして最終的には一般家庭でも作られるようになった。初期のジンジャーブレッドは普通はウエハースに使われるのとよく似た型で焼かれ、その型には宗教上の人物やマムシアルムという植物などの精巧な模様が彫られていた。ジンジャーブレッドはヨーロッパ全土で、その後アメリカでも人気が広まった。フランスでの呼び名は「パン・ドゥピス」、ドイツでは、ニュルンベルクで「レープクーヘン」、プルスニッツで「プフェッファークーヘン」、イタリアでは「パン・ディ・ゼンゼロ」、そしてスペインでは「パン・ド・ヒンヒブレ」だ。

19世紀イングランドのジンジャーブレッドの木製の型。店頭または祭りで売るジンジャーブレッドを作るのに使われたようだ。

今では、ドイツのベルリンからイングランドのバーミンガムまで、クリスマスの時期にはあちこちのパン屋や家庭で凝った装飾のジンジャーブレッドハウスが作られ、子供たちをよろこばせている。ちなみにグリム兄弟の童話のもととなったドイツ民話では、ヘンゼルとグレーテルを夢中にさせたお菓子の家はパンとケーキで作られ、窓ガラスは砂糖でできていた。グリム童話版のお菓子の家はジンジャーブレッドで作られ、さまざまな菓子で飾られている。

現代のケーキの多くはイースト醗酵させた甘いパンが進化したものだ。そのひとつに、昔から結婚式、洗礼式、祝日などの祝い事に欠かせないクグロフ（Gugelhupf）がある。クグロフは初期にはボウルで、後にターバンに似た型で焼かれた。ドイツ語で「Gugel」はずきんを表すラテン語に由来し、「hupf」には跳びはねるという意味がある。中世後期のオーストリアでは、ク

上：スイスのジンジャーブレッドケーキ「ミューク・ペッパルカーカ」の味を高めるのは、コショウなどのスパイスだ。

下：イタリアのサン・ジミニャーノにある菓子店。パンフォルテにマジパンを重ねているが、少々やりすぎの感もある。

さまざまな模様が描かれたクグロフの型

グロフは華やかな頭飾りを模して作られた。結婚式のときには、花で飾り、キャンドルを立てたクグロフを花嫁が頭に載せると、それを合図にダンスが始まったという。[2] 時とともにクグロフはより軽く甘くなり、形としてはケーキに近づいていく。だが、現在でもクグロフはデザートではなく、朝食用のパンや、コーヒーまたは紅茶とともに楽しむおやつという位置づけだ。ジャンルとしてはフランス語のヴィエノワズリーに当たり、パンとケーキの中間でブリオッシュやクロワッサンなどの甘く、酵母醱酵させた菓子の仲間になる。パン屋でも菓子店でも売られていて味もおいしいが、デザートとして供されることはない。

アメリカのバントケーキはクグロフをアレンジしたもので、ドイツ北部ではブントクーヘンと呼ばれている。アメリカでバントケーキという名がついた理由は単にバントという型で焼いたからで、ある特定のケーキの種類を指すわけではない。「トルコ人の頭のケーキ」という呼び名もあり、これは焼き型の渦巻くような模様がターバンのように

ブドウが焼きこまれたバントケーキ。おいしさが格段に上がる。

見えることからつけられた。現在のバントケーキのレシピはチョコレートチップやカボチャを使ったものなどさまざまで、間違いなくデザートケーキという位置づけだ。

パネトーネ（ペルーでは「パネトン」、アルゼンチンでは「パン・ドゥルセ」）、パンドーロ、コロンバなどイタリアの甘いパンは、すべて同じ歴史の流れを汲んでいる。朝食と一緒に、または軽食として出され、大半の菓子パンとは違ってデザートにもなる一品だ。さらに、フランスのババ・オー・ラムやナポリのババとも関連性がある。「ババ」という語の由来は年配の女性や祖母を表すスラブ語だ。ケーキの形が、老女が身につけるスカートに似ていることからこの名がついた。このケーキが登場したのは中世だ。だが、ババの代名詞ともいえるラム酒はこの頃には使われておらず、19世紀にスポンジ生地をラム酒に漬けるようになるとパリよりもナポリで人気のデザートとなった。[3]その後フランスで作られるようになった円環状のケーキ、

ラム酒に漬け、ホイップクリームを載せたババ。つい手を伸ばしたくなる。

サヴァランはババの一種で、美食家ジャン・アンテルム・ブリア＝サヴァランにちなんで名づけられた。サヴァランは「なにを食べているか言ってみたまえ。そうすれば、きみがどんな人間か当ててみせよう」という格言で有名だ。菓子のサヴァランはババと同じ種類の生地で焼かれ、ラムシロップに浸される。クグロフとは対照的に、このイースト醗酵させた菓子はデザートと見なされている。

イタリアルネサンス期の終盤、料理人バルトロメオ・スカッピが書いた１５７０年出版の『オペラ *Opera*』には、スポンジケーキを作る際に卵白を泡立てるという表記がある。これは、ケーキをふんわりと軽くするために酵母ではなく卵を使用した初めての――またはごく初期のレシピだ。その後間もなく、同様のレシピが次々と登場する。１５８１年に出版されたマルクス・ルンポルトの『新しい料理書 *Ein new Kochbuch*』には、卵白を用いたビスケットのレシピが含まれていた。『フランスの菓子職人*Le Pâtissier François*』（ラ・ヴァレンヌが書いたとされる）が1653年に出版されたことで、卵を使ったレシピが定着する。この本のレシピには、現在のレディーフィンガーによく似たビスキュイ・ド・ピエモンテや、マドレーヌのような型で作られたビスキュイ・ド・サヴォアがある。どちらにも、イタリアのレシピから発展した軽いスポンジケーキに似た生地が使われていた。[4]

数世紀後に電動ミキサーが発明されると作業は簡単になり、消費量も増す。現在イギリスでは、「biscuit」（ビスケット）という語は一般的にアメリカ人が「クッキー」と呼ぶ小さな甘い焼き菓子を意味するが、『フランスの菓子職人』の時代には「biscuit」（ビスキュイ）はスポンジケーキのことだった。マドレーヌは、よく知られている通りマルセル・プルーストの『失われた時を求めて』（1913年）に出てくる、過去の思い出を一気に蘇らせた小さなスポンジケーキだ。プルーストはマドレーヌを「小さな貝殻の形をしたペイストリーで、厳格で信心深いそのひだの下は、豊かで官能的」と表現した。[5]

## ◉新たなケーキの開発

19世紀にはオーブン、食材、台所用品の発達により、ケーキの人気と種類が急増する。19世紀末には家庭でも専門店でもアーモンドケーキ、キャロットケーキ、チョコレートケーキ、ココナッツケーキ、レイヤーケーキ、ローフケーキ、マーブルケーキ（チョコレートを用いたもの）、パウンドケーキ、スポンジケーキ、スパイスケーキ、天使のケーキ［卵白を用い、バターを使わない白いケーキ］と悪魔のケーキ［チョコレートをたっぷりと使った濃厚な黒いケーキ］が作られるようになっていた。ほぼすべての国、多くのコミュニティ、一部の料理人は独自の特別なケーキを開発した。都市部では、ケーキは菓子店で購入するか、家庭で作るか選べただろう。だが、田舎や近くに店のない人里離れた場所では、家で焼くしかなかったのだ。特にイギリス、アメリカ、スカンジナビア諸国ではその傾向が強かった。

スカンジナビア諸国の若い女性は、結婚する前に7種類のケーキやクッキーの作り方を習得するのが当然とされていた。[6] スウェーデンの田舎では、15〜20種類のケーキを載せる「ケーキテーブル」で友人をもてなすという伝統があった。特によく作られたのはラウケー、ブルコーシュ、トータとして知られるレイヤースポンジケーキだ。どんなケーキを作るかは季節によって決まっている。夏にはケーキにカスタードと新鮮なベリーを、冬にはジャムまたはホイップクリームをはさんだ。デンマークにはサンケイと呼ばれるシンプルなパウンドケーキがあり、簡単に作れるうえに長く保存できて急な来客にも対応できることから「すべての主婦の救世主」として知られていた。[7]

歴史的な背景は違うものの、ギリシャとトルコにはレバニと呼ばれる砂糖シロップに浸したセモリナ粉のケーキがある。ただし、レシピはほんの少し異なっている。風味づけに使うのはレモンか、生地に混ぜるアーモンドパウダーだ。シロップは、砂糖と水とレモンの皮を混ぜたシンプルなものもあれば、クローブ、シナモン、ブランデーなどを加える場合もある。作り手それぞれに独自の味があるわけだが、手順の一部は共通している。オーブンから熱いケーキを取り出すとすぐにシロップを注ぎ、ケーキを甘くしっとりとさせるのだ。節約のためシロップの代わりに余りもののスプーン菓子を使うしっかり者もいる。

19世紀、裕福なロシア人はデザートにおいてフランスの流れを追い、ロシア語の zayedki という言葉を捨ててフランス語の desert（当時の綴りのまま）を使うようになった。とは言え、ロシアでよく食べられていたケーキのひとつはドイツ発祥のものだ。これはバウムクーヘンと呼ばれ、エレナ・モロコヴェツが書いた『若い主婦への贈り物 *A Gift to Young Housewives*』に登場する。この本は1861年の初版から1917年のロシア革命の時期まで、ロシアの中・上流階級の主婦のバイブルとされていた。1992年にこの本を翻訳し、注釈もつけた食物史家のジョイス・トゥーマーによると、バウムクーヘンはスポンジケーキのレシピが最初に広まった17世紀末にドイツとオーストリアで作られた。その人気はヨーロッパ

多くの層から成るおいしそうなバウムクーヘン。鳥や花は飾られていない。

とロシア中に広がり、特別な機会に食べる菓子として人気になる。普通のスポンジケーキとは違い、回転する串にケーキの生地を注いで円錐状に焼いたものだ。トゥーマーいわく「ケーキの切り口は、切り株の同心円状の輪に似ている」。焼けたものを串から外すと、ケーキの中央は空洞になっている。そこにスズメなどの小さな鳥を押し込み、花束で開口部を閉じるのがお決まりだった。ケーキの花を取り除くと鳥が飛び出すという仕掛けだ。食事客はみな驚いたに違いない——ちょうど、ロバート・メイのパイから童謡にも歌われたクロウタドリが飛び出し、客を驚かせたように。[8]

ドイツの人々はクーヘンを作り、精巧にケーキを飾りつけたが、現在、世界的に有名なドイツのケーキと言えばチョコレートスポンジ、サワーチェリー、サクランボのリキュール、ホイップクリーム、削ったチョコレートを使った豪華な「黒い森のケーキ」だ。食物史家ウルスラ・ハインツェルマンによると、この名前は「黒い森」という意味のシュヴァルツヴァルト地方の黒、白、赤の伝統衣装に由来しているという。このケーキは19世紀にプロの菓子職人の厨房で生まれ、1950年代に人気の料理書に掲載され始めた。[9]

デンマークでは、誰もが自分だけのエーブルケーエ、すなわちアップルケーキのレシピを持っているそうだ。リンゴのスライス、砂糖、シナモンを生地に加えて焼くものもあれば、イングランドのトライフルのように焼かずに作るケーキもある。その場合は砕いたマカロンかパン粉をバターと砂糖で煮たものと、カラントゼリー、アップルソースを層にして重ね、ホイップクリームをトッピングして作る。いずれにせよ、エーブルケーエは家庭のデザートだ。一方、プロのパン職人が作るものにヴィナーボズ（ウィーンのパン）とも呼ばれるデニッシュがある。

フランスの菓子はケーキ、それも濃厚なクリームやチョコレートのムースをふんだんに使ったケーキで有名だ。華やかに飾りつけられたものもあれば、シンプルで洗練されたものもある。エレガントなケーキの代表格はオペラだろう。これはコーヒーシロップを浸したアーモンドスポンジケーキにチョコレートガナッシュとコーヒーバタークリームで層を作り、光沢のあるチョコレートでコーティングしたもので、たいていは仕上げに細い絞り袋などで「オペラ」の文字をケーキの表面に書く。数多くの菓子店があることで有名なパリでは、かつて人々は多くの選択肢のなかからケーキを購入していた。一方、フランスの他の地域、特に田舎に住む人々はキャトルキャール（4/4の意味）というパウンドケーキなどを自宅で焼いていた。キャトルキャールは小麦粉、卵、砂糖、バターの4つの材料だけを使い、1/4ずつの分量を混ぜ合わせて細長い型で焼くのが伝統だ。[10] 通常はバターと砂糖を混ぜたりクリーム状にしたりして生地を膨らませるこのパウンドケーキは、しっとりした食感と日持ちのよさで知られている。

フランスのケーキ「オペラ」は洗練された女性のようだ。

スカッピも作ったごく初期のスポンジケーキにはバターなどの脂肪分が含まれておらず、泡立てた卵白で厚みとふんわりした質感を出していた。その後、時を経るうちにバター、全卵、後にはベーキングパウダーがスポンジケーキの生地に用いられるようになる。1940年代にはその名もハリー・ベイカー［ベイカーには「（ケーキなどを）焼く者」の意味がある］という人物が植物油を用いてスポンジケーキを作り、後にこれは「シフォンケーキ」と呼ばれるようになった。ベイカーはレシピを大手食品会社ゼネラル・ミルズに売り、同社のブランドのひとつ、ベティ・クロッカーから出版された『写真で見る料理書 *Picture Cook Book*』にこのレシピが掲載されると、シフォンケーキはアメリカで一大旋風を巻き起こした。[11]

多くの料理書はフランスのオート・キュイジーヌ（高級なコース料理）に関するものだったが、19世紀になると家庭料理に関する本も出版され始めた。初期の有名な料理書に、アグラエ・アダンソンが1822年に出版した『田舎の家 *La Maison de campagne*』がある。アダンソンは1805年にムーランの北西にあるヴァレンヌの所有地に庭園を建造したことで知られていて、この庭園は現在一般公開されている。2巻からなる『田舎の家』には、田舎の地所の管理、地所で栽培された800種類の植物に関する論文および食物史家バーバラ・ケッチャム・ウィートンの言葉を借りれば「実用的な優れたレシピ」が掲載されている。「アダンソンのレシピは目新しく独創的で、現代でも十分通用する」とウィートンは言う。[12]

以下は、自家製ケーキのアダンソンのレシピだ。

ガトー・ア・ラ・ラングドシエンヌ（ラングドック風ケーキ）

小麦粉250グラムとグラニュー糖250グラムに、卵黄6個と溶かした無塩バター250グラムを混ぜる。この生地を15分間よくかき混ぜたら、かたく泡立てた卵白6個を加える。バターを塗った直径12インチ［約30センチ］の浅いパイ皿に生地を注ぎ、湯通しして皮を剝いたアーモンドをいく

ザルツブルガーノッケルンと呼ばれる空気のように軽いスフレ。ザルツブルク地方の雪を頂いたアルプスを称えて作られたと言われている。

つか並べる、弱火のオーブンで1時間焼く。[13]

ドナウ川沿いの国々のデザートは第一次世界大戦前には世界的に有名で、ティッシュのように薄いペイストリーに果物を包んださまざまな種類のシュトルーデルや、複数の山型に造形されたザルツブルガーノッケルンというスフレなどがあった。パリと同じく、ウィーンも角を曲がるたびにコンディトライと呼ばれる菓子店に出くわし、女性は自宅でケーキを焼く必要がなかった。卵白を泡立て、ナッツを粉末にする担当の使用人がいる家庭では、女主人はパティシエのケーキに匹敵するデザートを作らせたかもしれない。だが、そうした使用人がいない場合には女性たちは店に足を運び、目移りしそうなケーキやペイストリー菓子の棚からひとつを選んで購入した。あるいは、菓子店に併設されたカフェで友人と午後のヤウゼ（おやつの時間）を過ごし、雲のようなホイップクリーム、すな

ドナウ川沿いの都市リンツにちなんで名づけられた、ジャムをたっぷり使ったリンツァートルテ。表面にはシナモン、クローブ、アーモンドまたはヘーゼルナッツをあしらい、必ず格子状の模様をつける。

菓子で有名な街ウィーンのスター、チョコレートとアプリコットのザッハトルテ。

わちシュラークオーバーズを添えたトルテやケーキをコーヒーとともに楽しむのだ。バターたっぷりのアーモンドかヘーゼルナッツの生地に、ラズベリーやアプリコットジャムを挟んだリンツァートルテもいいし、ザッハトルテも捨てがたい。ザッハトルテはウィーンで最も有名で、しかも議論の的となったケーキのひとつだ。これは19世紀半ばにウィーンの料理人だったフランツ・ザッハーが考案した。彼の死後、「本物のザッハトルテ」を名乗れるのはホテル・ザッハーか王室御用達の菓子店デメルかという裁判が起こり、7年間にわたって争われた。軍配はホテル・ザッハーに上がり、アプリコットジャムを挟んでチョコレートでコーティングしたスポンジケーキがオリジナルだという決定が下った。だが、ザッハトルテの起源と作り方に関する議論は今も続いている。そして人々はそんなことはおかまいなしにこのケーキを作り、食べ続けているのだ。[14]

チョコレートとアプリコットの相性は抜群だ。セレスティン・ユースティスによるアメリカの料理書『昔ながらのクレオール流料理 *Cooking in Old Creole Days*』（1903年）には、あまり食欲をそそらない「レオニー・ペニンのドライケーキ」という名のレシピがある。これはシンプルなパウンドケーキのチョコレート版で、アプリコットジャムを挟んで「香り高いチョコレートを表面に塗った」ものだ。この本では、南北戦争前の南部の富裕層に伝わる伝統料理が称賛されている。そうしたレシピは南部に住む黒人の料理人たちが作り続けてきたものだが、残念ながら、この本ではレオニー・ペニンが誰かということには触れられていない。このケーキはザッハーのケーキよりもシンプルだが、レオニーなる人物もザッハーと同じくどの材料を組み合わせればより味が引き立つか、よく知っていた。

### レオニー・ペニンのドライケーキ

砂糖、オーブンで乾燥させてふるいにかけた小麦粉、バターをそれぞれカップ1杯、卵3個をボウルに入れ、なめらかになるまで混ぜ合わせる。ふたつのパイ皿にバターを塗り、皿に小麦粉を少し振ってから生地を注いでオーブンで焼く。同じレシピをチョコレートケーキにも応用できる。すべての生地をひとつのパイ皿に入れ、焼き上がったケーキを冷ましてから水平に切り、アプリコットジャムを塗ってまた生地を重ねる。香り高いチョコレートを表面に塗る。[15]

ブダペストで最も有名なケーキは、ドボシュ・ヨージェフという料理人が考案したおしゃれなドボシュトルテだ。これはチョコレートバタークリームをたっぷり使った印象的な6層のスポンジケーキで、一番上の層は艶のあるキャラメルで覆われる。このキャラメルはかたまる前に薄く切ることで簡単にトルテの上に載せることができ、見かけのインパクトにもつながっている。[16] ブダペストはリゴ・ヤンシーと呼ばれるケーキとも関係が深い。この名は有名なジプシーのヴァイオリン弾きにちなんだものだ。彼は、当時夫のあったクララ・ウォードという富豪の女性と駆け落ちして悪名を馳せた。このケーキはチョコレートスポンジにチョコレートクリームを挟み、チョコレートでコーティングした、チョコレート好きにはたまらない一品だ。

イングランドといえばプディングだが、もちろん他にもこの国の名物ケーキはあって、その一部は今でも作られている。ただ、そうしたケーキは夕食後のデザートというよりお茶の時間に食べることが多い。伝統的なマデイラケーキは、マデイラワインではなくレモンで風味づけされたスポンジケーキだ。マデイラワインとともに供されることが多かったため、この名がついた。ヴィクトリアサンドイッチケーキは、時代によってさまざまな種類が作られたイングランドの代表的なケーキだ。ヴィクトリア朝時代の『ケーキの本』には、クリームを挟んだスポンジケーキ「クリーム・ヴィクトリア」のプロに向けたレシピが含まれていた。このケーキはアプリコットのピューレでコーティングされ、きざんだピスタチオを飾って一

特徴あるボストンクリームパイ。ボストンのパーカー・ハウス・ホテルの名物だ。

切れずつ販売された。ビートン夫人は、複数の層にジャムやマーマレードを挟んだ「ヴィクトリアサンドイッチ」を作っている。長方形に切ったケーキを何層にも重ねたことから「サンドイッチ」の名前がつけられた。現在では半分にスライスした生地にジャムを塗ってから重ね、粉砂糖を振りかけたケーキをヴィクトリアサンドイッチと呼ぶことが多い。アメリカでは同じものをワシントンパイと呼ぶ。また、マサチューセッツ州の公式デザート、ボストンクリームパイともうっすらとつながりがありそうだ。これもレイヤーケーキの一種で、スポンジの生地にクリームを挟み、チョコレートでコーティングしてある。このケーキをパイと呼ぶのは、もともとレオニー・ペニンのケーキと同じく、錫のパイ型に注いで焼いていたためだ。

アメリカ独特のケーキのひとつに、白いふわふわの「天使のケーキ」がある。材料は卵白、砂糖、小麦粉、香味料で、卵白をかたくするためのクリームタータ―が不可欠だ。かつてはレシピに「12個の卵白を角《つの》が立つまで泡立てる」と書かれていたため、このケーキを作るためには卵泡立て器や泡立て器も重要なポイントだった。19世紀後半には何種類かの天使のケーキが存在したが、ファニー・ファーマーの『ボストン料理学校の料理書』にくわしいレシピが掲載されたことで、このケーキは広く人気のデザートになった。[17]

●アジアのケーキ

餡《あん》がくるまれているものも多い日本の餅は、正月と春には欠かせない。だが、伝統的には日本人の食事はたいてい甘いデザートではなく梅干しで締めくくられた。16世紀後半、ポルトガル人が長崎に来航して西洋菓子や他の焼き菓子を紹介すると、日本人はそれを「南蛮菓子」と名づけた。「蛮」という負の意味を持つ語が使われたにもかかわらず、日本人はこの舶来菓子をとても気に入り、独自のさまざまなアレンジを加えてきた。現在、日本では冗談で「デザート用にもうひとつの胃を持っている」——日本人シェフのサイトウ・ヨシオの説明によると「別腹」という表現もあるほどだ。[18] ふたつも胃を持っていれば、どんなに満腹でもデザートの入る余地はあるに違いない。

今日の日本のデザートは、西洋のデザートの要素を取り入れたものが多い。日本のスポンジケーキはパオデロと呼ばれるポルトガルのケーキがもとになっているが、なかには緑茶で風味づけしたものもある。和菓子は、他の多くの菓子と同様にその形や名前に粋を凝らして作られる。東京の屋台などで売られる人気の「たいやき」は、甘い生地を魚の形をした型で焼いた菓子だ。[19] これはイールズ夫人の「マスのクリーム」を思いださせる。

中国では、日常の食事にデザートはつかないが、宴会や特別な機会にはふたつのデザートが必要だ。ひとつは、ポルトガルのパステル・デ・ナタや、ライスプディング、またはバナナフリッターに似たカスター

象徴的なデザインと濃厚な餡が特徴の月餅は、中国の中秋節の伝統的な菓子だ。

ドタルト。ふたつ目はたいてい甘いスープで、材料は蓮の実か松の実、キクラゲなどに桃とサクランボを加えたものだ。また、最も由緒ある中国の菓子のひとつに、中秋節の期間に食べる月餅がある。典型的な月餅は丸く、なかに小豆餡、蓮の実のペーストまたは黒豆ペーストが入っているが、塩辛いアヒルの卵の黄身を満月に見立て、真んなかに入れて焼く場合もある。表面には長寿を表す文字や、月に住むとされるウサギが刻印される。月餅の中になにをくるむかは地域によって異なり、アイスクリームが入った今風のものもあるようだ。[20]

## ◉名前と場所

ケーキを始めとするデザートの多くは、発祥の都市や地域にちなんで命名される。エクレアやシュークリームと同じシュー生地で作られる、リング状の（または車輪を模した）パリ・ブレストは、パリ・ブレスト間の自転車レースにちなんで命名された。モスタッチョーニ・ロマーニと呼ばれる落花生の入ったペイストリーは、もともとはローマの特産品だった。食後のデザートよりもお茶の時間によく出されるバースバンとチェルシーバンは、それぞれイングランドの都市バースとチェルシーで生まれた菓子パンだ。

その一方、名前もレシピも国境を越えて生まれた菓子もある。スパニッシュ・ウィンドトルテの起源は、スペインではなくオーストリアだ。イタリアではスポンジケーキをパン・ディ・スパーニャ（スペインのパン）と呼び、これをズッパ・イングレーゼ（イギリス風スープ）と呼ばれるケーキの土台に用いる。フランス人はスポンジケーキをジェノワーズ（ジェノバ風）、カスタードをクレーム・アングレーズ（イギリス風クリーム）と言う。一見アメリカのデザートに思えるベイクド・アラスカというケーキは、アイスクリームの周囲にケーキ生地を載せてメレンゲで覆いつくしたデザートで、普通は焼き目をつけて供される。この熱くて冷たい究極のデザートは、１８６７年にアラスカがアメリカ合衆国に加わったことにちなんで考案されたと言われている。だが、ベイクド・アラスカの前身となるデザートのひとつには、中国の料理人たちがその1年前にパリで同業者に実演してみせたデザートがあった。これは小麦粉の生地にアイスクリームを包んで焼いたものだ。その後まもなく、フランスの料理人はアイスクリームとメレンゲのデザートを作るようになり、それをオムレット・ノルヴェジエンヌ（ノルウェー風オムレツ）と呼んだ。19世紀のアメリカで最高のレストランのひとつと言われた「デルモニコス」でも似たようなデザートが提供され、アラスカ・フロリダと名づけられた。「ベイクド・アラスカ」と呼んだのはファニー・ファーマーで、以来この名前が定着する。もっとも、名前がなんであれ、このケーキが客を驚かせ、よろこばせることは間違いない。[21]

有名人の名にちなんだデザートもある。パイ生地とシュー生地を組み合わせたものに、卵白を加えて軽く仕上げたクリームを絞り出したフランスのサントノーレ・ペイストリーは、パン職人と菓子職人の守護

その名前の通り、皇帝（カイザー）にぴったりのパンケーキ、カイザーシュマーレン。

聖人にちなんで名づけられた。このケーキに使われるクリームはクレーム・シブーストと呼ばれ、これはサントノーレの考案者であるフランスのパティシエ、M・シブーストの名をとったものだ。また、筒型や角の形に焼いたサクサクの生地の空洞にホイップクリームかメレンゲをつめたシラーロッケンは、ドイツの詩人フリードリヒ・シラーの金髪の巻き毛にちなんで命名された。

有名なフランスの料理人オーギュスト・エスコフィエは、ロンドンのサヴォイ・ホテルのシェフだったとき、デイムの称号を持つオーストラリアのオペラ歌手ネリー・メルバのためにピーチ・メルバを考案した。バニラアイスクリーム、桃、ラズベリーソースを用いた比較的シンプルなデザートだが、エスコフィエはこれをスターにふさわしい演出で供している。オペラ『ローエングリン』での彼女のパフォーマンスに敬意を表して、ピーチ・メルバを載せた皿を氷で彫刻した白鳥に載せ、アイスクリーム全体を糸飴細工で覆ったのだ。

オーストラリアの有名なラミントンというデザートは、1896年から1901年までクイーンズランド州総督だったラミントン卿にちなんで命名された。小さな正方形のスポンジをチョコレートでコーティングし、すりおろしたココナッツをまぶしたケーキだ。ラミントンのレシピが初めて印刷物に登場したのは1902年、週一回発行の新聞『クイーンズランダー』の料理コーナーだった。署名は「ある購読者」となっている。[22]このケーキは家庭料理の定番となり、現在は包装されたものがスーパーマーケットで売られている。

## ●山盛りのメレンゲ

パティシエの厨房で最も使い道の多い材料のひとつはメレンゲだ。パイの上に渦巻き型に盛ったり、貝の形に絞り出してその上にアイスクリームやその他の生地を載せたりできるし、数えきれないほど多くの味つけが可能だ。また、焼けば小さなクッキーやビスケットが、クレーム・アングレーズの上に浮かべれば浮島ができる。クリームと組み合わせることで最高に美しいデザートにもなる。

その一例が、バレリーナのアンナ・パブロワにちなんで名づけられたニュージーランドのふんわりと軽いケーキ、パブロワだ。20世紀初頭にパブロワが公演旅行でニュージーランドを訪れたとき、パティシエたちは彼女のためにさまざまなデザートを作った。そのうち今でも受け継がれ、世界各国の家庭やプロの厨房で人気となったのがメレンゲを使った泡のようなパブロワだ。外側はさっくり、内側はしっとりと焼き上げ、ホイップクリームと新鮮なイチゴをトッピングする。ニュージーランドではお国柄を反映してイチゴの代わりにキウイを使う。ケーキのパブロワは、バレリーナのパブロワと同じくエレガントだ。

メレンゲとホイップクリームの相性のよさは、印象的なスパニッシュ・ウィンドトルテでも証明済みだ。

ピクニックにもってこいのデザート、パブロワ。

リング状のメレンゲを厚く焼き上げ、コニャックで風味づけしたホイップクリームか、イチゴと砕いたマカロン（またはあぶったヘーゼルナッツ）を混ぜたホイップクリームをつめる。チェコ出身の音楽家、作家、そして美食家でもあったジョセフ・ウェクスバーグは「ケーキに飾りは必須ではない」と書いたが、実際には華やかなものを好んだ。ケーキの側面は「メレンゲでできたバラのつぼみと貝殻が曲線を描き、スミレの砂糖漬けが飾られ」、表面には「波打つようなひだ」のメレンゲの輪を載せるのが好ましい、という文章を残している。彼はこのケーキを「天上の味わいであるだけでなく、構想、デザイン、調理におけるバロックの勝利」と呼んだ。[23] また、ウェクスバーグによれば、オーストリアでメレンゲを「スペインの風」と呼ぶのは、ウィーンっ子たちがスペインに優雅なイメージを抱いていたからだという。だが、食物史家のマイケル・クロンドルの説では、これは国名のスペインではなく、当時ドイツ語で朝顔を「シュパーニシェ・ヴィンデ（スペインの風）」と呼んでいたことからついたということだ。[24]

メレンゲとホイップクリームという相性抜群のデザートには、エレガントとは正反対のイングランドのイートン・メスもある。男子校であるイートン校にちなんで名づけられた菓子で、メレンゲ、ホイップクリーム、イチゴを混ぜ合わせて作る。見た目は、いたずら好きの少年がパーティの前にスパニッシュ・ウィンドトルテかパブロワをぐちゃぐちゃに混ぜてしまった、という代物だ。とは言え、イートン・メスは他のデザートと同じくらいおいしく、しかも簡単に作ることができる。

他にも軽い泡状のメレンゲとクリームの菓子、ブリッツケーキ（ブリッツトルテとも呼ばれる）がある。メレンゲをケーキの生地に載せて焼くというめずらしいケーキで、以下はマサチューセッツ州ボストンの作家ロズ・カミンズ家に伝わるレシピだ。

## ロズのブリッツケーキ

ケーキ生地
バター　½カップ（120グラム）
グラニュー糖　½カップ（100グラム）
塩小さじ　¼
卵黄　4個
バニラ　小さじ1杯
牛乳　大さじ3杯
中力粉　1カップ（120グラム）
ベーキングパウダー　小さじ1杯

メレンゲ
卵白　4個
グラニュー糖　¾カップ
シナモンパウダー　小さじ½杯
湯通しして皮を剝き、スライスしたアーモンド　½カップ（110グラム）

ホイップクリーム
ホイップクリーム　1カップ（240ミリリットル）

砂糖　大さじ2杯

ベリー類

イチゴ　2カップ（300グラム）（またはブルーベリー、ラズベリー、ブラックベリー）

砂糖　大さじ2杯

オーブンを175℃に予熱する。8〜9インチ［約20〜23センチ］の丸いケーキ型をふたつ用意し、油を引いて小麦粉を振る。バターに砂糖と塩を加えてクリーム状にして、卵黄、バニラ、牛乳を入れて混ぜ合わせる。続けて小麦粉とベーキングパウダーを混ぜ入れ、きれいになじませてなめらかになった生地をケーキ型に広げる。次に、別のボウルに卵白、砂糖、シナモンを入れてかたく泡立てる。このメレンゲをふたつのケーキ型の生地の上に伸ばす。均等にならすのは難しいので、あまり神経質になる必要はない。表面にアーモンドを飾り、ケーキ型を30分間（もっと大きな型の場合は約25分間）、またはケーキの生地が型から浮いて離れ始めるまで焼く。その後オーブンから出し、少し冷まして型から取り出す。ステンレス製の網に載せて完全に冷まし、それを待つ間に冷やしたクリームに砂糖を加えて泡立て、ホイップクリームを作っておく。

イチゴをスライスしてボウルに入れ、砂糖をまぶす。これは食卓に出す約20分前に行う。焼いたケーキのひとつを、メレンゲの層を上にして皿に載せ、ホイップクリームの半分をイチゴと混ぜて表面に広げる。この上にもうひとつのケーキを、メレンゲ側を上にして重ねて残りのイチゴとホイップクリームを表面に塗る。8〜10人分。その日のうちに食べるのが好ましい。

## ◉パティシエとその作品

一般に、家庭で作るデザート用のケーキは比較的シンプルなものだったが、菓子職人たちは競い合って創造性に富む、凝った飾りつけのケーキを作った。ヴィクトリア朝時代、プロの菓子職人にとって手の込んだデザートを作ることは一種の競技で、技術と想像力を発揮する手段だったのだ。そして、この競技のチャンピオンはフランス生まれのイギリス人シェフ、アレクシス・ソイヤーだった。

ソイヤーは著書で「ピエス・モンテは時代遅れ」になったとしてこう述べている。

多くの美食家は、かつてはお気に入りだった壮大な作品、つまり巨大な砂糖の娯楽菓子を供されることをもはや好まない。今のテーブルを華やかに飾るのは銀細工師の役目になってしまった。単純な優美さの極致、これが今の流行なのだ。[25]

しかし、ソイヤーが作ったデザートも、そしてソイヤー自身も「単純」という言葉にはほど遠かった。貧しい家に生まれた彼は、後に料理人として成功して富裕層や著名人との交流も持ったが、仕事を通して貧しく飢えた人々を助けることにも力を注いでいる。1809年にフランスで生まれ、幼い頃から料理を始めた。21歳でイギリスに渡り、数年も経たずに料理人として名を馳せる。実業家としての才もあり、料理書、ソース、そして自らデザインを手掛けた台所用品の販売にも携わった。その一方で、ある料理書の利益の一部を貧しい人々の食費にするよう寄付をしている。また、アイルランドがジャガイモ飢饉［主要な食べものであったジャガイモが葉枯病により不作となったことで起こった飢饉］の真っただなかにあった1847年には、ダブリンで無料の食堂を開いた。クリミア戦争中にはクリミアに渡り、フローレンス・

降臨節用に美しい模様が施されたジンジャーブレッド

ナイチンゲールと協力して兵士の食料の質を改善した。

ソイヤーは、ロンドンの一流紳士クラブ、「リフォーム・クラブ」の会員向けに、かつての娯楽菓子やピアス・モンテに匹敵するケーキも作った。中世では本物を使った火を吐くイノシシの頭は、彼の手にかかると本物そっくりのケーキになった。ソイヤーはこのケーキを「偽物のイノシシの頭」と呼んだ。作り方は、まずスポンジケーキをイノシシの頭の形に彫り、中をくりぬいて、キュラソーで風味をつけたレモンアイスクリームをつめる。そして、「本物のイノシシの色にできるだけ近い」チョコレートでケーキをコーティングし、白い菓子で目を作り、その中央に目玉代わりのチェリーをつけた。まつげは細長く切ったピスタチオ、牙はガム・ペーストだ。最後にイノシシの頭にスグリのゼリーを塗って艶を出し、クルトンで飾って銀の大皿に盛る。[26]

他にも、まるで大昔の娯楽菓子をスポンジケーキで再現したようなクジャクのケーキも作った。全体を「ピンクがかった白」でコーティングし、なかにイチゴのアイスクリームをつめた「クジャクのルイ14世風」だ。尾羽は「サクランボの皮」で飾られた。ソイヤーは「砂糖工芸に長けた料理人ならひとつにかたまらずにきれいに開いた尾羽を作り、美しいケーキを完成させるだろう」と書いている。[27]「単純」が当時の流行だったというソイヤーの言葉には、思わず首をかしげたくなる。

## ●ケーキのアイシング

19世紀に製糖所がアイシング用粉砂糖の生産を始めると、ケーキをセンス良く飾りつけるのは以前よりも容易になった。かつてはアイシング用の砂糖を乳鉢で砕き、目の細かい絹などの布で漉してできるだけなめらかにする必要があった。17世紀のケーキのアイシングは、砂糖水を沸騰させただけのシロップをケーキにかけ、その後ケーキを再びオーブンで短時間焼いてシロップをかためるという方法が多かった。ロバート・メイの『料理の達人――または料理の技と謎 *The Accomplisht Cook; or, The Art and Mystery of Cookery*』(1685年)に載っている「けた外れにおいしいケーキの作り方」というレシピには、砂糖水に「少量のバラ水を加えてキャンデー・ハイトまで(濃く粘り気が出るまで)沸騰させた後、オーブンから取り出したケーキ全体にかけ、再びオーブンに戻してシロップをかためる」と書いてある。[28]キャンデー・ハイトはシロップの濃さの段階を表す語で、マシアロが使った用語では「ひび」に当たる。

砂糖シロップを使う代わりに、ケーキをオーブンから取り出した直後にメレンゲをこんもりと盛る方法もあった。料理人によってはメレンゲを広げたケーキを再度オーブンに入れて茶色にこがしたが、アメリア・シモンズは、「ケーキが傷み、黄ばんでしまう。ケーキが焼けた直後にメレンゲを載せるのであれば、オーブンには戻さないのが一番だ」と書いた。[29]また、マジパンやフォンダンをケーキに塗り、表面をなめらかに美しく仕上げる料理人もいた。

19世紀、精糖《せいとう》と泡立てた卵白を混ぜたロイヤル・アイシングが開発された。これは現在もケーキのデコレーションの主役として君臨している。ロイヤル・アイシングは伸びがよく、さらに重要なことには装飾的なデザインのパイピングにも使用できる。菓子職人たちは夢中になってレース模様、渦巻模様、名前、「誕生日おめでとう」や「幸運を」などのメッセージをケーキに描いた。また、戸外で食べるケーキにはテニスラケットを、洗礼式のケーキにはゆりかごの絵を施したという。数段からなるウェディングケーキには渦巻きや花綱、レースや花などロココ調の模様が描かれた。「ロイヤル・アイシング」という名前は、ヴィクトリア女王のウェディングケーキに精糖と卵白のアイシングが用いられたことからつけられた。

１８８８年に出版された『Ａ・Ｂ・マーシャル夫人の料理書 *Mrs A. B. Marshall's Cookery Book*』では、アグネス・マーシャルは「ウィーン・アイシング」を紹介している。材料は精糖、バター、ラム酒とマラスキーノという2種類のリキュールだ。現在はこれに似たものがバタークリーム・フロスティング、または英語では単にバタークリーム、フランス語ではクレーム・オ・ブールと呼ばれている。一般にはマーシャル夫人のレシピにあるリキュールではなく、バニラエキストラクトなどの香料が使われる。また、バターをクリームや牛乳で代用することも多い。「ウィーン・アイシング」は家庭で頻繁に作られるクリームだ。[30]

### ウィーン・アイシング

10オンス［約２８０グラム］の精糖とバター1/4ポンド［約１１０グラム］をなめらかになるまで木のスプーンで混ぜる。小さなワイングラスにシルバーレイズの白とラム酒、マラスキーノを混ぜたものを加え、クリーム状になるまで混ぜてから調理に使う。レシピに合わせて味つけや着色してもよい。[31]

マーシャル夫人著『美しいアイス』（1984年）の挿絵。砂糖をケーキに振りかけるには少々変わった方法。

## ●ビスケット、クーキエ、小さなケーキ、クッキー

ビスケットは複雑な菓子ではないが、その定義はなかなかややこしい。語源はラテン語のパーニス・ビスコクトゥス（panis biscoctus「2度焼いたパン」の意）で、もともとビスケットは水分を抜いて長期間保存できるように2度焼かれていた。また、ラスク、乾パン、ビスコッティ、ツヴィーバックもすべて薄味の乾燥したビスケットの仲間で、航海時や戦地での保存食となり、また、カビが生えないので家庭でも数か月間貯蔵室で簡単に保管することができた。そのうち甘みが加えられるようになった「ビスケット」は、多種多様な菓子を指す語になる。「ビスケット」と呼ばれた菓子の多くは2度焼かれることもなく、薄味でもなければ乾燥したものでもなくなった。『実用的料理の百科全書――調理法と配膳に関する完全な辞典 *The Encyclopedia of Practical Cookery: A Complete Dictionary of all Pertaining to the Art of Cookery and Table Service*』は1898年にロンドンで出版され、編集者のT・フランシス・ギャレットの名前をとって『ギャレット』として広く知られる本だが、ここでも「ビスケット」という語を明確に定義することはできなかった。以下は、同書からの引用だ。

> 現在ヨーロッパ全土の菓子職人は豊富なペイストリー菓子を説明する際、より広範な意味でビスケットという語を用いている。すべてに唯一共通する特徴は、サクサクした焼き菓子だということだ。イギリスでもそれ以外の国でも、菓子職人はこの唯一の特徴を頼りに、ほぼすべての点で異なる多くの菓子をビスケットと呼ぶかどうかを判断しているように思われる。一口にビスケットと言ってもその種類は多種多様で、定義することは不可能に近い。乾燥したものや甘みのあるもの、かたいものややわらかいもの、ごく薄いものやサクサクしたもの、素朴なものや見栄えがするものと特徴は多岐にわ

たり、その組み合わせもまたさまざまだ。

この百科全書にはビスケットのレシピ、ビスケット作りに用いるナイフや絞り袋などの道具のイラスト、ビスケットを保管するための箱や缶の画像など、8ページにもおよぶ記事が含まれていた。レシピはキャラウェイシードで味つけしたアバネシー・ビスケットから、ダイヤ型に切って高温で焼くヨーク・ビスケットまで多岐にわたる。「シャンパン・ビスケット」のレシピには「シャンパンによく合うためその名がついた」という説明が添えられていた。[32]この本が出版される頃には、「ビスケット」はかつての bisket ではなく biscuit と綴られるようになっており、オックスフォード英語辞典の編集者たちはこれをよく思わなかった。同書には「16世紀から18世紀までは英語の発音通りに bisket と綴られるのが普通だった。現在使われている biscuit という綴りはフランス語から意味なく借用されたもので、しかも発音はフランス語ではなく英語のままだ」と書かれている。

さらに紛らわしいことに、ニューアムステルダムに住むアメリカ人はオランダ語で「小さなケーキ」を表すクーキエ（koekje）をクッキー（cookie）に変化させた。アメリア・シモンズが著書『アメリカの料理法 *American Cookery*』（1796年）でクッキーという語を最初に使い、その後この言葉が普及したのだ。現在、イギリス人にとってのビスケットはアメリカでは「クッキー」と呼ばれ、「ビスケット」はバン［パン］、マフィン、またはスコーンを指す語として使われている。

イングランドではヴィクトリア朝時代に、今も営業を行っている多くのメーカーがビスケットの大量生産を始めた。イングランドの食物史家アナスタシア・エドワーズは、今日どこでも見かける工場生産のビスケットを歯磨き粉などの日用品に例えているが、それでもこうしたビスケットは依然としてイギリス人の郷愁を誘うと言及した。[33]エドワーズの言葉を証明するかのように、ナイシー&ワイフィーという夫婦

第二次世界大戦前にイングランドで多く売られていた、カラフルなビスケット缶。

のペンネームを持つ作家が、紅茶と市販のビスケットの楽しみ方についての本『英国流ビスケット図鑑――おともに紅茶を』〔スチュアート・ペイン著／ハーディング祥子監訳／バベルプレス／２００４年〕を書いた。大量生産のビスケットが好きだと言ってはばからないナイシー&ワイフィーは、ダイジェスティブビスケットを「誰もが認める、丸くて大きなビスケットの王様。〔中略〕由緒あるビスケットだ」と言う。[34]

一方、アメリカ人は自家製のクッキーを理想とし、料理書、雑誌、新聞の女性向けコーナーはクッキーのレシピで埋めつくされていた。呼び名は「クッキー」の他にもナッツ、キス、スナップ、クラスト、ケーキ、スター、スティック、パテ、ドロップケーキ、ロック、シェイビング、ハーミット、ジャンブル、ウエハース、マカロンなどさまざまだ。『実用的料理の百科全書』での定義のように薄くてぱりっとしたものもあれば、やわらかくてケーキに似たものもあった。『移民の料理書 *Settlement Cookbook*』（１９０４年）には40前後のクッキーのレシピがあり、アーモンドからプフェファーヌス〔スパイスクッキーの一種〕、シュプリンゲレ〔型押しクッキーの一種〕から「割れやすいツヴィーバック」までのレシピがずらりと並んでいる。同時代の他の料理書でもクッキーのレシピは豊富だった。もちろん、料理書を買う人がすべてそのレシピでクッキーを焼くとは限らない。今ではアメリカ人もイギリス人と同じく大量生産されたクッキーを買うし、そうしたクッキー、たとえばオレオなどはアメリカ人の郷愁を誘う品だ。

昔も今も、テーブルを飾るのにふさわしいビスケットも存在する。特にアイスクリームやシャーベット、フルーツコンポート、カスタードが添えられた場合はなおさらだ。バラ水またはアニスシードで風味をつけた17世紀のビスケット、ジャンブル（ノットとも言う）は、コンフィとウエハースで構成される最後のコースの一部としてよく静物画に描かれた。フランスのサヴォイビスケットとしても知られるレディーフィンガーはデザートコースのなかで供され、また人気の高いシャルロット・リュスの土台としても用いられた。他にも、デザートと呼ぶにふさわしいビスケット――丸い屋根瓦のような形をした割れやすいトゥイ

昔ながらの家庭的なアップルパイの人気は永遠だ。

ル、マカロン、カラフルで小さなアーモンドビスケット――は、甘いフィリングと組み合わせることが多い。この源泉はルネサンス期のイタリアだ。また、英語で「キス」、スペイン語で「ススピロ」（ため息）と呼ばれる小さなメレンゲもある。伝統的な2度焼きビスケットのビスコッティ（現在はアーモンドなどのナッツ類、砂糖漬けの果物の皮や種で甘みをつけている）も、デザートビスケットだ。昔からイタリアでは――そして現在では他の多くの国でも――大量の料理を食べた後、ヴィン・サントのような甘口のワインに添えてテーブルに出される。

◉パイ（を食べる）くらいたやすい

アップルパイ

イギリス人の舌をよろこばせ、目を楽しませる
すべての美味なる菓子
さまざまな種類の豪華な料理

そのなかでも、アップルパイに適うものはない
ぜいたくな風味、ずっしりとした生地
見た目に美しく、舌がとろけるような味
この新しい菓子が生まれた当時、
材料は粗末で、見た目も不格好だった
現代の技術を持たぬ無骨な
われわれの祖先は、タルトの代わりに黒パンを食べていた
その頃のパイは、ただの生地の塊でしかなかったが、
長年にわたり時間と費用がかけられ、今のおいしいパイが完成した
——ウィリアム・キング(1663~1712年)[35]

イングランドの作家ウィリアム・キングがこの詩を書いたのは18世紀を迎える前のことだった。まだクロウタドリが飛び、そびえ立つ肉のパイが、果物やカスタードをつめたより精巧なパイとタルトで飾られていた時代だ。人々はタルトを旬の果物で作り、冬のタルトに備えて果物の砂糖漬けを準備していた。春と夏には、カスタードタルトにサクラソウやマリーゴールドなどの花をあしらい、アーモンド・タルトをバラ水で味つけした。かつて薬と見なされていたルバーブは、この頃からパイに使う果物の代表として長く君臨することになる(ただし、現在ルバーブは野菜に分類される)。アップルパイはイギリスで昔から愛されてきたデザートだ。中世にはもう存在していたが、キングの詩にあるようにサクサクのパイ生地ではなく、食感としてはかなりかたかった。このような甘いパイは、当時は食事の最中にも出されていた可能性があるが、現在はあくまでもデザートという位置づけになる。

グラス夫人の『手軽で簡単な調理法』1796年版には、果物とカスタードのパイのレシピがいくつかある。パイのレシピは9種類で、そのなかにはシュー皮や大きなパイに使う高さがあるパイ皮の作り方も載っていて、夫人によれば「グースパイのパイ皮に使える」ということだ。レシピに「ひび割れた皮」という表現があるが、これは皮ではなくパイの飾りという意味で使われていた。この飾りはアーモンドパウダーとオレンジの花水で作られる。グラス夫人のアップルパイには「質の良いシュー皮」が用いられた。シロップの材料はリンゴの皮と芯、メース、砂糖、水。これを裏ごしして煮つめ、「量は減っても、質のいい」シロップができたら、パイ生地に並べたリンゴにかけるのだ。そして、もう一枚パイ皮を重ねて焼き上げる。[36]

パイとタルトの違いは必ずしも明確ではない。一般に、パイはパイ底と表面の外皮で作られるが、多くのタルトには外皮がない。ただし、何事にも例外はつきものだ。イングランドではリンゴやプラムなどのフルーツパイには深いパイ皿が使われ、パイ底はなく外皮だけというのが普通だ。フルーツタルトには、通常レモンカード［卵黄、砂糖、果汁、果皮などを煮つめ、ジャム状にしたもの］やカスタードタルトと同じく浅い型が使われる。このタルトはパイ底だけで外皮はない。もっとも、今も昔も英語の「パイ」と「タルト」は同じ意味で使われることが多い。タルトでも外皮とパイ底両方が必要なレシピも多くあったし、パイなのにパイ底しかないレシピもあった。1856年に書かれたアメリカのルバーブパイのレシピには、加熱して甘みをつけた果物をじかにパイ皿に並べ、外皮で覆って焼くものがある。[37] フランスのタルト・タタンは外皮をかぶせて焼いた後にひっくり返す。そうすると、外皮はパイ底になり、キャラメル化したリンゴが表面になるのだ。さまざまな種類の小さなタルトは「タルトレット」と呼ばれることもあるが、この語の使用法は一貫していない。

ヨーロッパではあらゆる種類のパイとタルトが作られたが、どこよりも人気を集めた国はアメリカだ。

焼いた後にひっくり返して食べるタルト・タタン。19世紀にオルレアンの宿屋を経営していたタタン姉妹が広めた、フランスで人気のデザートだ。

アメリカ人はパイならなんでも、甘いパイならことさら好きだった。朝食にパイを食べることすらあり、今でも感謝祭のディナーはパイで締めくくられる。カボチャ、リンゴ、クランベリー、ミンスミート、ピーカン、サツマイモ――種類はなんであれ、パイでさえあればかまわない。ケーキでもスフレでもアイスクリームでもなく、一切れのパイでなくてはならないのだ。

「パイのように簡単」というアメリカでよく使われる慣用句は、もともと「パイを食べるのと同じくらい簡単」だったと考えられる。アメリカ人がパイをたくさん食べたこと、パイは焼くよりも食べるほうが簡単だということが、この慣用句の由来の一部だ。

甘いデザートパイの人気が高すぎたせいか、19世紀のアメリカの料理作家のなかにはパイをよく思わない者もいた。ボストン料理学校の初代校長として有名なメアリー・J・リンカーンは、リンゴを「すべての果物の女王」と呼び、「長持ちするパイ」に使わずそのまま食べることを勧めていた。[38] マリオン・ハーランドの筆名を持つメアリー・V・ターヒューン夫人はもっとあからさまだ。パイは「破壊的な菓子」で消化に悪いとし、「パイに夢中になるのは〔中略〕アメリカ国民の悪習である」という新聞社説の一節に賛意を示して引用している。[39] だが、人気の料理作家だったリンカーンやターヒューンをもってしても、大衆のパイへの愛を覆すことはできなかった。

後に、『ニューヨークタイムズ』紙1902年5月3日土曜日の署名なしの社説で、パイを称賛する記事が書かれた。「パイはアメリカでは繁栄と同義語だ。〔中略〕パイは英雄の食べもので、これを食する者は永久に打ち負かされることはない」。この書き手は、イングランド人はパイがあまり好きではなく、これは彼らにとって大きな損失だと信じていた。その社説を少し紹介しよう。

イングランドが栄華を誇ったのはこの国の勇者たちがパイを食べていた時代だというのは、重要な歴

上：シカゴの食品加工会社アーマーの19世紀の広告。アーマー社のミンスミートを使って、女性たちがパイの焼き方を習っている。

下：ミンスミートパイは現在デザートと見なされているが、この広告が作られた1869年にはつめ物に肉が使われていた。

史的事実である。〔中略〕腹黒い菓子店が増えるにつれてパイはだんだん小さくなり、今では取るに足らないタルトという小型の菓子になった。パイの数が減るに従い、崇高な理想は矮小化され、イングランドの名声と権力は失墜した。

この書き手はパイを「変わりゆく季節の暦」と呼び、それぞれの季節に最適なパイを挙げている。まずはアップルパイで、これは一年中食べてよい。冬に「食べるべきはミンスパイ」で「この非常に香辛料が効いた、うまみのある肉厚のパイは極寒にあっても体温を正常に保つ力がある」。春には「軽くて口当たりのよいカスタード、レモンパイ、ルバーブパイがよい。思春期特有の切ないまでの憧れや不安を静める効果がある」。夏にお勧めなのは「唇が赤く染まるようなベリーのパイ」とピーチパイだ。最後は秋のパイ。「自然がその魔法の刷毛で森を描き、輝くような黄金色の季節が来たなら、なんといってもロイヤル・パンプキンパイだ！」[40]

◉テーブルの宝石

20世紀初頭のテーブルにずらりと並んだケーキやパイ、その他のデザートは、客を招く側にとっては大きな悩みの種だった。数ある最新の銀器のうち、デザートにはどれを使えばいいのだろう？　当時は厖大な数の銀製品が生産されていて、特にアメリカではより高い社会的地位を得ようと野心を持つ人々は選択を間違えるわけにはいかないと考えていたのだ。順にコースが提供されるロシア式サービスの普及により、料理に合わせた食器類が開発された。その結果、多数のカトラリーが入手可能になったのだ。テーブルにセットしたカトラリーがコースごとに取り替えられる場合もあれば、すべてのカトラリーが最初から置かれていることもある。どこに行っても多くのカトラリーに遭遇し、富裕層にのし上がって間もない人々の多くは戸惑い、不安を覚えた[41]。特に、フォークは料理ごとに専用のものがあり、慎重な人々は新聞で礼儀作法について教示する評論家に「どのフォークを使うべきか？」と頻繁に質問した。それに対する一般的な答えは「招かれた家の女主人と同じようにする」というものだ。この答えを目にした多くの人は食事の席で時々手を止め、テーブルの向こう側にいる女主人のようすを密かに確認していたに違いない。女主人はフォークの選択だけでなく、給仕用の器具についても知っておく必要があった。アスパラガスにはトングを使うべきか大型のフォークを用意すべきか、またプディングを取り分けるスプーンはどれで、ブランマンジェのスプーンはどれか？　高級な食事会やもてなしは経験の浅い人々にとっては大失敗する危険のある、緊張を強いられる場でもあったのだ。

銀器が急増した背景には複数の要因がある。南北戦争後にアメリカ西部で銀鉱が開発されたことで銀の価格が急落し、購入しやすくなったことがひとつ。また、電気めっきの発明により、比較的安価な銀をテーブルにめっきし、新しいダイスタンプ法［雌型と雄型とを用いて，文字や模様を浮き出させる技法］を用いた精巧な装飾が可能になった。新しい食器類にはモノグラムや紋章だけでなく、鳥や花など自然をモチーフとする刻印も見られた。こうした要因とアメリカの戦後の繁栄とが相まって、以前なら銀器を所有し、ましてや先祖から受け継ぐことなど想像もできなかった家でも銀器の購入が可能になったのだ。ただし、その正しい使い方を学ぶ必要があった。

アメリカでは、幸運な新婚夫婦への結婚祝いに銀器を贈ることもあった。ウィリアム・C・コナントは『スクリブナーズ・マンスリー』誌１８７４年12月号でこう書いている。

今では結婚祝いという慣習は普遍的になり、新婚生活は本物の銀器――少なくともスプーン、フォーク、バターナイフ、果物用ナイフ、パイを切り分けるナイフ、魚用ナイフ、ナプキンリング、その他細々したものとともに幕を開ける。[42]

もちろん、そのような銀器は多くの人にとってまだ手の届かないものだったが、裕福な人々にとっては多くの選択肢があった。たとえば、何世紀もの間気取った道具で不信心の象徴と考えられていたフォークは、今では量産されていた。サラダ、肉、魚、サクランボ、イワシ、オリーブ、牡蠣など、それ専用にデザインされたフォークが登場したのだ。ナイフも同様で、バターナイフ、ディナーナイフ、魚用ナイフ、果物用ナイフ、デザートやケーキ用のナイフなどが入手できるようになった。[43]

スープスプーンも1種類というわけにはいかない。ブイヨンスープには小さなもの、クリームスープには大きなスープスプーンが必要だ。コーヒー、紅茶、チョコレート用のスプーンの他、紅茶缶用のスプーン、クリーム用の柄杓《ひしゃく》、ベリー用スプーン、ブランマンジェ用スプーン、砂糖用スプーン、それ以外にもまだまだある。銀器を扱うトール社は、ジョージ王朝風の模様を施した19種類のスプーンと17種類の給仕用スプーンを販売した。銀器一式をそろえるとその数は131で、12人分のセットでは全部で188にものぼった。[44]

アイスクリームだけでも、通常のへらから凝った装飾のものやナイフなどの給仕用セットが必要だった。食べるときには先がシャベルのように丸い形のスプーンやフォークのように尖ったスプーン、またはアイスクリーム用のフォークが用いられる。アイスクリームをすくう給仕用の器具は20世紀末に発明されたが、基本的には家庭ではなくプロの厨房で用いられた。

「銀の時代」と題した記事で、コナントはあるダイニングテーブルのすばらしさを詳細に記している。食事が進み、デザートコースが運ばれたときのことだ。

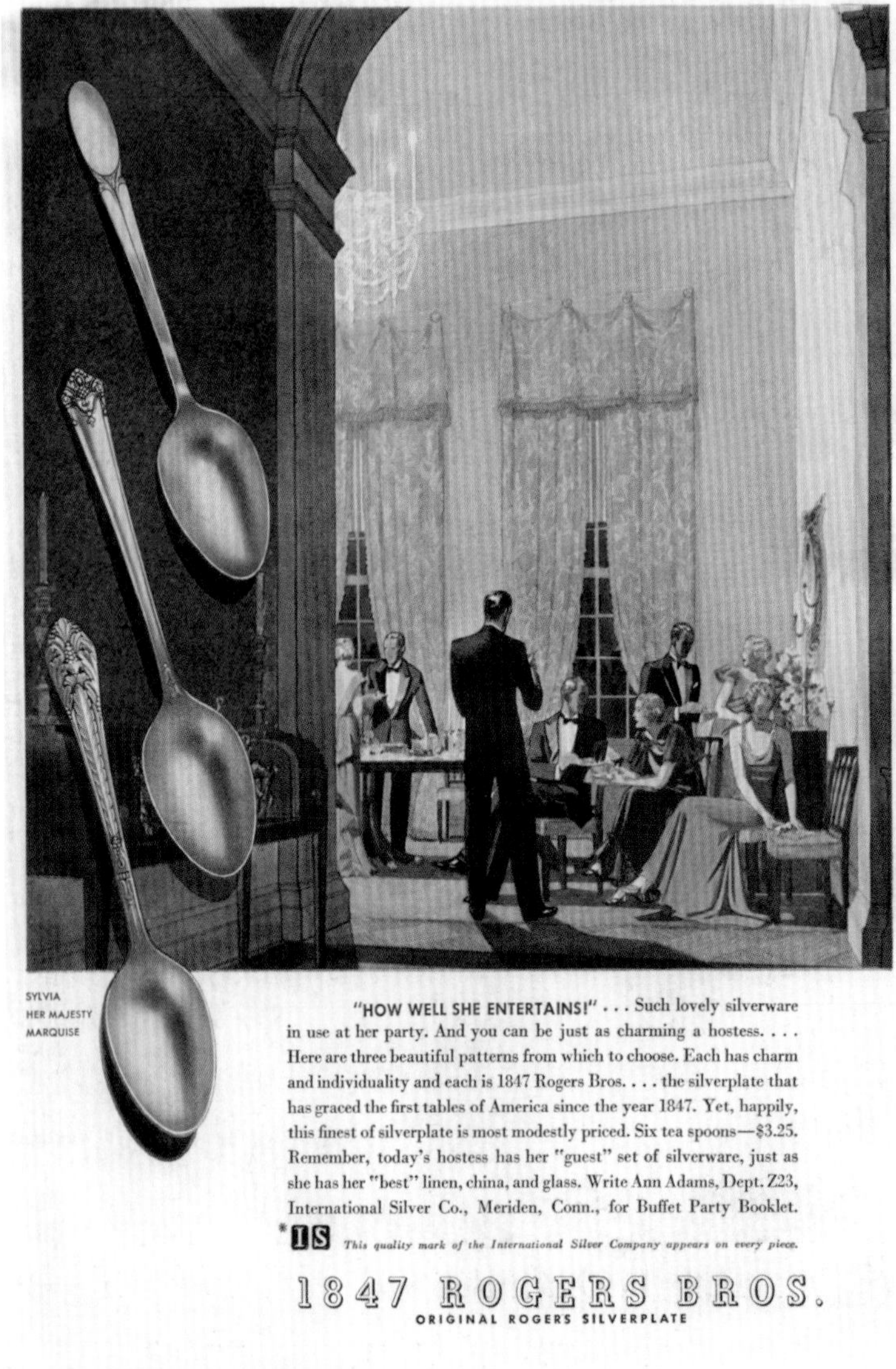
SYLVIA
HER MAJESTY
MARQUISE
"HOW WELL SHE ENTERTAINS!" . . . Such lovely silverware in use at her party. And you can be just as charming a hostess. . . . Here are three beautiful patterns from which to choose. Each has charm and individuality and each is 1847 Rogers Bros. . . . the silverplate that has graced the first tables of America since the year 1847. Yet, happily, this finest of silverplate is most modestly priced. Six tea spoons—$3.25. Remember, today's hostess has her "guest" set of silverware, just as she has her "best" linen, china, and glass. Write Ann Adams, Dept. Z23, International Silver Co., Meriden, Conn., for Buffet Party Booklet.
*IS This quality mark of the International Silver Company appears on every piece.
1847 ROGERS BROS.
ORIGINAL ROGERS SILVERPLATE

上流階級の女性たちは、ロジャーズ・ブラザーズ社の銀器で客をもてなした。

高く盛られたアイスクリームは、溶けないよう北極の景色が彫られた巨大な銀のスタンドに配され、その下には先の尖ったアイスクリーム用スプーン、幅広のミラートレイと艶消しされた小皿の数々が並んでいる。フルーツアイス用には同じような模様の大きな器と、それに合う皿。ケーキとボンボンは低い脚つきの装飾がかったコンポティエという大皿に置かれ、銀製のケーキ用ナイフには切れ味鋭い刃の反対側に細かい歯がついていた。これならケーキを切っても表面のアイシングが砕けることはない。[45]

コナントは果物鉢を「ハバナと北の果樹園から届いた大きな黄色い果物」が積まれた「妖精の船」に例え、旧約聖書の言葉を引用して「銀の彫り物にはめた金のりんご」と呼んだ。描写はさらに続く。

濃いコーヒーとともに美しいデザートを楽しむためのスプーン、ナイフ、ナッツ刺しはもちろん、葉巻を順にまわし、火をつけ、灰を落とすための小物にいたるまで、すべてが銀と金の繊細な宝石だ。[46]

1855年頃のふるい用スプーン。食事の際にこれを使って果物やプディングに砂糖を振りかけた。

もちろんコナントの描写は一般的なものではなく、すべてのテーブルが銀製品やアイスクリームの塔で飾られていたわけではない。だが、19世紀の最後の数年間、ほとんどの国で——それが一般の家でも、大邸宅でも、レストランやホテルでも——食事がデザートで締めくくられていたのは確かだ。デザートと一口に言ってもって場合によってケーキ、アイスクリーム、プディング、パイ、あるいはビスケットと果物という簡単なものだったかもしれない。とにかく、特別な機会に限らず、家庭の夕食から正式な晩餐まで、食事の最後にデザートが出ることはすでに当たり前になっていた。

# 第6章　変化は永遠に

20世紀初め、ヴィクトリア朝時代の形式重視の風潮がエドワード朝の軽妙洒脱でスピード感あふれるものに取って代わられると、あらゆる階層の人々に新たな自由がもたらされた。電車、汽船、自動車の速度はかつてないほど増し、食事のスタイルも急速に変化する。また芸術家、建築家、デザイナーは新しいスタイルを構築し、家、家具、銀製品、衣類に変化をもたらしていた。ヴァルター・グロピウス、ルートヴィヒ・ミース・ファン・デル・ローエ、ル・コルビュジエなどの建築家が生み出したのはその建築物だけに留まらない。彼らが設計した家は、そこに住む人々の生き方や理想にも影響や刺激を与えたのだ。バウハウス［1919年にドイツのヴァイマルに設立された総合美術学校］の建築技術を用いた家の食堂では、複雑なテーブルセッティングや華やかな銀器、複数のコース料理は時代錯誤に映った。

銀器を買う余裕のある人々ですら、『スクリブナーズ・マンスリー』誌が名づけた「銀の時代」のこれ見よがしな華やかさを過剰に思い始めていた。1925年、当時アメリカ商務長官だったハーバート・フーヴァーは、どの新しい食事形式にも対応できる、ひとりあたりに必要な銀器の上限55品のリストを推奨し、スターリング銀製品工業協会がこれを導入する。[1] だが、その頃には多くの家庭がすでに新しいスタイルに適応し始めていた。第一次世界大戦直後に、社会的慣習の権威とされるある人物はこんな表現をしている。

中世と同じく、現代でもウエハースとワインはディナーの最高の締めくくりだ。

「堅苦しさは大声で脇に押しやられた」[2]

戦争だけでなく、女性の参政権、ハリウッド、ジャズ・エイジ、禁酒法が、さまざまな基準緩和に影響を与えたとして非難または称賛された。歴史家のアーサー・M・シュレジンジャーによれば、「アメリカの古く厳格な決まり事は、経済成長および旧世界の貴族的慣習を模倣した新世界のしきたりによって維持されていた」。彼はさまざまな変化を研究した著書『作法を学ぶ――アメリカのマナー本の歴史的研究 *Learning How to Behave: A Historical Study of American Etiquette Books*』のなかで「誰もがその決まり事に従ったわけではない」と説明している。だが、国民の大半は少なくともその存在を認識していた。シュレジンジャーは、禁酒法は「禁断の果実の原則により施行され、飲酒習慣が予想外の方向に広がった」とし、自動車は「男女の気軽な交際を助長し」、ラジオは「辺境の最たる地に、刻々と変わる都会の流儀と考えを知らしめた」

と解釈していた。こうした社会状況はすべて新しい価値観を広めるのに役立つことになる。[3]

イングランドでは、第一次世界大戦前の作法と食事の複雑な決まりはますます時代遅れで古臭いと捉えられるようになった。多くの人々が、そして皇太子ですら、複数のコースが提供される堅苦しい正式な晩餐を時間の無駄で退屈だと考えるようになったのだ。ある王室使用人が書いた伝記には、皇太子（後のエドワード7世）の晩餐はこれまでより短くなったと書いてある。より速く、より現代的なスタイルで食事をしたいと考えたのは、皇太子だけではなかった。[4]

他の多くの人々の間でも、古いスタイルはもはや廃れ始めていた。戦争中、イングランドの広大な敷地を持つ地主のなかには、不幸にも息子や相続人を失った人々がいた。また、かつては家政に従事していた使用人たちも出征したり、個人の邸宅より会社や工場で働くことを選んだりして屋敷を去った。こうして地主の息子が地所を管理することも、使用人がそこで働くこともなくなり、多くの人は以前よりも質素な生活を送ることを余儀なくされる。

レディ・アグネス・ジキルは当時彼女が属していた階級の典型とも言える人物だ。スコットランドの貴族で屋敷の女主人として有名だった彼女は、第一次世界大戦中に救護活動の功績によって大英帝国勲章を授与されている。後に、食べものともてなしに関する一連のコラムを書き、それを編集したものが1922年に『台所の随筆 *Kitchen Essays*』として出版された。ウィットと想像力に富む、時代に即したこのエッセイには、少ない使用人と資金でどうにか対処し、新しいやり方で家を切り盛りするためのアドバイスが書かれている。彼女自身、客を迎えた際にデザートとしてアメリカのシリアルをふるまうこともあった。

アプリコットのピューレ（ライスパフを添えて）

一晩水につけた良質のドライ・アプリコット1ポンド［約450グラム］を煮込む。やわらかくなったら、小さな缶入りの皮を剥いたアプリコットを加え、再び煮て甘みを足す。シロップが減ったら針金製のふるいで漉し、浅いガラスのボウルに入れる。ある程度泡立てたクリーム［約6ペンス分］で全体を薄く覆い、飾りとしてきざんだピスタチオ数個分を振りかけてもよい。オーブンでかりっと焼いたアメリカのシリアル「ライスパフ」をガラス製のボウルに入れて客にまわし、好みでアプリコットのピューレにふりかけてもらう。この菓子は休日の昼食会や日曜日の夕食にも適している。5〜6人分。[5]

スープの後には当然魚料理のコースというようにこれまでのしきたりを守るべきだという意見もあったが、礼儀作法の権威として知られるアメリカのエミリー・ポストは1937年にこんな文章を書いた。

戦時中、肉はほんのわずかしかなく、あらゆる食べものが著しく減ったことに誰もが慣れたためだろうか。もちろん、単に祖父母世代までほっそりした体型を望むという虚栄心が影響しているのかもしれない。理由がなんであれ、ともかく昨今は食卓に並ぶ品数がめっきり減った。非常に裕福で、ずらりと居並ぶ使用人がいる大豪邸の住人ですら、家族のみまたはごく普通の食欲を持つ親しい友人たちとテーブルを囲む場合に用意されるコースは、3つか多くても4つまでだ。[6]

ポストは、どのフォークを使うかを気にする必要はないとすら述べている。「どの道具を選ぶかということはまったく重要ではない。社会的地位の高い人はそんなことなど気にもしていない」[7]。最初に『社会、仕事、政治、家庭でのエチケット *Etiquette in Society, in Business, in Politics, and at Home*』という題名で1922年に出版され、その後『エチケット——社会的慣習の教科書 *Etiquette: The Blue Book of Social Usage*』と改題されたポストの著書は、存命中に10版、90刷を重ねた。彼女はまた、いくつもの新聞にコラムを書き、自身のラジオ番組も持っていた。ポストのもとには何千人もの読者と聴視者からの感想や質問が届き、彼女はその声にきちんと耳を傾け、回答した。その結果、ポストは世間の優れた指標となった。彼女は人々の生活の変化に敏感で、『エチケット——社会的慣習の教科書』が版を重ねるごとに、変化する慣習を反映した決まり事を取り入れている。著書では言及されていないが、当時は世界的大恐慌の時代でもあり、望むと望まざるとにかかわらず、多くの人々が食料を始めあらゆる支出を抑えることを余儀なくされた。

使用人がいる家庭は減ったが、女性たちの「客をもてなしたい」という気持ちに変わりはないとポストは知り、そうした女性たちに向けた方法を提案する。ポストは彼女たちを「ひとり3役夫人」と呼んだ。料理人、給仕係、そして「冷静で泰然として見える女主人」を同時にこなさなくてはならないからだ。ポストはビュッフェ式の食事会を勧め、想定外の客が来た場合に備えて紙皿、カップ、ナプキンを手元に置いておくことを勧めた。[8]ただし、フォークや形式にこだわらないとは言え、ポストがなんでも許容したわけではない。歌手コール・ポーターの曲「なんでもありさ（Anything goes）」とはいかなかった。彼女はデザートに適した料理やフランス人シェフについて、明確な見解を持っていた。

> 口うるさい面々は「デザートとは、アイスの後に出される果物と砂糖菓子のことだ」と言う。「アイス」という言葉は誤解を招きやすい。現代ではデザートのアイスはアイスクリームで、小さな多くの氷のかけらを意味するアイスではない。そして、食事の最後に出るアイスクリームやケーキなどの「甘いもの」を「デザート」と見なさないとなれば、少なくとも現在の基準や社会の解釈からは外れること

伝統的なアイスクリームとウエハースの組み合わせ。カクテルグラスに盛る方法は近年の流行だ。

になる。「デザート」という語の生みの親であるフランスでは「アイス」はデザートと一線を画していたが、それはフランス人シェフが食事を種類ごとに個別のコースとして設定することを好むからだ。しかし、このようなシェフや料理書に反して、デザートとは食事の最後に来る甘いものすべてを意味する。そしてすばらしいアメリカのデザートと言えばアイスクリーム、またはパイだ。ただし、パイは「客にふるまう」デザートではない。一方、アイスクリームは正式な食事会に供されて当然のデザートだ。[9]

同書の1922年版では、この部分は次のように締めくくられている。「小さじの2倍の大きさのスプーンはデザートスプーンという以外に呼び名がないという事実は、『デザート』が『指』ではなく『スプーン』を使って食べるべきものだというさらなる証明である」[10]。1937年版では、ポストはスプーンに関する記述を削除した。

## ◉冷やし続けよ

ポストがアイスクリームの必然性を説いていた頃、冷蔵庫を買う余裕のある人はほとんどいなかった。1920年代初頭のアメリカでは、自動車のモデル、Tフォードの価格は300ドル、年間世帯収入は平均2000ドル、そして冷蔵庫の価格は約900ドルだ。より手頃な価格の冷蔵庫が大量生産されるようになったのは、第二次世界大戦後だった。また、イギリスでは1960年代まで大半の家庭には冷蔵庫がなかった。それ以前はアイスボックス（紛らわしいことに、この語はしばしば冷蔵庫の意味でも使われていた）を使うか、涼しい貯蔵室で食料を冷やしていたのだ。ひどく寒い時期には、都会に住む人々はアイスクリームなどの食べものを非常階段に保管し、田舎では裏口に置くか裏庭の雪の中に埋めていた。

この1870年のアイスボックスの広告には「冷蔵庫」という言葉が使われている。

『料理の楽しみ *Joy of Cooking*』1975年版で、著者イルマ・S・ロンバウアーは幼い頃家で型につめたアイスクリームを保存した冬の情景を次のように語っている。「私たち子供は、裏庭でアイスクリームを雪に埋めて冷やすのをいつも心待ちにしていた。埋めたアイスクリームを探すのは、どれだけ楽しかったことだろう！」[11]

冷蔵庫メーカーは、この新しい機械にお金を投じる価値があると一般家庭に思わせなければならないと実感した。ゼネラル・エレクトリック社が1927年に発行した料理書の見出しのひとつに「なぜ冷蔵庫が必要？」というものがある。この項目では、アイスクリームや他の食料を凍らせるだけでなく、病人に使う氷のうを作るためにも冷蔵庫は必要だと書かれている。もっとも、初期の冷蔵庫の冷凍室には角氷トレイがひとつしか入らないほど小さかったのだが。この冊子を書いたのは、ファーマー料理学校の校長および

『ウーマンズ・ホーム・コンパニオン』誌の料理編集者でもあったアリス・ブラッドリー女史だとされている。彼女は冷蔵庫の実用性について、率直にこう記した。

この本を編集している現在、電気冷蔵庫は発明されて間もなく、その有用性についてはまだ判断できる段階ではない。わかっているのは、氷で食料を冷やすアイスボックスに比べれば大幅に改善されたということだ。この新しい電気冷蔵庫が家庭でどのように役立つかは、購入した人々の判断に委ねられる。[12]

冷蔵庫の価格が下がり、より多くの人が購入できるようになると、人々は料理書のレシピやメーカーの小冊子によって冷蔵庫の役立て方を知ることになった。当時のレシピには冷蔵庫を利用したクッキーや生地、ロールケーキ、ケーキその他多くの種類が含まれている。冷蔵庫を買う余裕がある幸運な人々はこうした料理を作り、冷蔵庫の威光を見せつけた。女主人は製氷皿で果物や花を凍らせたが、これは図らずも17世紀のテーブルを飾った人目を引く氷のピラミッドにわずかに似ている。冷凍サラダ、冷凍チーズ、さらに目に楽しい冷凍ムースとパフェの時代が到来した。イギリス人作家エリザベス・デイヴィッドは次のように書いている。

この時代のイングランドでは、冷蔵庫を所有するのはかなり斬新なことだった。〔中略〕1930年代は、如才ない女主人がこの斬新さを誇示するためだけに、氷で冷やした料理や凍らせた料理を大量に供した時代だ。[13]

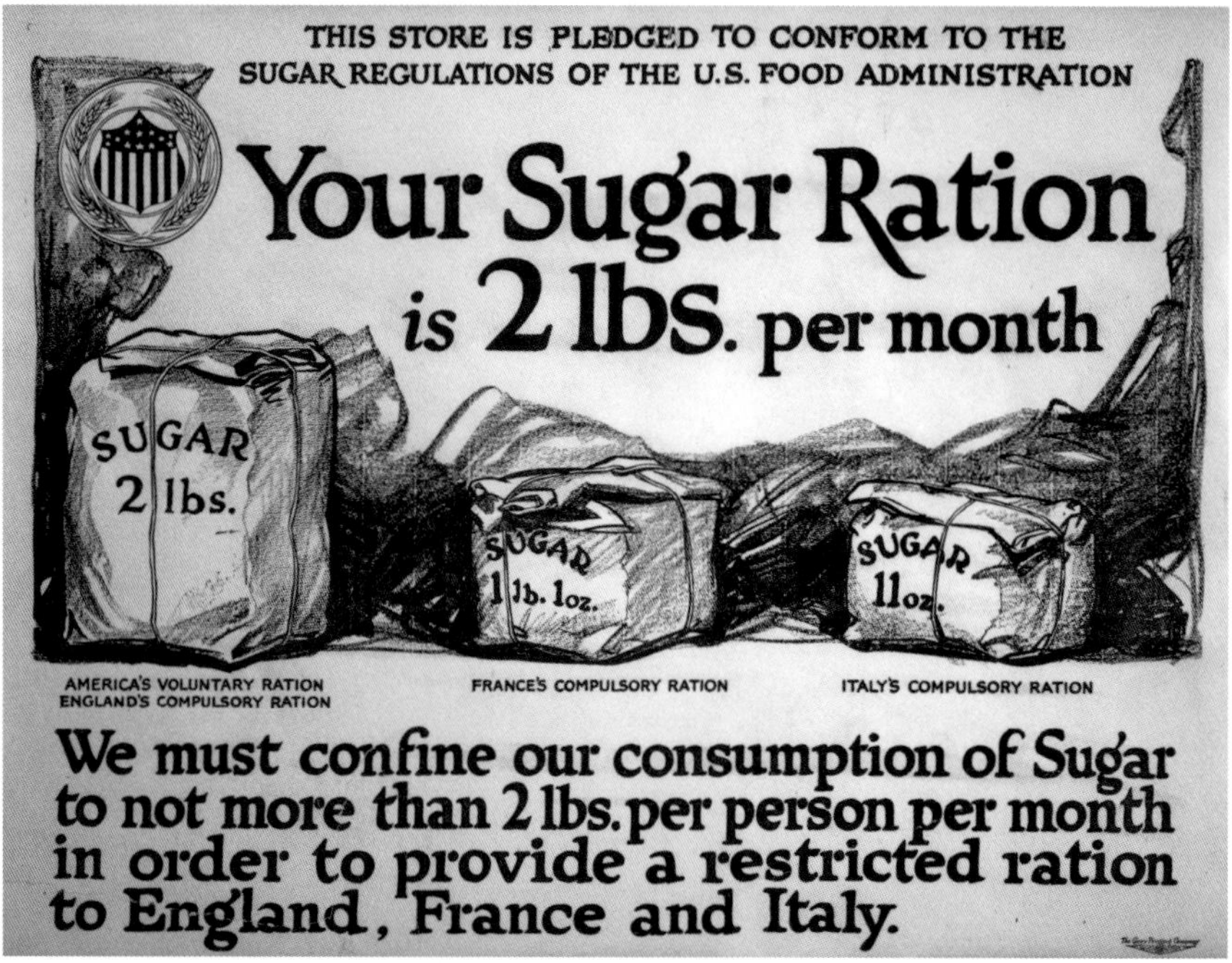
THIS STORE IS PLEDGED TO CONFORM TO THE
SUGAR REGULATIONS OF THE U.S. FOOD ADMINISTRATION
Your Sugar Ration
is 2 lbs. per month
SUGAR
2 lbs.
SUGAR
1 lb. 1oz.
SUGAR
11oz.
AMERICA'S VOLUNTARY RATION
ENGLAND'S COMPULSORY RATION
FRANCE'S COMPULSORY RATION
ITALY'S COMPULSORY RATION
We must confine our consumption of Sugar
to not more than 2 lbs. per person per month
in order to provide a restricted ration
to England, France and Italy.

アメリカ人は第一次世界大戦中、砂糖の使用が大きく制限されていたイングランド、フランス、イタリアの人々のために自発的に使用を控えるよう求められた。

## ◉戦時中のデザート

戦時中、特に第二次世界大戦中と戦後のデザートについて話すのは意味がないと思われるかもしれない。だが、こうした困難な時期には実物であれ記憶のなかであれ、ほんの少しの甘みがとてもよろこばれた。作家で美術品蒐集家でもあったガートルード・スタインとパートナーのアリス・B・トクラスは戦争中フランスに住んでいて、トクラスは後にふたりが食べたものと食べられなかったものについてレシピつきの回顧録を書いた。彼女たちがパリからフランス北東部のブリニーに移ったのはドイツ占領時代。トクラスいわく、ふたりはそこで「過去を支えに生きていた」。幸運なことに住まいには菜園と地下のワイン貯蔵室があったが、バター、牛乳、卵は手に入らな

7年におよぶ配給期間が終わり、ロンドンの子供たちはようやく甘いものを食べられるようになった。

ふわふわした軽いマシュマロ。第二次世界大戦中に砂糖が配給制だったアメリカで、多くのデザートの甘味料として使われた。

かった。トクラスはデザート用のラズベリーゼリーを使ってフラメリーらしきものを作ったときのことを、次のように説明している。「フラメリーはクリームを強く望んでいた。私たちもだ[14]」

こうした時期を過ごせば、お気に入りのデザートを作れる日がいっそう待ち遠しくなる。トクラスは、1940年に手に入れたレーズン、シトロンの砂糖漬け、パイナップル、サクランボ、オレンジとレモンの皮をつめた2本のガラス瓶を大切にしていた。解放の日を祝うフルーツケーキを作るときのためにとっているのだ、として「この2本の瓶は、まずます陰うつになる1944年の冬と早春の日々をおおいに活気づけてくれた」と書いている。[15] ドイツ軍兵士がブリニーの家に滞在したとき、トクラスはシーツ類を収納する棚に瓶を隠したという。兵士たちが去り、フランスが解放されるとすぐに彼女はケーキを作った。

1954年、トクラスは『アリス・B・トクラスの料理読本――ガートルード・スタインのパリの食卓』〔高橋雄一郎・金関いな訳/集英社〕で「今でもフランスの食べものは昔の基準には戻っていない」と述べている。[16] 同年イングランドでは配給が終了し、その後数年間は食料の種類によっては不足が続いた。ヨーロッパやイングランドに比べると、アメリカ人は配給や食料不足にはほぼ縁がなかった。砂糖は配給だったが、コーンシロップ、ハチミツ、糖蜜、メープルシロップ、ゼリーなどの代用品は普通に手に入る。食品メーカーや家庭の料理人はマシュマロを甘味料に使用した。マシュマロを溶かし、無糖練乳と混ぜてマーロベット、マロベット、またはマーロウと呼ばれる冷凍のデザートも作ったし、サラダからプディングまで、なんにでもマシュマロを加えた。

大恐慌とふたつの戦争は、当時だけでなくその後のアメリカ人のケーキの焼き方にも影響を与えた。次のフルーツケーキのレシピは、長年にわたって焼かれ、手を加えられ、共有されてきたものだ。マサチューセッツ州レキシントンに住んでいた作家で教育者のドリス・ラック・プーレンは、大恐慌による倹約生活や戦時中の配給が終了してからも家族や友人のためにこのケーキを作っていた。彼女が友人に教えたこのレシピには、ケーキの起源や品質を保つための覚え書きも記されている。

### ドリスのフルーツケーキ

これは、第一次世界大戦時代に作っていた卵、バター、牛乳なしのケーキを、休日に楽しむフルーツケーキにアレンジしたものだ。もともと(砂糖漬けの果物なしの)素朴なスパイスケーキだったので、伝統的なフルーツケーキとは違う部分もある。「アルコール」はブランデーでもラム酒でもよく、ケーキが冷めてから好きな量を塗ればよい。そうすることで新年までケーキがもっと昔から言われている。

15分煮込む――レーズン1ポンド［約450グラム］
水　2カップ
追加――重曹　小さじ1杯
冷やした水　1カップ
マーガリン　1/4ポンド［約110グラム］
砂糖　2カップ
クローブ、シナモン、ナツメグ、塩　各小さじ1杯
混ぜながら加える――小麦粉4カップ、果物1瓶分［約1ポンド］
ナッツ類（あれば）
型とオーブンのサイズに応じて、180℃で45～60分焼く。
小さなローフパン［細長く深い直方体の型］5つ分。
必要に応じて、冷めてからアルコールを表面に塗る。

M・F・K・フィッシャーは、食にまつわる文学的かつ官能的な文章で知られるアメリカの作家で、1942年初版の『オオカミの調理法 *How to Cook a Wolf*』には「驚くほどおいしい」戦時中のケーキ［限られた材料で作られたケーキ］のレシピが掲載されている。このケーキには半カップのショートニングが必要だが、フィッシャーによればベーコンの油でも代用でき、臭みはスパイスが消してくれるということだ。また、きざんだレーズンか他のドライフルーツと合わせて、シナモンや「クローブ、メース、ジンジャーなど」を加えることを提案した。中世に供されていたであろう、こんなデザートも紹介している。

殻つきのクルミをいくつか炒って熱いうちに食べよう。冷やした新鮮なリンゴと、できればコップ1杯のワインを添えて。楽しい会話を引き出す、この世で最良のデザートになる。[17]

戦時中、アイスクリームの製造はイギリスとイタリアで禁止されていたが、アメリカでは製造会社の陳情活動が功を奏して主要食品と認められた。その結果、アイスクリームは愛国心の象徴となり、海外では軍隊の士気を高めるのに役立った。ただし、戦時下とあって製造会社はいくつかの譲歩を迫られる。一部の原料が不足していたことと、包装と人員の削減のため、フレーバーの種類を少なくして大量生産しなければならなかった。また、乳脂肪の含有量を約14パーセントから10パーセントに引き下げ、配給用の砂糖の代わりにコーンシロップを使った。こうして作られたアイスクリームには本来の豊かな風味はなかったが、戦時中のアイスクリームの消費量は増加している。1940年、アメリカ人はひとりあたり10クォート［9・5リットル］を超えるアイスクリームを、1945年にはほぼ17クォート［16リットル］を消費した。そのわずか1年後の消費量は、20クォート［18・9リットル］をわずかに上まわっている。[18] 一部の原料の代用や削減は戦後も続いた。物資不足や配給制度とは関係なく、乳脂肪を減らし、空気を多く含んだアイスクリームのほうが利益を生んだからだ。1960年代、スーパープレミアムと呼ばれる乳脂肪含有率の高いアイスクリームが発売される。これは基本的に戦前と同じ用法で作られたものに新しいラベルをつけただけだが、市場に出ると飛ぶように売れた。

## ●時代はゼリーへ

色鮮やかでぷるぷると揺れるゼリーは子供たちを楽しませ、果物やクリームと合わせると軽やかなデザートになり、またババロア、ムース、冷たいスフレなど優雅な料理に華を添える。芸術家はゼラチンで彫刻

20世紀初めには、ゼリーは昔のように見栄えのするデザートというより手軽に安く作れるものになった。

を作り、教師はフィンガーペイント用の絵の具の材料に使い、なかにはゼリーまみれでレスリングをする人までいる。だが19世紀まではイギリスでもアメリカでも、手頃な価格の使いやすいゼラチンシートや粉末ゼラチンは販売されていなかった。最も初期のものは信頼性が低く人気もなかったが、粉末ゼラチンに砂糖と果物のフレーバーを加えて改良したことで広く受け入れられるようになる。1902年、ジェロというブランドは「アメリカで最も有名なデザート」という謳い文句でゼリーを宣伝した。

第二次世界大戦中、アメリカではゼラチンを使用したデザートは特に珍重された。というのも、砂糖と違ってゼラチンは配給物ではなかったからだ。最も人気のあったブランド、ジェロは自社製の甘い料理と辛い料理を掲載した小冊子『戦時中に心が明るくなる食事——配給食品を利用した66のレシピ *Bright Spots for Wartime Meals: 66 Ration-wise Recipes*』を配布し、戦時下での販売に対応しようとした。やがて、ジェロを所有するゼネラル・フーズ社も砂糖が配給制になったために生産削減を余儀なくされ、アメリカの食料品店の棚からはジェロのパッケージが減っていく。だが、同社はピンチをチャンスに変え、ユーモアたっぷりの広告を打った。その一部はニューヨーク出身の漫画家ヘレン・ホキンソンによるもので、ジェロ製品が減ったことに要領よく対処する女性たちのようすが描かれている。[19]

## ◉手早く簡単に

戦後のヨーロッパでは食糧不足が続いていたため、食品業界はアメリカの女性をターゲットに、ケーキを始めとするデザートのミックス製品を販売し始めた。ミックス製品は手早くて簡単、時間の節約になる忙しい主婦のための優れもの、と広告には謳われている。たしかに女性たちは忙しかった。その多くは外で働き、専業主婦もポストが以前例えたように「ひとり3役夫人」の役割をいまだに担っていたのだ。さらに重要なのは、ミックス製品がゼネラル・ミルズ、ゼネラル・フーズ、ピルズベリーなど、製粉に携わ

果物とミス・ジョーンズのケーキミックスで作ったショートケーキ。

る企業の頼みの綱だったことだ。自宅でパンを焼く女性の数は減っており、業界は小麦粉の売り上げ減少を補う必要があった。この問題を解決するために、ケーキ、マフィン、その他のミックス製品の宣伝が促進されたのだ。

ミックス製品を使うのは手抜きだと罪悪感を覚える女性もいたので、業界はこの製品を使ったさまざまな調理法を紹介した。以前ゼラチン会社がしたように、パンフレットや料理書、雑誌、新聞に加え、商品パッケージにもレシピを載せた。手作りしたという実感を味わってもらうために卵を使うレシピもあったが、この時代を総合的に研究した『オーブンで料理――1950年代アメリカの食事の再構築 *Something from the Oven: Reinventing Dinner in 1950s America*』で著者ローラ・シャピロが指摘したように、乾燥卵を使ったミックス製品も同様に人気があった。「創意工夫とは、箱を開けたら中身が本物の料理になる妖精の粉のこと」とシャピロは述べている。[20] 産業レシピに従えば素朴なケーキが魔法にかかり、家庭の主婦でも自信を持ってテーブルに出せる魅力的なデザートに変わる。既成のミックス製品だけで作った素朴な黄色いケーキをふるまうのに抵抗があるなら、店で買ったアイスクリームの上にケーキを載せ、自家製メレンゲで覆ってオーブンで焼けばいい。少しの手間で立派なベイクド・アラスカになる。

もっとも、すべての人が四六時中ミックス製品を利用したがったわけではない。『ボストン・グローブ』紙の「内緒ばなし」コーナーなど、各新聞にレシピや意見を投稿するタイプの女性は、デザートを自分で一から作ることに誇りを持っていた。「内緒ばなし」は、1884年に始まった「主婦のコラム」が1922年に改題されたものだ。2006年1月に打ち切られるまで、最も初期のクラウドソーシングとも言えるこのコーナーでは男女を問わず（ただし女性が圧倒的に多かった）あらゆる関心事が共有され、人間関係に関する助言が与えられる場だったが、なかでも多かったのはレシピの記事だ。女性たちは夫のお気に入りのブラウニー、子供のための特別なバースデーケーキ、母親から受け継いだパイのレシピを書き送った。また、コーナー内でリクエストされたものに別の読者が応えることもあり、チーズなしのチーズケーキから「グラム・リンチのガムドロップケーキ」まで、あらゆるレシピが掲載された。[21] 彼女たちはミックス製品を使うこともあったが、やはり一からデザートを手作りするほうを好んだ。

1960年に出版された『室内や庭で食べるデザートレシピ *The Better Homes and Gardens Dessert Cook Book*』には、ミックス製品を使ったデザートにも完全な手作りにも、そしてほぼすべての状況にも対応できるさまざまなレシピが掲載されている。たとえばアップルダンプリング［小さく焼き上げたアップルパイの一種］やレモンメレンゲパイなど家庭的なデザートのレシピもあれば、パイ皮を使った菓子、シュー生地、古典的なナポレオンパイの詳細なレシピなど「フランスのパティシエが生み出す究極の芸術！」もあった。[22] また、缶や箱入りの食品「1－2－3デザート」も取り上げ、これを使えば「一歩先を行く」ことができ

インスタントのプディングミックスで、誰でも豪華なレモンパイを作ることができる。

きると紹介している。「グラマラス・コーヒートフィー・トルテ」は天使のケーキのミックス粉、チョコレートプディングのミックス粉、インスタントコーヒー、イングリッシュタフィーバー、ホイップクリームで作られた。[23] インスタントのプディングは牛乳の代わりにパイナップルやアプリコットジュースで風味づけされ、ホイップクリームを加えて混ぜれば「あっという間に」でき上がるデザートだ。[24] 店で買ったアイスクリームは、凍らせた果物、マシュマロ、チョコレートチップ、コーンフレークで飾りつけられた。

長い間、ケーキミックスやそのまま食べられる加工食品に大きな変化はなく、遠い過去に根差したまま揺らぐことはないかに思われた。だが、21世紀初めに新しいミックス製品が登場する。グルテンフリーのものや、コーンシロップ、大豆、乳製品を含まないもの、非遺伝子組み換え製品も出た。要するに、手早く簡単なのは歓迎だが、人工香料や発音できないほどややこし

抹茶とケーキミックスで作った小さなケーキ

い名前の化学物質が入っている焼き菓子は食べたくない、という若者向けの商品だ。かつて消費者が手作り感を味わえるようにという目的で作られていたインスタント製品にも新たな材料が加わり、また創意工夫という妖精の粉の側面も強まっている。イマキュレート・ベーキング社は、卵、牛乳、バターを家庭で追加するミックス製品を「スクラッチベーキングミックス」と名づけた。また、同社のウェブサイトでは、ケーキミックスを「イージー・チョコレート・ガナッシュ・ズッキーニケーキ」や「スモア・ファッジ・ブラウニー」などのデザートに変身させる方法を紹介している。[25] ２０１４年に設立されたミス・ジョーンズ・ベーキング社はケーキミックスとすぐに使えるアイシングを生産し、どちらもオーガニック認定を受けた。同社はウェブサイトに「ロゼ・オール・デイケーキ」「小型のネグローニケーキの砂糖がけ」「抹茶ケーキ」などのレシピを掲載し、自社製品で作ったデザートをソーシャルメディアにあげるよう消費者に呼びかけている。[26]

## ◉フランスの革命

1960年代、シェフで作家のジュリア・チャイルドは著書、新聞のコラム、テレビ番組を通じて、料理は――フランス料理でさえ――楽しみながら作ることができるとアメリカ人に示した。1961年に出版された最初の本『フランス料理の技を習得する方法 *Mastering the Art of French Cooking*』の序文で、彼女は次のように書いている。

これは使用人を持たないアメリカ人のための本です。予算やウエストのサイズ、スケジュール、子供の食事、母親兼子供の運転手という役割、その他おいしいものを作る楽しみに水を差すあれこれを気にかけずに料理をしましょう。[27]

チャイルドの本が出版されたのは『室内や庭で食べるデザートレシピ』のわずか1年後だ。だがチャイルドの本ではミックス製品を使わず、調理に時間がかかることを認めたうえで、手早く簡単なレシピではなく味を保証できる料理のレシピを掲載した。デザートはチャイルドの専門ではなかったが、チョコレートムース、クレープシュゼット、シバの女王（チョコレートとアーモンドのケーキ）など、フランスの定番デザートが含まれている。その後に出版された本の数々には、さらに多くのレシピが追加された。そのなかには明らかにフランス風とは言えないクリスマス・プラムプディングなどもある。

チャイルドのレシピを利用したかどうかに関係なく、アメリカの人々は彼女の人柄の温かさに影響を受けた。料理愛好家からミックス製品に頼る女性、料理は男性に従う「第二の性」を連想させる事柄であふれていると考えるフェミニストまでが、料理と食事にまつわる考え方についてチャイルドに触発されたのだ。チャイルドはアメリカの人々に、料理を好きになり、食事を楽しんでほしいと望んでいた。『フランス料理の技を習得する方法』の序文を、彼女はこのように締めくくった。「なにより、楽しい時間を過ごしてください[28]」

チャイルドがアメリカ人に伝統的なフランス料理の技術を教えていたのと同じ頃、フランスの料理人たちは伝統を覆してヌーベルキュイジーヌ（新しい料理）を広めていた。これは起こるべくして起こったと言える。1960〜70年代は文化が激変した時代だ。大学生が蜂起し、反戦運動と公民権運動は激化していた。スカートは以前より短くなり、髪は長くなった。若いフランス人シェフも反乱を起こした。ポール・ボキューズ、ジャン・トロワグロとフランソワ・トロワグロ、アラン・シャペル、ロジェ・ヴェルジェなどがこれまでとは違う簡素な料理を作り、彼らに影響を受けてそのスタイルを踏襲する料理人も現れる。料理評論作家のアンリ・ゴーとクリスティアン・ミヨはこの変化を受けて「ヌーベルキュイジーヌ」という語を作り出し、ふたりが創刊したレストランガイドでこの哲学を支持した。ヌーベルキュイジーヌの特徴としては、季節の新鮮な食材、簡潔なメニュー表記、フランスの主力であった小麦粉をベースとしたソースの排除、新しい技術と器具を積極的に取り入れる姿勢などがある。そのなかでも最も重要な特徴のひとつは、日本の影響を受けた、芸術的で目を引く皿の盛りつけだ。ヌーベルキュイジーヌとは大きな皿に盛られたほんのわずかな料理のことだと揶揄《やゆ》されることもあったが、これは19世紀にロシア式サービスが導入されて以来の、料理の表現方法における重要な変化だ。最終的に、ヌーベルキュイジーヌはフランスの国境をはるかに越えて、さまざまな国や地域の料理習慣を変えることになった。

他にも若手のシェフたちの業績は数々あり、そのひとつがメニューに使われる言葉にユーモアを取り入れたことだ。どんな料理名でも熟知していると考えている昔ながらの美食家は、これまでの概念が覆されるような料理名に出会うことになる。たとえば、「クネル」はペースト状にした魚や肉を丸めてゆでた料

ウィリアム・カーリーの現代版モンブラン。アルプスの最高峰にちなんで名づけられた栗とホイップクリームのデザートだ。

理とは限らず、同じような形のアイスクリームを積み重ねたものを指す場合もあった。マーマレードといっても、オレンジではなくタマネギを使った料理かもしれない。ミルフィーユは、おなじみのサクサクしたパイ生地にカスタードクリームを挟んだケーキを意味する場合もあるが、ジャガイモの薄い層を重ねたものかもしれなかった。その結果、メニュー上のあらゆる用語を知っていると自負していた人々は、フランス語のメニューがちんぷんかんぷんな初心者と五十歩百歩になってしまった。新しいメニュー用語が登場したことで、誰もがもっと気楽で庶民的なやり方で学び、質問し、給仕人と会話を交わす必要が生まれたのだ。

デザートも、趣向を凝らしたケーキやペイストリーではなく、地味だが新鮮で、季節の果物を重視したものになった。皿に盛られたデザートは砂糖やチョコレートで美しく飾られることも多かったが、さすがにソイヤーのイノシシを模したケーキのような巨大で奇をてらった料理は姿を消していた。新鮮な桃のスフレ、新鮮なラズベリーを散らせ、たっぷりと皿に注いだ濃厚なラズベリーソースのなかに置かれたバニラアイスクリームのクネル、丸くごく薄いパイ生地を載せた洋ナシのキャラメリゼ——こうした新《ヌーベル》しいデザートは軽やかでたまらなく魅力的だ。シェフのミシェル・ゲラールを紹介した『ニューヨーカー』誌の記事で、作家ジョセフ・ウェクスバーグはパリにあるゲラールのレストラン「ル・ポットフー」で食べたデザートについてこう書いている。

私は通常デザートは食べないのだが〔中略〕一瞬決心が揺らぎ、グラニテ・ド・ショコラ・アメール・エ・ブリオッシュ・ロティーティーを注文した。これは細かく砕いた氷とビターチョコレートのシャーベットで、熱く甘いブリオッシュが添えられている。〔中略〕ゲラールは「胃にもたれませんでしたか？」と尋ねてきた。[29]

この新しいスタイルは、イギリスを始めとするヨーロッパ全土やアメリカ、その他の国々にも広がった。1982年、当時パリの名門ラ・ヴァレンヌ料理学校の校長だったアン・ウィランは、「アメリカではすべての主要都市にヌーベルキュイジーヌのレストランがひとつ以上あり、ミシュランやゴ・エ・ミヨなどのレストランガイドへの掲載を意識しているフランスのレストランや施設は、すべてこの新しいスタイルを取り入れています」と述べている。[30] 1983年に『ナチュラル・ヒストリー』誌に寄稿したアメリカ人作家レイモンド・ソコロフはこう語った。「現代においてこの新しい調理法が成功したことは、動かしようのない事実だ。フランスで勝利を収めたヌーベルキュイジーヌはヨーロッパ全土、アメリカ、そして日本へと広がった」[31]

その影響を受け、アリス・ウォーターズに代表されるニューアメリカンキュイジーヌという調理法が登場する。ウォーターズが経営するカリフォルニアのレストラン「シェ・パニーズ」では新鮮な食材が使われ、香辛料の効いた料理もデザート料理も地元の農家から取り寄せた農作物で作る試みが積極的に行われた。イギリスでは、マルコ・ピエール・ホワイト、ゴードン・ラムゼイ、ファーガス・ヘンダーソンなど新しい流れを汲むシェフが、ヌーベルの技術とアイデアを利用してイギリスの食を変えた。誰もが「ヌーベルキュイジーヌ」という語を使ったわけではないが、多くの人がこのスタイルの要素を取り入れるかアレンジするようになった。豊かな風味と新鮮さが、威厳に満ちた豪華さに勝利したのだ。

## ●遊び心

少なくとも2世紀の間、高級料理の世界はフランスを中心に展開していた。フランスのシェフとパティシエがスタイルと基準を決め、他国の料理人がそれに続いた。歴史を紐解いても、ロシア、イングランド、イタリアの富裕層はフランスの料理人を雇い、フランス料理を食べていた。世界中のレストランのメニューはフランス語で書かれ、ヌーベルキュイジーヌなどの流行もフランスで生まれている。

20世紀終盤になると食の勢力図は変化し、その中心はスペインの人里離れた村にあるレストラン「エル・ブジ」に移った。シェフのフェランとパティシエのアルベルトのアドリア兄弟が、劇的な新しい料理を開拓して普及させたのだ。このレストランの存在が広く知られるきっかけとなったのは2003年、『ニューヨーク・タイムズ・マガジン』のカバーストーリーだった。記事の見出しは「ヌエバ（スペイン語で《新しい》の意）・ヌーベルキュイジーヌ――スペインはいかにして新しいフランスになったか」。シェフで作家のアンソニー・ボーディンはアドリア兄弟の本『エル・ブリの一日』［清宮真理他訳／ファイドン株式会社］

「渦」を意味するシュトゥルーデル。伝統的なリンゴのシュトゥルーデルはペイストリー、リンゴ、シナモン、レーズン、そして香料が渦巻いている。

を見てこう言った。「どこの国のパティシエも、この本を見れば恐怖と畏敬、驚嘆のあまり言葉を失うだろう。私は全世界のパティシエに同情する。〔中略〕彼らはきっとこう自問しているに違いない。『さて、これからどうすればいいのだろう?』」[32]

「エル・ブリ」に代表されるスタイルは「モダニズム料理」「分子ガストロノミー」「構成主義の芸術」「前衛料理」などとも呼ばれ、化学、物理学、料理を組み合わせたメソッドだ。調理器具は科学研究所、食材は食品産業と薬学の技術や知識を取り入れている。この分野のシェフには泡立て器やボウル、天板だけでなく、遠心分離機、脱水機、注射器が必要だ。また、卵、小麦粉、砂糖、バニラビーンズに加えて、アルギン酸ナトリウム、キサンタンガム、ブドウ糖パウダー、タピオカマルトデキストリンなどを使う。クリームを作り、さまざまな焼き方を駆使するとともに、脱水や球状化という技術も身につけている。

バルセロナにあるアイスクリーム店「アモリーノ」。コーンの中でアイスクリームが美しい花びらのように重なり合う。

その結果、食べる者の目をくらませ、舌を驚かせる料理が完成するのだ。
「エル・ブリ」はミシュランの3つ星を獲得した後に再開を約束して2011年に閉店したが、その影響は広がり続けた。イングランドのヘストン・ブルメンタールがオーナーシェフを務める「ファット・ダック」、同じくニューヨークのシェフ、ワイリー・デュフレーネが所有する「WD－50」、シカゴのグラント・アチャッツの「アリネア」、パリのオーナーシェフ、ピエール・ガニェールの名を冠したレストラン、コペンハーゲンのレネ・レゼピの「ノーマ」などもそうした影響を受けたレストランだ。洗練された新しい手法は国や料理を選ばない。書籍、セミナー、大学の講義、そして、特にウェブサイトやブログを通じ、この調理スタイルの情報は世界中に波及している。

この現代のデザートは空想的でいっぷう変わっただまし絵のような傑作で、サンゴの枝から苔むした庭園、ギターのアンプを模したものまである。シェフは3Dプリンターを使って砂糖やチョコレートの彫刻を創作し、果物のフレーバーの泡やココアとミルクを用いた消えない気泡を作り、よく見かけるチョコレートでコーティングしたサクランボの代わりにサクランボで覆われたチョコレートを生み出す。奇想天外なアイスクリームのフレーバーを作るのもシェフお気に入りの遊びのひとつだ。これ自体は新しいものではない。18世紀のイタリアの料理人ヴィンチェンツォ・コラードは、「才能のある菓子職人は野菜をソルベに変えることができる」と書いている。だから、ビートの根、トンカ豆、シソの葉で作ったアイスクリームは特にめずらしいとは言えない。しかしタバコの煙のフレーバーとなるとかなり斬新な試みだ。

液体窒素でアイスクリームを凍らせる手法も今に始まったことではないが、その技術はかつてないほど広範囲に普及している。アグネス・マーシャル夫人は1901年に同じ製法の可能性について言及したが、実際にやってみたかどうかは疑わしい。彼女が示した工程には欠陥があり、完成させるのは無理だと考えられるからだ。ただし、マーシャル夫人はこの手法が可能であることは認識していて、もし実現すれば食

液体窒素を使ってアイスクリームを作る。そのスピードとダイナミックさは見ものだ。

事客はよろこぶだろうと書いた。1世紀後、彼女が正しかったことが証明される。高級レストランのシェフたちはこの技術を用いて特注の「アイスクリーム・ア・ラ・ミニュート（できたてのアイスクリーム）」を作り、客を楽しませた。

液体窒素で凍らせる手法は身近な場所でも使われている。最近、マサチューセッツ州ケンブリッジの若い起業家たちが輸送用コンテナを「チャーン2」というアイスクリーム店に改造した。ここで売られるのは、液体窒素を使用した特注のアイスクリームだ。「チャーン2」はハーバード大学のサイエンスセンターのすぐ外で、大学の許可を得て営業していた。

家庭でこの現代的な方法を用いたデザートを作りたければ、オンラインで道具とレシピを探し、ホイップサイフォン（ホイップクリーム製造機）といくつかの亜酸化窒素キャニスターを購入すれば、宣伝文句にあるように「ケーキミックスを使って電子レンジで約1分、ふわふわのすてきなデザートのでき上がり」となる。

グルコン酸乳酸カルシウム、アルギン酸ナトリウム、シリコン型を購入し、「凍結逆球状化」と呼ばれる技術を用いれば、ニンジン、オレンジ、マンゴーのジュースを卵黄のような形に変え、凍らせた小さなバラの花で囲んでテーブルに出すこともできる。[33] 実験する時間と場所のある人にとっては、可能性は無限大だ。

## ●境界を越えて

誰もがキッチンを化学実験室に変えたいと思っているわけではなく、またすべてのデザートメニューが革新的である必要もない。新しい機器に投資する金銭的余裕のない、または顧客が望んでいるのは最先端のデザートではないとわかっているレストラン経営者もいる。ホテル、ベーカリー、レストランには店ごとに客の好みがあり、現在のパティシエの役割はそれによって大きく異なる。17世紀には、シェフとパティシエの仕事内容は厳密に分化していた。辛い料理のコースを準備または監督するのはシェフで、パティシエはオフィスと呼ばれるコールド・キッチンを持ち場とし、甘いデザート、冷たい料理、砂糖の彫刻を用意した。21世紀の今、こうした区別はそれほど明確ではない。フランスの厨房で引かれていた厳格な境界線は、今はだいぶ緩やかになった。

多くのレストランではパティシエを雇う経費を浮かせるため、またはシェフ自身が望んでデザートを作ることもある。以前は辛い料理にしか使えないと思われていた食材が、デザートに取り入れられることも多い。パティシエは働く場所に応じてさまざまな専門分野を持っていて、たとえばレストランのパティシエは個別の皿に盛られたデザートを作る。大規模なケーキや派手なテーブルセッティングをするのはホテルや宴会場を持つ施設のパティシエだ。2、3の異なるレストランの顧問を務め、デザートメニューの作成はするが調理はその店の料理人に任せる、というパティシエもいる。通常、伝統的なディナーメニューを持つレストランでは、デザートメニューも安心して客に出せる定番のものを提供する。こうした店のパティシエは古《いにしえ》のデザートに敬意を表し、焼きたてのビスコッティやジンジャーブレッド、夏にはフルーツタルト、冬にはクレームブリュレとチョコレートプディングなど季節の限定メニューを作るだろう。洗練された客層を持つレストランでは、同じような風味のデザートを少量ずつ組み合わせるといった、より独創的な品を提供する必要がある。たとえば、ミニチュアサイズのモカスポンジケーキの上にエスプレッソムースを載せ、その横にはリボンの形をしたチョコレートガナッシュと、コーヒー味のクリームをトッピングしたホワイトチョコレートアイスクリームを添えて出す、というように。このような料理では味だけでなく、いかに芸術的な盛りつけをするかが重要になる。

一般の菓子店などでは、マカロンやカップケーキ、パイやケーキなどのデザートが個々に売られている。高い技術を要するチョコレート作りを専門とするショコラティエは、レストランよりも菓子店で働くか自分で経営することが多いが、大人数のディナーなどに飾る精巧な彫刻の依頼を受ける場合もある。食品サービス会社で働くパティシエは、大量生産できるデザートを作っている。

レストランビジネスでは、パティシエを雇うよりも食品サービス会社にデザートを外注するほうが便利で利益が上がるという考え方も根強い。デザートは冷凍で届けられ、自然解凍か、または短時間焼いたり電子レンジで温めたりして提供される。プチフール、アップルタルト、ムースケーキ、ブラウニー、プディングなど、あらゆる種類のデザートが調理後に冷凍されて国内や世界中で販売されている。レストラン、ホテル、ベーカリー、ケータリング会社に届けられるこうした商品は「目に見えない冷凍食品」とも呼ばれ、消費者は今食べているおいしいチーズケーキやエクレアがその場で作られたのではなく、長距離輸送されたものだということに気づかない[34]（もちろん、同じようなデザートはスーパーマーケットの冷凍コーナーにも並んでいて、その情報は「目に見え」るし、ラベルにもきちんと表示されている）。

冷凍デザートは東京からダラス、パリからロンドンのいたるところで製造、販売され、製造会社は自社製品の品質、創造性、価値に自信を持っている。業界誌『ヨーロピアン・フード・ジャーナル』には、フランスのボンコラック社の代表の言葉が掲載された。

当社には菓子作りを愛し、フランス菓子の伝統を熟知している熱意に満ちたシェフとパティシエたちがいる。〔中略〕当社では洗練されたレシピを考案するが、同時に食品を冷凍する前にすべての風味を閉じこめる最先端の生産工程も開発した。[35]

アメリカのダイアンズ・ファイン・デザート社は自らを「最高のデザートを究極の表現方法で創り出す」会社だと謳い、「ひとりひとりの客をよろこばせるデザートビジネスの立ち上げ」を支援すると請け合っている。[36] また、次の宣伝文句はイギリスのデザート・カンパニーのものだ。

ケータリング業界向けに、豪華で幅広い調理済みデザートを提供。価格を抑え、調理時間の短縮とともに利益率を最大限に高めることができます。さらに、早く確実な配送サービス、個別包装で商品をお届けします。[37]

それでも、そのデザートの出所がある程度見えたほうが、消費者にとってはありがたいに違いない。

## ●古いものと新しいもの

1549年、オランダのフェリペ2世のためにベルギーのバンシュ城で祝宴が開かれた。会場はサル・アンシャンテ——香油で燃えるランプが天井から星のように吊された魅惑的な部屋だ。その祝宴では精巧

ジヴェルニーの自宅の庭のリンゴの木にヒントを得たのだろう、クロード・モネは伝統的でいつの世も色あせないフランスのタルトを描いた。

な砂糖菓子が並ぶテーブルが天井から下りてきて、雷の音とともに甘いドラジェが雨あられと降り注いだ。[38]

時は流れて２０１５年、ドミニク・アンセルが経営するニューヨークレストラン「ドミニク・アンセル・キッチン」でも、ある日天井からテーブルが下りてきた。営業時間終了後に行われた、ＵＰ（Unlimited Possibilities 無限の可能性）というデザートの試食会イベントでの出来事だ。客はわずか８人のみ。８つのコースで構成された最初の試食メニューのテーマは「最初の記憶は永遠に続く」。他にも赤ん坊が最初に口にする食べものを思わせる、さまざまな浮島のコースもあった。クレーム・アングレーズはバニラの風味をつ

イギリスのパティシエでショコラティエのウィリアム・カーリーが作った黒い森のケーキ。見た目は洗練されてモダンだが、味は伝統を守っている。

けたスイートピーライスミルクで作られ、カスタードの上には赤ん坊が食べる裏ごししたニンジンの代わりに小さな正方形のニンジンケーキが置かれていた。「最初の失恋」というコースに含まれていたのは、メレンゲの花びらに囲まれたロッキーロードアイスクリーム［ナッツやマシュマロを加えたチョコレートアイス］。客はメレンゲの花びらに火をつけ、アイスクリームを溶かして食べるよう勧められた。まさにぱっと燃え上がり、それから溶けてなくなる初恋のようなデザートだ[39]。

　現在、有名なデザートシェフのなかには、伝統的なデザートを現代風に解釈したり分析したりして今風の革新的なデザートを編み出す者もいる。スコットランドのシェフで、イギリスのチョコレート品評会「アカデミー・オブ・チョコレート」で4度優勝したウィリアム・カーリーは、黒い森のケーキなど伝統的なデザートをアレンジしたことで知られている。彼が作るのはチョコレートとサクランボの大きなホールケーキではなく、そのミニケーキ版だ。材料はチョコレートスポンジケーキ、キルシュシロップ、チョコレートムース、チェリーコンポート、チョコレートウエハース。ケーキを凍らせ、それから艶のあるチョコレートで表面をコーティングするのがカーリー流だ。一見シンプルに見えるが、食べるとさまざまな味と食感が複雑に混ざり合っている。[40]

ル・コルドン・ブルーのパリ校で製菓長を務めるジャン・フランソワ・デギーネは、伝統的なパリ・ブレストのミニチュア版を作成した。オリジナルと同じくシュー皮を用いた小さな球体の菓子を、彼はショートブレッドとホワイトチョコレートの丸い生地の上に載せる。そして、このミニチュア版に日本の影響を受けたマンゴー、パッションフルーツ、ゆずのソースとチョコレートクリームをつめて、冷凍するのだ。仕上げにうっすらと黄緑がかったホワイトチョコレートのシロップをかけ、小さな銀色の葉を飾る。手法は伝統的で材料は国際的、そして解釈はデギーネのオリジナルだ。[41]

古いレシピをもとにしたものでも新しいアイデアでも、デザートの流行に境界線はない。デザートが広まる方法のひとつは昔ながらの媒体——つまり菓子コンクールだ。その発祥は少なくとも19世紀のパリまでさかのぼり、ロンドン、ウィーン、その他の都市でも開催されるようになった。今日、世界中のパティシエのチームがさまざまな場所に集まり、名誉と賞を競い合っている。彼らはフランス、イギリス、日本、韓国、米国、ドイツなどから参加し、最大4日間をかけて技術や独創性、持久力を披露するのだ。コンクールには砂糖の彫刻、マジパン工芸、皿盛りデザート、プチフール（ひと口サイズのケーキ）、チョコレート細工、フローズンデザート、ヴェリーヌ（層を重ねてグラスに盛りつけるデザート）、アントルメなどの部門がある。アントルメは今ではコースの間で供される料理でも娯楽作品でもなく、デザートの一部という位置づけだ。国際的に有名なデザートの専門家が審査員となって、芸術性、技術点、味の採点を行う。

コンクールに参加すれば金銭的な報酬と名声を手にする可能性があるだけでなく、新たな発想を得、目先の変わった食材を知り、知識を広めることができる。プロもアマチュアも出場するコンクールはテレビ放映され、視聴者は見て楽しむだけでなく、デザートについての知識と期待感を高めることになる。結局のところ、このようなコンクールはデザートを愛する人々に新しい経験と味をもたらす場なのだ。

ソイヤーやエスコフィエは現在のシェフが用いる技術や器具、それに食材の多くを見ても理解できないかもしれないが、創作された料理の表現や遊び心はおそらく気に入るに違いない。建築物のようなデザートを作る達人だったカレームは、3Dプリンターを使って砂糖の彫刻を作る今の手法に目を見張るだろう。エミーは液体窒素でアイスクリームを凍らせる手法に疑念を抱くかもしれない。アイスクリームにリキュールを加えることすら認めなかったのだから。それとも、新しい冷凍方法に感銘を受けて、この技術を早速取り入れただろうか。先人たちは、常に新しくおいしい味を求めて自分の足跡を残そうとしてきた。現在のパティシエたちも、この脈々と続く進化の歴史の一部なのだ。

## ●楽しい祝祭日はデザートあってこそ

祝祭日のデザートは私たちの心の特別な場所を占めている。時代遅れかもしれないし、食べるのは一年のうちその時期だけかもしれない。実はあまり好きではない、という場合すらあるだろう。だが、その国や地域の伝統にもよるが、感謝祭にはパンプキンパイ、クリスマスにはクリスマス（またはプラム）プディング、イスラム教のラマダンの時期はバクラヴァ、インドゥー教の祝日ディーワリーには甘いチーズサンデシュ［ベンガル地方発祥の練り菓子］が欠かせない。

もし伝統的な祝祭日のデザートが禁止されたら、そのデザートはいっそう大切なものになる。共産主義の独裁者でさえ、デザートの楽しみを奪うことはできない。現在ベルギー在住の作家アルベナ・シュコド

『パック』誌（1903年）の表紙。感謝祭のパイを作る女性と、楽しげに待っている子供たち。

ロワが子供時代を過ごした共産主義のブルガリアでは、クリスマスを祝うことは禁じられていた。そこで、彼女の母親は家族が大好きなクリスマスデザートのティクヴェニク(カボチャのパイ)を大みそかに作ったという。ティクヴェニクなしで新年を迎えることなどあり得なかったからだ。

ティクヴェニクは甘みをつけたカボチャとクルミをシナモンで風味づけし、パイ生地につめてさくっと金色になるまで焼いた菓子だ。シュコドロワ家では、小さな紙切れに占いを書いてそれぞれのパイに入れ込むのが昔からの習わしだった。アルベナの母親は新年を迎える準備に加えて親族一同の占いを書くことで疲れ果ててしまって、占い入りのパイが間違った人にわたることもままあり、みんなの笑いを誘った。たとえばある年の占いでは、7歳のアルベナは夏前に教授職を得ると約束され、赤ん坊のいとこはまもなく異国の地に出張に出ると予言されたのだ。とにかく、大切なのはティクヴェニクをこの時期に食べることであり、パイが焼けてきた香りに出くわすと、アルベナはいまだに家庭やこの時期の休暇の雰囲気を思い出すという。以下はシュコドロワ家のレシピだ。

### ティクヴェニク

調理済みのフィロ生地［パイ生地よりさらに薄い生地］ 1袋(すべて使い切らないこともある)を解凍しておく
すりおろしたカボチャ1キロまたはカボチャのピューレ 1ポンド［約450グラム］缶(市販のカボチャフィリングではない)
粗くきざんだクルミ 1カップ(150グラム)
グラニュー糖 1/3カップ(65グラム)

シナモン　小さじ2杯
菜種（キャノーラ）油　大さじ4杯、アイシング用の粉砂糖適宜

使わないフィロ生地は必ず少し湿らせた布で覆っておく。オーブンを175℃に予熱する。天板に油を塗るか、クッキングシートを敷いておく。
①ボウルにカボチャ、クルミ、砂糖、シナモンを入れてよく混ぜる。
②フィロ生地を1枚広げて全体に少量の油を塗り、2枚目の生地を重ねる。
③生地に①を大さじ1杯分伸ばす。ただし、縁ぎりぎりまで伸ばさないこと。
④小さな筒型に巻いて天板に置く。残りのパイ生地を使って同じ工程を繰り返す。巻いた生地の表面に少量の油を塗る。
⑤焼き色がついてぱりっとするまで25〜30分間焼く。
⑥粉砂糖を適宜振りかけて温かいうちに、または室温で出す。
約12個分。

ビスケットあるいはクッキーは、クリスマスの時期に多くの国で消費される。ロシアからドイツ、イタリアからスペイン、フランスからアメリカまで、人々は聖ニコラウスやクリスマスツリー、星を模したビスケットや人型のジンジャーブレッドにさまざまなデコレーションを施して焼き、交換し、クリスマスツリーにつり下げるのだ。多くの家庭には代々その家に伝わるお気に入りの菓子がある。ミネソタ大学の博士課程候補者であるエミリー・ベックは、彼女の祖母が作った素朴なシュガークッキーがいまだにクリスマスの象徴だと話す。「祖母が長年使っていた大きな緑のタッパーウェアで保存しておくと、食べるとき

に最高の味がするのよ！」[42]

練って丸めた小麦粉をしっかり揚げてハチミツをかけたストゥルフォリは、典型的なナポリのクリスマスデザートだ。ボストン地域の教育に携わるローズ・イェスは、小さい頃彼女と姉妹はこのデザートを食べるのが待ちきれなかったと話す。彼女たちは人形とお茶会を開き、母親から許可された数のストゥルフォリをすべて平らげた。母親はレシピなしで作っていたので、イェスたちは作り方を習ったことがないという。友人、料理書、またはインターネットのレシピでいろいろと試しているが、イェスいわく「どれも母のストゥルフォリと完全に同じ味にはならないの」

フランス、ケベック、およびその他のフランス語圏でクリスマスに欠かせないのはビュッシュ・ド・ノエル——チョコレートで覆われ、暗い冬に暖かさと光をもたらす丸太に似たクリーム入りのロールスポンジケーキだ。プロヴァンスでは、クリスマスに13種類のデザートを食べるという楽しい習慣がある。13という数字はキリストと十二使徒を表すとされ、さまざまな果物、ナッツ、ヌガー、ケーキ、ビスケットなどを食べるのだ。

モーンピーレンという名で知られるパンプディングは、伝統的なドイツのクリスマスデザートだ。『ブラートヴルストの向こう側 *Beyond Bratwurst*』（２０１４年）の著者ウルスラ・ハインツェルマンは、母親や祖母がいつも作っていた大きなボウルいっぱいのモーンピーレンなしのクリスマスなど「考えられない」と話す。これは、母方の祖父が旧東部の州シレジアからベルリンに移住する際に持ち込んだレシピだ。ハインツェルマンの言葉を借りれば、多くの家庭では子供たちの「プレゼントをめぐる大興奮を鎮める前奏曲として」、パン、ケシの実、レーズン、牛乳を混ぜて焼いた心安らぐこのプディングを出した。だが、彼女の家ではクリスマスディナーのデザートとして、甘いリースリングワインとともにテーブルを飾る。

ちなみに私の一族はクリスマスデザートの後にいつも果物、ナッツ、トゥロン［薄い板状のヌガー菓子］

またはピッツェルを食べる。子供の頃は、この家族の伝統が中世の習わしによく似ているとは思いもしなかった。そのことがわかった今、私はわが家の習慣をいっそう大切に思う。

ユダヤ歴の新年であるローシュ・ハッシャーナーは秋に祝われる。そして、東欧系ユダヤ人（アシュケナジム）の伝統では、ハチミツケーキは来年が甘美なものになるようにという希望の象徴だ。このケーキなしのローシュ・ハッシャーナーはローシュ・ハッシャーナーではないと言う人もいる。その後で「実はそれほど好きじゃないんだけどね」とつけ足すのだ。匿名を条件に、ある友人は「ハチミツケーキが好きな人なんていない」と打ち明けてくれた。この時期は誰もがハチミツケーキを作ったり買ったりするが、食べるのは数切れだけ。後はしばらくとっておいて、食べられなくなるのを待ってから捨てるらしい。クリスマスのフルーツケーキも、家庭によっては同じ運命をたどる。

ユダヤ人の春の祝日である過越の祭りには、通常の小麦粉と醱酵食品を使用禁止とする厳しい決まりがある。だが、時とともに人々は工夫を凝らし、小麦粉を使わないトルテやココナッツマカロン、メレンゲ、チョコレートで覆われたマツァ（種なしパン）、ボッカ・ディ・ダーマ（「女性の口」の意）と呼ばれるイタリアのアーモンドとレモンのすてきなスポンジケーキを作るようになった。カリフォルニアでピアノのメンテナンス事業を営むローレンス・ニューハウスは、さまざまな制限があるにもかかわらず、過越の祭りで食べるデザートが大好きだと話す。彼の好物のひとつは、起源は不明だが魅力的な名前のおいしいデザートで、パイというよりムースを載せたケーキに似ている。そのレシピを紹介しよう。

### エジプトの暗闇チョコレートムースパイ

バター　200グラム*

砂糖　200グラム
ココア　大さじ2杯
ビターチョコレート　100グラム
ブランデー　大さじ1杯
卵　4個（卵白と卵黄を分けておく）＊＊
マツァミール［マツァを作るための粉］　大さじ4杯
細かくきざんだクルミ　大さじ2杯

オーブンを175℃に予熱する。パイ型にバターを塗る。バター、砂糖、ココア、チョコレートを溶かして冷まし、卵黄とブランデーを混ぜて軽く泡立てる。

これとは別に卵白をかたくなるまで泡立て、冷ましたチョコレート生地に加える。チョコレート生地1カップにマツァミールを追加し、バターを塗ったパイ型に注いで（余った分は取っておく）30分間焼く。冷めたら、残ったチョコレート生地を焼いたパイにかけ、ナッツを振りかけて出す。
＊節約したければバターではなくマーガリンを使用してもよい。
＊＊卵白に火は通さない。心配ならば低温殺菌した卵白で代用することもできる。

春は目覚めと再生の季節であり、宗教関連の祝祭もそうでない祭りもこの時期に世界中で行われる。今のように季節を問わずなんでも手に入る時代ではなかった頃には、春はより多くの食べものに恵まれる季節だった。冬がようやく終わり、草木の芽が芽吹いて大地が活気づき始める。動物も出産の時期を迎え、卵や牛乳の収穫も増える。今では一年中こうした食材が手に入るのが当たり前になっているが、それでも春には卵、牛乳、チーズを使ったデザートや菓子が増える。一部の人々にとって、春は子供たちにチョコレートの卵とマシュマロのひよこをプレゼントする季節だ。子供はこうした菓子にどんな意味があるのかほとんど知らないが、とにかく嬉しげに頬張っている。私にとっては、春は亡くなったおば、パンジー・マンゼラのリコッタパイを作る季節。これは伝統的なイタリアのイースターデザートだが、誰もが自分流のリコッタパイを作る。前に、イタリアのプーリアにあるパン屋の女性とこのパイについて話したとき、私の家では小麦粒を使うのかと尋ねられた。いいえ、と答えると、彼女は「問題ないわ」と笑顔で言った。「同じことよ（シーミレ）」。次のレシピはおばのものだ。私はシトロンの砂糖漬けをもっと使う。

## リコッタパイ

8または9インチ（20センチ前後）のパイ型ふたつに好みのパイ生地を敷いて縁を波型に折る。オーブンを175℃に予熱する。

脂肪分の高いリコッタチーズ　2ポンド（900グラム）
砂糖　1カップ（200グラム）
大きめの卵　4個
アニス（またはバニラ）エキストラクト　小さじ2杯
シトロンまたはオレンジの皮の砂糖漬け　大さじ3杯

大きなボウルで、リコッタと砂糖が完全になめらかになるまで電動ミキサーで混ぜる。卵をひとつずつ加え、そのたびによく混ぜる。エキストラクトと砂糖漬けの皮を混ぜ入れる。

生地を敷いたパイ皿にフィリングを注ぎ、かたまるまで約35分焼く。生地が冷めたら、出す前に粉砂糖を少々振るいかけると見栄えがする。

ギリシャ正教のイースターには卵とチーズを使ったデザートもある。数年前の5月下旬、キプロスのトチ村でひとりの地元女性が伝統的なキプロスのイースターペイストリー、フラウナの作り方を実演してくれた。フラウナのなかにはハルーミ（キプロスチーズ）、ミント、砂糖、そして普通はレーズンを混ぜたものをつめる。私たちはわくわくしながら女性が調理するようすを見学し、でき上がったフラウナを食べたのだが、私たち以上にわくわくしていたのが彼女の夫だ。彼は、一年にフラウナを二度食べるのはこれが初めてだと話してくれた。そして、妻が調理を始めたときからフラウナが食べ尽くされる瞬間まで、ずっと顔に満面の笑みを浮かべていたのだ。

祝祭日のデザートが大切なのは、幸せな時間、家族のお祝い、そして思い出とのつながりがあるからだ。そして、年に一度しか作らないからこそ（たまに、海外から客を迎えたときなどは例外だが）こうしたデザートはよりいっそう愛おしいものになるのだろう。

●デザートの時間

食事で一番おいしいのは最後に出てくるコースだと考える私のような人間にとって、今ほどよい時代はない。手作りか市販のものかに関係なく、その昔栄華を極めた人々が想像すらできなかった材料や器具、さまざまな選択肢がある。しかも、中世の人々と同じように甘口のワイン、ナッツやドライフルーツの砂

チョコレートで覆われ、ホイップクリームで飾られたインパクトのあるチョコレートケーキ、モア・イム・ヘムト（白いシャツを着たムーア人）。さすがデザートの町、ウィーンだ。

糖がけで食事を締めくくることもできるのだ。スティッキー・トフィー・プディングのような昔ながらのデザートを楽しんだり、新しいものを試したり、ホイップ・サイフォンを使ってマンゴーとココナッツのふわふわしたクリームを作ることもあれば、クランクを手動でまわしたりせずボタンを押すだけでアイスクリームを作ることも、チェリーパイを家で焼いたり買ってきたりすることもできる。

デザートの作り方を学びたい人には、たくさんのチャンスがある。レシピは以前よりも詳細かつ明確になり、本、雑誌、新聞はレシピだらけだ。テレビの料理番組やインターネットの動画を見れば、パイ生地からプチフールまでありとあらゆるデザートの作り方を確認できる。コンピュータのキーをたたくだけで、必要な、場合によっては必要ではないあらゆる機能が作動する。世界が狭くなるにつれ、レシピやアイデアは国から国へと飛び交い、ほぼ瞬時に世界中に届く。

デザートを作って生計を立てている多くの人にとっても、今は暮らしやすい時代だ。必ずしも給料がすべてではないが、パティシエは立派な専門職と見なされるようになった。性別も国籍も関係ない。過去にはソイヤーなど著名な料理人もいたが大半は無名で、多くの場合困難で不健康な状況下で働いていた。しかし現代の料理人は尊敬の対象となり、人によっては自分の名前を冠したデザートをレストランのメニューに入れたり、雑誌や新聞に登場したり、テレビやソーシャルメディアで活躍したりしている。

何世紀という時を経て、食事作法のルールはますます緩くなった。今ではどんなデザートをどんなふうに食べるかは自由に選ぶことができる。最もエレガントな陶器に盛るのも、バラの花束でテーブルを飾るのも、ピクニックと称して紙皿を使うのも、なんでもあり。デザートを食べる場所も、予約席での本格的なコース、カジュアルなビュッフェ、または持ち寄りの食事会とさまざまだ。フォークやスプーンを使うか手で食べるかも自分で決めればいい。

なによりも、これほど手頃な価格で多くの人がデザートを食べている時代はかつてなかった。豪勢なデ

1
2
3
4
5
Lith. Lankhout The Hague
ARTISTICALLY SERVED ICES.
1. Asparagus Ice flavoured with Asparagus Flavouring.
2. Violet Ice flavoured with Violet Flavouring and studded with Crystallized Violets.
3. Bunches of Roses, Violets, Primroses, Carnations, Orange Blossoms dressed with Ivy Leaves.
4. Three different Roses, also flavoured as Flowers.
5. Strawberry, Lemon, Raspberry, Chocolate, Cafe au Lait, Orange.

19世紀イングランドの有名な『実用的料理の百科全書』より、エレガントなアイスクリームの数々。

ザートを味わうことのできる幸運な人もいるが、そうでない大半の人も食事の最後に甘いものを食べるだけの余裕はある。アイスクリームは王様専用の食べものではなくなった。誰でも好きに楽しめばいい。さあ、デザートの時間の始まりだ。

# 謝辞

人はデザートが大好きだ。作るのも、食べるのも、そして話すことも。デザートの本を書くことになった、と友人や知人に伝えたところ、誰もが子供の頃お気に入りだったお菓子の思い出や、当時は仕方なく食べていたデザート（特にフルーツケーキとハチミツケーキ）についても楽しげに語り、私が知らなかったことを教えてくれた。さまざまな考えや物語を聞かせてくれたこと、一緒にデザートの数々を味わってくれたことに感謝したい。

なかでも、原稿をていねいに読み込んでくれたケン・アルバーラ、マドンナ・ベリー、キリ・クラフリン、マイケル・クロンドル。温かい励ましだけでなく、細かいチェックと軌道修正をありがとう。この4人がいなかったら、これほどすばらしい本には仕上がらなかっただろう。また、デザートの本を書くことを提案し、長期間支えてくれたアンドルー・F・スミスにも感謝を。

多くの人がデザートにまつわるエピソードやレシピを惜しみなく提供してくれた。その一部は本書で取り上げている。特にエミリー・ベック、メイラン・バック・リュー、ロズ・カミンズ、ウルスラ・ハインツェルマン、ホリー・コルダ、ラリー・ニューハウス、ポーラ・ローゼンストック、サイトウ・ヨシオ、アルベナ・シュコドロワ、アグニ・サーナー、ヴリンダ・ヴァルマ、おいしいレシピと楽しい話をありがとう。

貴重な写真や図版を快く提供してくれた友人とインターネットで知り合った人々――ウィリアム・カー

リー、ペギー・デ・マス、リチャード・ドーティ、ロリ・ゲイトリー、サラ・ジョーンズ、ジュディ・ケイルズ、ホリー・アーノルド・キニー、スーザン・マクレラン・プレステッド、ポール・ウッドにも感謝したい。

いつも辛抱強く私を支え、建設的な意見をくれる執筆チームの主要メンバー——マーナ・ケイ、ロベルタ・レヴィトン、バーバラ・メンデ、シャーリー・モスコウ、ローズ・イェス。あなたたちには感謝とアイスクリームを受け取る資格がある。

また、過去、現在、そして（願わくは）これからも支えてくれる多くの人に謝意を伝えたい。ゲーリー・アレン、マリレーヌ・・アルティエリ、ジャッキーとパルヴィーズ・アミールホル、チトリタ・バネルジ、マリリン・ブラス、シーラ・ブラス、マリアンヌ・ブラウン、ジョー・カーリン、アニタ・デンリー、ジェーン・ディクソン、アン・フォークナー、キャスリーン・フィッツジェラルド、キャスリーン・フリン、ダラ・ゴールドスタイン、ドーン・ヘイズ、ジーンとジム・ハプリッチ、サラ・ハッチオン、ジャネット・カッツ、そしてダン、ダグ、ローラ、スコット、レイチェル、シャノン、ディランのマクラウド一族、デブ・マクドナルド、エレン・メッサー、ドリス・ミラン、サブラ・モートン、ジル・ノーマン、スーザン・ロッシ・ウィルコックス、リン・シュヴァイカルト、マックス・シンズハイマー、キース・スティヴリー、ナンシー・スタットマン、ベス・サーダット、エリザベス・タウンゼント、モリー・ターナー、ブルース・ウィリアムズ、ウィニー・ウィリアムズ、ジェーンとジョン・ウィルソン、ジョニー・ウルフソン、ボストンの料理歴史家（Culinary Historians of Boston）の会員のみなさん。

お礼の気持ちを込めて——さあ、お気に入りのデザートをもうひとついかが？

# 訳者あとがき

あなたのお気に入りのデザートはなんですか?

これは、本書『図説 デザートの歴史』を執筆中に著者ジェリ・クィンジオ氏が親戚や友人、知人に尋ねた質問です。くわしくは序章に書かれていますが、楽しく話が弾むだろう、という著者の予想とは裏腹に、質問された人はみな「お子さんのなかでは誰がお気に入りですか?」と聞かれたかのように真剣な顔で考え込んでしまったそうです。なかには悩みに悩んだ末に「答えがふたつ以上になってもかまわないか」と確認したり、ひとつ答えたあとで他のデザートの気分を損ねまいとするかのように別の種類を口にしたりする人もいたとのこと。

この反応に興味を持った私は、改めて「自分のお気に入りのデザートはなんだろう?」と考えてみました。まず頭に浮かんだのは、子供の頃母がよく作ってくれた素朴なパウンドケーキです。同時に、切り分けてもらったケーキのお皿を手に、近くに住んでいた従姉妹たちとテレビのオリンピック中継を夢中で見ていた光景も蘇ってきました。次に思い出したのは大人になってからの記憶で、砂糖も牛乳も使わないお手製のケーキ。別にマクロビに凝っていたわけではなく、当時飼っていた愛犬と一緒に食べたくて作った苦心の作です。味のないぱさついたケーキを大よろこびでぱくついていた姿は可愛かったなあ。それから……

気がつくと、私もかなり真剣に考え込んでいました。おそらく眉間には深いしわが寄っていたことでしょう。どれかひとつに絞って、と言われたらさらに悩んだに違いありません。それにしても、好きなデザートのことを考えるうちに、それにまつわる思い出まで次々と、それも鮮やかに浮かんできたことにわれながら驚きました。プルーストの傑作『失われた時を求めて』には「過去の思い出を一気に蘇らせた」マドレーヌが出てきますが、お気に入りのデザートは確かに昔の記憶と深くつながっているようです。少し大げさに言うなら、デザートを語ることはその人の原点を語ることと同じだと言えるのかもしれません。

このように、デザートは私たちの人生において大きな位置を占める大切な存在ですが、その歴史は意外にもそう長くないのです。こう言うと、昔の人々は菓子（甘い料理）を食べていなかったのかと思われそうですが、もちろんそんなことはありません。たとえば、本書176ページに掲載されている写真を見れば、早くも古代エジプトでフルーツケーキらしきものが作られていたことがわかります。また、中世のヨーロッパ社会においては料理人たちが腕を競い、建造物さながらの大掛かりな娯楽料理なるものも登場しました。ただし、この頃までは甘い料理を堪能できるのは王侯貴族といった特権階級に限られていましたし、甘い料理は香辛料の効いた料理とともに食事の途中でも出されていました。食事の最後に供されることもありましたが、それは現在のデザートの概念とは違い、満足感を得られるものを最後に食べて「胃を閉じる」ことで体調が維持できるという当時の医学理論を重視した結果だったのです。

デザートが現在のように食事の最後のお楽しみとしてテーブルを飾り、また誰もが手頃な値段で食べられるようになるまでには、さまざまな争いや侵略行為、新大陸発見、産業革命、貿易ルートや流通の拡大が不可欠でした。本書では、デザートが発展していった経緯が興味深いエピソードを交えてくわしく紹介されています。ほかにも中世から現在までのデザートのレシピ、世界各国の伝統菓子と食文化（日本の「別腹」についての記述もあります！）、最新科学を応用して料理を作る現代の分子ガストロノミーなど、内容は盛りだくさん。本書を読んでデザートの短くも濃い歴史に触れたあとは、「現在のパティシエたちも、この脈々と続く進化の歴史の一部なのだ」という著者の言葉がいっそう重みを増すことでしょう。

本書はJeri Quinzio著、*Dessert: A Tale of Happy Endings*, Reaktion Books (London, 2018) の全訳です。クィンジオ氏は食物史を専門とするフリーランスのライターで、２００９年の著書『*Of Sugar and Snow: A History of Ice Cream Making*（砂糖と雪：アイスクリームの歴史）』は世界のすぐれた料理書を選定するＩＡＣＰ料理史賞（２０１０年）を受賞しました。幅広い知識と経験、そしてきめ細かな調査に裏打ちされた本書の奥深い魅力を、じっくりと味わっていただけたら幸いです。

翻訳にあたって的確な数々のアドバイスをくださった担当編集者の中村剛さんに、この場を借りて御礼申し上げます。

そして、数ある書籍のなかから本書を手にとってくださったみなさんには――著者の言葉をちょっとお借りして――こう申し上げたいと思います。「あなたには感謝とアイスクリームを受け取る資格がある」。デザートにまつわるみなさんの温かく楽しい思い出に、今日からこの『図説 デザートの歴史』が仲間入りできますように。

２０２０年１月

富原まさ江

## 写真ならびに図版への謝辞

図版の提供と掲載を許可してくれた関係者にお礼を申し上げる。

Evan Amos: p. 37; Author's Collection: pp. 139, 206; Ra Boe: p. 41; Boston Public Library – Digital Commonwealth: pp. 8, 146, 150, 161, 162, 169, 216下, 230, 238; © The Trustees of the British Museum, London: pp. 19, 50, 54, 77, 88, 111, 114, 137, 142; Johan Bryggare: p. 178上; Popo Le Chien: p. 181; courtesy of William Curley, Patissier-Chocolatier: pp. 4, 29, 246, 257; courtesy of Peggy De Muth: p. 85右; photograph by Tor Eigeland for Saudi Aramco World/SAWDIA: pp. 62, 64; Getty Images: pp. 42 (DEA/A. Dagli Orti), 91 (SSPL), 233 (Popperfoto); Getty Research Institute: pp. 48, 58, 70, 72, 74, 79; Ginnerobot: p. 242; Thomas Högner Maximilian Högner: p. 163; iStockphoto: p. 249 (VvoeVale); courtesy of Judy Kales: pp. 85左, 250; JW: p. 178下; Katorisi: p. 184; Holly Arnold Kinney: p. 101; Library of Congress, Washington, DC: pp. 26, 138, 154, 216上, 232, 260; Lotus Head: p. 228; M: p. 165上; Metropolitan Museum of Art, New York: p. 176; courtesy Miss Jones Baking Co.: pp. 240, 243 (Larisas Erin Greer); Katrin Morenz: p. 180; John Morgan: p. 234; Ewan Munro: p. 113; Museum of Fine Arts, Boston: p. 68; New York Public Library: p. 173; © Omni Parker House Parkives: p. 192; Ox010C: p. 179; rex Shutterstock: pp. 120 (Woman's Weekly), 158 (Kharbine-Tapabor), 198 (Food and Drink); Sandstein: p. 268; Shutterstock: pp. 23 (Marcin Jucha), 84 (Esin Deniz), 97 (skoraq), 102 (AGCreations), 126 (Everett), 127 (sarsmis), 186 (AnjelikaGr), 189上 (Anita Huszti), 189下 (Kaimirov Vladimir), 194 (Margaret Tong), 196 (juefraphoto), 211 (marouillat photo), 224 (Hans Geel), 252 (Kondor83); Silar: p. 203; SKopp: p. 104; Smithsonian Libraries, Washington, DC: p. 82; Spode Museum Trust: p. 125; Tourismus Salzburg: p. 188; © Victoria and Albert Museum, London: pp. 12, 21, 31, 40, 45, 94, 135, 144, 160左右, 177, 209, 221; Wellcome Images: p. 131; Wmienhart: p. 214.

# 参考文献


Alcott, Louisa May, *Little Women* (New York, 1962)
Anonymous, *A Closet for Ladies and Gentlewomen; or, The Art of Preserving, Conserving, and Candying* (London, 1611)
Anonymous, *The Compleat Cook: Expertly prescribing the most ready ways, whether Italian, Spanish, or French, For dressing of Flesh, and Fish, ordering of Sauces or making of Pastry* (London, 1659)
Anonymous, *Good Huswifes Handmaide, for the Kitchin* (London, 1594)
Anonymous, *The Whole Duty of a Woman; or, an Infallible Guide to the Fair Sex* (London, 1737)
Arbuckle, Wendell Sherwood, *Ice Cream* (Westport, CT, 1966)
Arndt, Alice, ed., *Culinary Biographies* (Houston, TX, 2006)
Artusi, Pellegrino, *Science in the Kitchen and the Art of Eating Well*, trans. Murtha Baca and Stephen Sartarelli (Toronto, 2004)
Atkinson, Kate, *Life After Life* (New York, 2013)
Banerji, Chitrita, *Eating India: An Odyssey into the Food and Culture of the Land of Spices* (New York, 2007)
Beck, Simone, Louisette Bertholle and Julia Child, *Mastering the Art of French Cooking* (New York, 1963)
Beeton, Isabella, *The Book of Household Management* (London, 1861)
*Better Homes and Gardens Dessert Cook Book* (New York, 1960)
Bradley, Alice, *Electric Refrigerator Menus and Recipes* (Cleveland, OH, 1927)
Brears, Peter, *Food and Cooking in 17th Century Britain: History and Recipes* (Birmingham, 1985)
—, *Jellies and Their Moulds* (Blackawton, Devon, 2010)
Briffault, Eugene, *Paris à table* (Paris, 1846)
Brontë, Charlotte, *Shirley* (London, 1993)
Brown, Peter, and Ivan Day, *Pleasures of the Table: Ritual and Display in the European Dining Room, 1600-1900* (York, 1997)
Bunyard, Edward A., *The Anatomy of Dessert: With a Few Notes on Wine* (New York, 2006)
Carter, Charles, *The Compleat City and Country Cook: or Accomplish'd Housewife* (London, 1732)
Chambers, Ephraim, *Cyclopaedia: Or an Universal Dictionary of Arts and Sciences* (London, 1741)
Clarkson, Janet, *Pie: A Global History* (London, 2009)
Cobb, Irving, *This is My Best* (New York, 1942)
Coffin, Sarah D., ed., *Feeding Desire: Design and the Tools of the Table, 1500-2005* (New York, 2006)
Colquhoun, Kate, *Taste: The Story of Britain Through Its Cooking* (New York, 2007)
Crossley-Holland, Nicole, *Living and Dining in Medieval Paris* (Cardiff, 1996)
Cuming, H. Syer, 'Syllabub and Syllabub-vessels', in *Journal of the British Archeological Association*, XLVII (London, 1891)
Davidis, Henriette, *German National Cookery for American Kitchens* (Milwaukee, WI, 1904)
Davidson, Alan, *The Oxford Companion to Food* (Oxford, 1999)
Davidson, Alan and Jane, trans., *Dumas on Food: Recipes and Anecdotes from the Classic Grand Dictionnaire*

*de Cuisine* (Oxford, 1987)
Dawson, Thomas, *The Good Huswifes Jewell* (London, 1587)
Dickens, Charles, *Pictures from Italy* (Boston, MA, 1868)
Digby, Sir Kenelme, *The Closet of the Eminently Learned Sir Kenelme Digby Kt. Opened* (London, 1671)
Dubois, Urbain, *Artistic Cookery: A Practical System for the Use of the Nobility and Gentry and for Public Entertainments* (London, 1887)
Eales, Mary, *Mrs Mary Eales's Receipts* (London, 1985)
Earle, John, *Microcosmography; or, A Piece of the World Discovered; in Essays and Characters* (London, 1811)
Emy, M., *L'Art de bien faire les glaces d'office* (Paris, 1768)
Eustis, Celestine, *Cooking in Old Creole Days* (New York, 1903)
Field, Elizabeth, *Marmalade: Sweet and Savory Spreads for a Sophisticated Taste* (Philadelphia, PA, 2012)
Fisher, M.F.K., *The Art of Eating* (New York, 1990)
Flandrin, Jean-Louis, *Arranging the Meal: A History of Table Service in France* (Berkeley, CA, 2007)
Florio, John, *A Worlde of Wordes; or, Most Copious, and Exact Dictionarie in English and Italian* (London, 1598)
—, *Queen Anna's New World of Words; or, Dictionarie of the Italian and English Tongues* (London, 1611)
Garrett, Theodore Francis, ed., *The Encyclopædia of Practical Cookery: A Complete Dictionary of all Pertaining to the Art of Cookery and Table Service* (London, 1898)
Glasse, Hannah, *The Art of Cookery Made Plain and Easy* (Hamden, ct, 1971)
Goethe, Johann Wolfgang von, *Italian Journey*, trans. Robert R. Heitner (New York, 1989)
Goldstein, Darra, *Fire and Ice* (New York, 2015)
—, ed., *The Oxford Companion to Sugar and Sweets* (New York, 2015)
Gouffé, Jules, *The Royal Book of Pastry and Confectionery* (London, 1874)
Hall, T., *The Queen's Royal Cookery* (London, 1713)
Harland, Marion, *Breakfast, Luncheon and Tea* (New York, 1875)
Heinzelmann, Ursula, *Beyond Bratwurst: A History of Food in Germany* (London, 2014)
Hess, Karen, *Martha Washington's Booke of Cookery* (New York, 1981)
Heywood, Thomas, *The Fair Maid of the West* (London, 1631)
Hieatt, Constance B. and Sharon Butler, eds, *Curye on Inglysch: English Culinary Manuscripts of the Fourteenth Century (Including The Forme of Cury)* (London, 1985)
Holme, Randle, *The Academy of Armory* (Chester, England, 1688) at Early English Books Online, http://quod.lib.umich.edu
Holmes, Oliver Wendell, *Elsie Venner: A Romance of Destiny* (Boston, MA, 1891)
Howard, Maria Willett, *Lowney's Cook Book* (Boston, MA, 1907)
Humble, Nicola, *Cake: A Global History* (London, 2010)
Işin, Mary, *Sherbet and Spice: The Complete Story of Turkish Sweets and Desserts* (London, 2013)
Jekyll, Lady Agnes, *Kitchen Essays* (London, 1969)
Johnston, Mireille, *The Cuisine of the Sun* (New York, 1979)
Kelly, Ian, *Cooking for Kings: The Life of the First Celebrity Chef* (New York, 2003)
Keoleian, Ardashes H., *The Oriental Cook Book: Wholesome, Dainty and Economical Dishes of the Orient,*

*especially adapted to American Tastes and Methods of Preparation* (New York, 1913)
Kinney, Holly Arnold, *Shinin' Times at the Fort* (Morrison, co, 2010)
Krondl, Michael, *Sweet Invention: A History of Dessert* (Chicago, IL, 2011)
Latini, Antoni, *Lo scalco alla moderna* (Milan, 1993)
Laudan, Rachel, *Cuisine and Empire: Cooking in World History* (Berkeley, CA, 2013)
Levene, Alysa, *Cake: A Slice of History* (New York, 2016)
Lewis, T. Percy, and A. G. Bromley, *The Victorian Book of Cakes* (New York, 1991)
Lincoln, Mrs D. A., *Mrs Lincoln's Boston Cook Book: What To Do and What Not To Do in Cooking* (Boston, MA, 1891)
Markham, Gervase, *The English Housewife* (London, 1631)
Marshall, Agnes, *Mrs A. B. Marshall's Cookery Book* (London, 1888)
Martin, Meredith, *Dairy Queens: The Politics of Pastoral Architecture from Catherine de Medici to Marie-Antoinette* (Cambridge, MA, 2011)
Massialot, François, *The Court and Country Cook* (London, 1702)
May, Robert, *The Accomplisht Cook; or, the Art and Mystery of Cookery* (London, 1685)
A Member of the Royal Household, *The Private Life of King Edward VII (Prince of Wales, 1841-1901)* (New York, 1901)
Montanari, Massimo, *Cheese, Pears, and History in a Proverb* (New York, 2008)
Moss, Sarah, and Alexander Badenoch, *Chocolate: A Global History* (London, 2009)
Nasrallah, Nawal, *Delights from the Garden of Eden: A Cookbook and a History of the Iraqi Cuisine* (Bloomington, IN, 2004)
Parloa, Maria, *Miss Parloa's New Cook Book and Marketing Guide* (Boston, MA, 1880)
—, *Miss Parloa's Young Housekeeper* (Boston, MA, 1894)
Payne, Stuart and Jenny, *Nicey and Wifey's Nice Cup of Tea and a Sit Down* (Bath, 2004)
Post, Emily, *Etiquette: 'The Blue Book of Social Usage'* (New York, 1937)
—, *Etiquette in Society, in Business, in Politics, and at Home* (New York, 1922)
Power, Eileen, *The Goodman of Paris* (New York, 1928)
Proust, Marcel, *Remembrance of Things Past*, trans .C. K. Scott Moncrieff and Terence Kilmartin (New York, 1981)
Rabisha, William, *The Whole Body of Cookery Dissected, Taught, and fully manifested Methodically, Artificially, and according to the best Tradition of the English, French, Italian, Dutch, &c.* (London, 1673)
Raffald, Elizabeth, *The Experienced English Housekeeper* (Lewes, 1997)
Ramsay, Mrs W. M., *Every-day Life in Turkey* (London, 1897)
Reed, Marcia, ed., *The Edible Monument: The Art of Food for Festivals* (Los Angeles, CA, 2015)
Richardson, Tim, *Sweets: A History of Candy* (New York and London, 2002)
Riley, Gillian, *The Oxford Companion to Italian Food* (New York, 2001)
Robertson, Helen, Sarah MacLeod and Frances Preston, *What Do We Eat Now: A Guide to Wartime Housekeeping* (New York, 1942)
Roca, Jordi, *The Desserts of Jordi Roca* (New York, 2015)
Rombauer, Irma S., and Marion Rombauer Backer, *Joy of Cooking* (New York, 1975)
Routhier, Nicole, *Foods of Vietnam* (New York, 1989)

Royal Baking Powder Co., *My Favorite Receipt* (New York, 1895)
Saberi, Helen, and Alan Davidson, *Trifle* (Blackawton, Devon, 2001)
Sala, George, *The Thorough Good Cook* (London, 1895)
Schlesinger, Arthur M., *Learning How to Behave: A Historical Study of American Etiquette Books* (New York, 1946)
Scott, Sir Walter, *The Journal of Sir Walter Scott* (New York, 1891)
Scully, Terence, ed. and trans., *Chiquart's 'On Cookery': A Fifteenth-century Savoyard Culinary Treatise* (New York, 1986)
—, *The Neapolitan Recipe Collection* (Ann Arbor, MI, 2000)
—, *The Viandier of Taillevent* (Ottawa, 1988)
Selitzer, Ralph, *The Dairy Industry in America* (New York, 1976)
Shapiro, Laura, *Something from the Oven: Reinventing Dinner in 1950s America* (New York, 2004)
Simmons, Amelia, *American Cookery* (Hartford, CT, 1798)
—, *The First American Cookbook* (New York, 1958)
Solomon, Charmaine, *The Complete Asian Cookbook* (South Yarra, Australia, 1982)
Soyer, Alexis, *The Gastronomic Regenerator: A Simplified and Entirely New System of Cookery, With Nearly Two Thousand Practical Receipts Suited to the Income of All Classes* (London, 1847)
—, *The Modern Housewife or Ménagère* (London, 1851)
Spencer, Colin, *British Food: An Extraordinary Thousand Years of History* (London, 2001)
Stefani, Bartolomeo, *L'arte di ben cucinare, et instruire* (Mantua, 1662)
Strong, Roy, *Feast: A History of Grand Eating* (New York, 2002)
Toklas, Alice B., *The Alice B. Toklas Cook Book* (New York, 1984)
Toomre, Joyce, *Classic Russian Cooking: Elena Molokhovets' A Gift to Young Housewives* (Bloomington, IN, 1992)
Tuer, Andrew W., *Old London Street Cries* (London, 1885)
Twain, Mark, *Life on the Mississippi* (New York, 2000)
Vehling, Joseph Dommers, *Apicius: Cookery and Dining in Imperial Rome* (New York, 1977)
Vine, Frederick T., *Ices: Plain and Decorated* (London, [1900?])
—, *Saleable Shop Goods for Counter-tray and Window: (Including 'Popular Penny Cakes'). A Practical Book for All in the Trade* (London, 1907)
Walker, Harlan, ed., *Disappearing Foods: Proceedings of the 1994 Oxford Symposium on Food and Cookery* (Blackawton, Devon, 1995)
—, *Milk: Beyond the Dairy: Proceedings of the 1999 Oxford Symposium on Food and Cookery* (Devon, 2000)
Wechsberg, Joseph, *The Cooking of Vienna's Empire* (New York, 1968)
Wheaton, Barbara Ketcham, *Savouring the Past: The French Kitchen and Table from 1300 to 1789* (London, 1983)
Wilcox, Estelle Woods, *Buckeye Cookery: With Hints on Practical Housekeeping* (Minneapolis, MN, 1881)
Willan, Ann, with Mark Cherniavsky and Kyri Claflin, *The Cookbook Library* (Berkeley, CA, 2012)
Wilson, C. Anne, ed., *Banquetting Stuffe: The Fare and Social Background of the Tudor and Stuart Banquet* (Edinburgh, 1991)

Woloson, Wendy, *Refined Tastes: Sugar, Confectionery, and Consumers in Nineteenth-century America* (Baltimore, MD, 2002)
Woolley, Hannah, *The Queene-like Closet or Rich Cabinet: Stored with All Manner of Rare Receipts for Preserving, Candying and Cookery. Very Pleasant and Beneficial to all Ingenious Persons of the Female Sex* (London, 1684)
Wyman, Carolyn, *JELL-O: A Biography* (New York, 2001)
Young, Arthur, *Travels during the Years 1787, 1788, and 1789, Undertaken more particularly with a View of ascertaining the Cultivation, Wealth, Resources, and National Prosperity of the Kingdom of France* (Dublin, 1793)
Young, Carolin C., *Apples of Gold in Settings of Silver: Stories of Dinner as a Work of Art* (New York, 2002)
Younger, William, *Gods, Men, and Wine* (Cleveland, OH, 1966)

### 定期刊行物

Addison, Joseph, *The Tatler* , 148 (1709)
Barrachina, Carlos, ed., 'Savoir-faire and Something Else', *So Good . . . The Magazine of Haute Pâtisserie* (July 2016)
Conant, William C., 'The Silver Age', *Scribner's Monthly, An Illustrated Magazine for The People*, IX/2 (December 1874)
Davis, Mary B., '"Invisible" Frozen Sweet Goods Sales on Rise in French Catering Sector', *Quick Frozen Foods International* (April 2001)
Eigeland, Tor, 'Arabs, Almonds, Sugar and Toledo"', *Saudi Aramco World* (May/June 1996)
Kirsch, Francine, 'Over the Top: The Extravagant Confectionery of J. M. Erich Weber', in *Gastronomica: The Journal of Food and Culture* (2004)
Sifton, Sam, 'The Melting Point', *New York Times Magazine* (2016)
Sokolov, Raymond, 'A Tasteful Revolution', *Natural History* (July 1983)
Wechsberg, Joseph, 'Profiles: La Nature des Choses', *The New Yorker* (28 July 1975)
Willan, Anne, 'After Nouvelle: The Changing Look in France', *Monthly Magazine of Food and Wine* (January 1982)
Whitaker, Ashlee, 'Dairy Culture: Industry, Nature and Liminality in the Eighteenth-century English Ornamental Dairy', *All Theses and Dissertations*, Paper 1327 (2008), available at http://scholarsarchive. byu.edu.

### パンフレット類

*Auto Vacuum Frozen Dainties* (New York, *c*. 1910)
David, Elizabeth, *Syllabubs and Fruit Fools* (London, 1971)

# 注

## ◉第1章　古代から中世の食習慣

1 Eileen Power, *The Goodman of Paris* (New York, 1928), p. 226, p. 173.
2 Nicole Crossley-Holland, *Living and Dining in Medieval Paris* (Cardiff, 1996), p. 163.
3 Rachel Laudan, *Cuisine and Empire: Cooking in World History* (Berkeley, CA, 2013), p. 177.
4 Jessica Mudry, 'Sugar and Health', in *The Oxford Companion to Sugar and Sweets*, ed. Darra Goldstein (New York, 2015), p. 671.
5 Kate Colquhoun, *Taste: The Story of Britain Through Its Cooking* (New York, 2007), Kindle edition unpaginated.
6 Anonymous, *Good Huswifes Handmaide, for the Kitchin* (London, 1594), p. 32.
7 Gervase Markham, *The English Housewife Containing the inward and outward Vertues which ought to be in a compleate Woman* (London, 1631), p. 107.
8 Anonymous, *Good Huswifes Handmaide*, pp. 31-2.
9 Terrence Scully, ed. and trans., *Chiquart's 'On Cookery': A Fifteenth-century Savoyard Culinary Treatise* (New York, 1986), pp. 17, 61.
10 Thomas Dawson, *The Good huswifes jewell* (London, 1587), p. 13.
11 Kate Atkinson, *Life After Life* (New York, 2013), p. 450.
12 Jean-Louis Flandrin, *Arranging the Meal: A History of Table Service in France* (Berkeley, CA, 2007), pp. 103-4.
13 Ephraim Chambers, *Cyclopaedia: Or an Universal Dictionary of Arts and Sciences* (London, 1741), unpaginated, https://books.google.com, accessed 31 August 2016.
14 Massimo Montanari, *Cheese, Pears, and History* (New York, 2010), p. 52.
15 Ibid., p. 8.
16 Elizabeth Field, *Marmalade: Sweet and Savory Spreads for a Sophisticated Taste* (Philadelphia, PA, 2012), p. 25.
17 Alan and Jane Davidson, trans., *Dumas on Food: Recipes and Anecdotes from the Classic Grand Dictionnaire de Cuisine* (Oxford, 1987), p. 210.
18 Mireille Johnston, *The Cuisine of the Sun* (New York, 1979), p. 238.
19 Power, *The Goodman of Paris*, pp. 305-6.
20 John Florio, *Queen Anna's New World of Words, or Dictionarie of the Italian and English Tongues* (London, 1611), p. 385, www.pbm.com, accessed 15 February 2016.
21 William Younger, *Gods, Men, and Wine* (Cleveland, OH, 1966), p. 284.
22 Ibid., p. 340.
23 Thomas Heywood, *The Fair Maid of the West* (London, 1631), https://archive.org, unpaginated, accessed 31 August 2016.
24 Hannah Woolley, *The Queene-like Closet or Rich Cabinet: Stored with All Manner of Rare Receipts For Preserving, Candying and Cookery. Very Pleasant and Beneficial to all Ingenious Persons of the Female Sex* (London, 1684), pp. 106-8.

25 シェイクスピアの戯曲『ヘンリー四世』第1部で，ホットスパーは自分に口答えした妻ケイトに「菓子屋の女房じゃあるまいし」と腹を立てる。ケイトの言葉づかいが甘ったるくお上品すぎるというのだ。エリザベス朝時代には歯切れのよい毒舌は好ましいものとされていて，ホットスパーも妻に「盾突くなら思いきり威勢よく」やれと言う。
26 Sir Walter Scott, *The Journal of Sir Walter Scott* (New York, 1891), https://archive.org, unpaginated, accessed 28 November 2016.
27 Johann Wolfgang von Goethe, *Italian Journey*, trans. Robert R. Heitner (New York, 1989), pp. 402-4.
28 Charles Dickens, *Pictures from Italy* (Boston, MA, 1868), pp. 116-20.

### ●第2章　目で味わう

1 Terrence Scully, *'The Mediaeval French Entremets', Petits Propos Culinaires*, XVII (Totnes, 1984), pp. 44-56.
2 Marcia Reed, 'Feasting in the Streets', in *The Edible Monument: The Art of Food for Festivals*, ed. Marcia Reed (Los Angeles, CA, 2015), pp. 90-91.
3 Robert May, *The Accomplisht Cook, or the Art & Mystery of Cookery* (London, 1685), pp. 11-12.
4 Colin Spencer, *British Food: An Extraordinary Thousand Years of History* (London, 2001), p. 131.
5 Anonymous, *A Closet for Ladies and Gentlewomen. Or, The Art of Preserving, Conserving, and Candying* (London, 1611), pp. 30-34 and 39.
6 Gervase Markham, *The English Housewife* (London, 1631), p. 136.
7 Kathleen Curtin, 'Gervase Markham', in *Culinary Biographies*, ed. Alice Arndt (Houston, TX, 2006), pp. 254-5.
8 Markham, *The English Housewife*, p. 125.
9 Joseph Imorde, 'Edible Prestige', in *The Edible Monument: The Art of Food for Festivals*, ed. Marcia Reed (Los Angeles, CA, 2015), pp. 106-9.
10 Marcia Reed, 'Court and Civic Festivals', in *The Edible Monument: The Art of Food for Festivals*, ed. Marcia Reed (Los Angeles, CA, 2015), pp. 29-32
11 Peter Brears, *Food and Cooking in 17th Century Britain: History and Recipes* (Birmingham, 1985), pp. 24-5.
12 Mary Işin, *Sherbet and Spice: The Complete Story of Turkish Sweets and Desserts* (London, 2013), pp. 52-7.
13 Tor Eigeland, 'Arabs, Almonds, Sugar and Toledo', *Saudi Aramco World* (Houston, TX, 1996), pp. 32-9.
14 Anonymous, *The Compleat Cook: Expertly prescribing the most ready ways, whether Italian, Spanish, or French, For dressing of Flesh, and Fish, ordering of Sauces or making of Pastry* (London, 1659), pp. 116-17.
15 Sir Kenelme Digby, *The Closet of the Eminently Learned Sir Kenelme Digby Kt. Opened* (London, 1671), pp. 213-14.
16 Jane Stevenson and Peter Davidson, eds, Introduction in *The Closet of Sir Kenelm Digby Opened* (Totnes, 1997), p. 31.
17 Digby, *The Closet*, p. 134.
18 Peter Brears, 'Rare Conceits and Strange Delightes: The Practical Aspects of Culinary Sculpture', in

*Banquetting Stuffe*, ed. C. Anne Wilson (Edinburgh, 1991), p. 61.
19 William Rabisha, *The Whole Body of Cookery Dissected, Taught, and fully manifested Methodically, Artificially, and according to the best Tradition of the English, French, Italian, Dutch, &c.* (London, 1673), p.269.
20 Digby, *The Closet*, p. 142.
21 T. Hall, *The Queen's Royal Cookery*, 2nd edn (London, 1713), pp. 166-70.
22 Digby, *The Closet*, pp. 247-8.
23 Darra Goldstein, 'Implements of Easting', in *Feeding Desire: Design and the Tools of the Table* (New York, 2006), p. 118.
24 Barbara Ketcham Wheaton, *Savouring the Past: The French Kitchen and Table from 1300 to 1789* (London, 1983), p. 163.
25 Anne Willan with Mark Cherniavsky and Kyri Claflin, *The Cookbook Library* (Berkeley, CA, 2012), pp. 166-7.
26 Nicola Humble, *Cake: A Global History* (London, 2010), p. 32.
27 François Massialot, *The Court and Country Cook*, trans. J. K. (London, 1702), p. 2.
28 François Massialot, 'New Instructions for Confectioners', in *The Court and Country Cook*, trans. J. K. (London, 1702), pp. 1-130.
29 Bartolomeo Stefani, *L'arte di ben cucinare, et instruire* (Mantua, 1662), pp. 119-27.
30 Wheaton, *Savouring the Past*, p. 188.
31 Charles Carter, *The Compleat City and Country Cook: or Accomplish'd Housewife* (London, 1732), pp. iii-viii.
32 Arthur Young, *Travels during the Years 1787, 1788, and 1789, Undertaken more particularly with a View of ascertaining the Cultivation, Wealth, Resources, and National Prosperity of the Kingdom of France* (Dublin, 1793), pp. 580-81.
33 Michael Krondl, 'Dessert', in *The Oxford Companion to Sugar and Sweets*, ed. Darra Goldstein (New York, 2015), pp. 212-13.
34 Ian Kelly, *Cooking for Kings: The Life of the First Celebrity Chef* (New York, 2003), pp. 192-4.
35 Anonymous, *The Whole Duty of a Woman, Or, an infallible Guide to the Fair Sex* (London, 1737), pp. 625-30.
36 Alexis Soyer, *The Modern Housewife or Ménagère* (London, 1851), p. 398. p. 398
37 Mrs W. M. Ramsay [Lady Agnes Dick (Marshall) Ramsay], *Every-day Life in Turkey* (London, 1897), pp. 150-55.
38 外交官の妻だったアリー・ウォートリー・モンタギュー夫人も，ラムゼイ夫人と同じく勘違いをしていた。トルコの都市アドリアノープルから出した1718年4月付けの手紙で「こちらではコースの最後には必ずスープが出ます」と書いたのだ。菓子についての記述はない。当時のトルコでは，食事の締めくくりは必ずしもスープやピラフではなかった。むしろ，果物が多かったようだ。この手紙は『*Turkish Embassy Letters* トルコ書簡集』(London, 1993), pp. 87-88に収録。

### ●第3章　乳製品のよろこび

1 Carolin Young 'La Laiterie de la Reine at Rambouillet', in *Milk: Beyond the Dairy: Proceedings of the*

*Oxford Symposium on Food and Cookery, 1999*, ed. Harlan Walker (Blackawton, Devon, 2000), pp. 361-2.

2 Meredith Martin, *Dairy Queens: The Politics of Pastoral Architecture from Catherine de Medici to Marie-Antoinette* (Cambridge, MA, 2011), pp. 29-31, 186.

3 Ashlee Whitaker, 'Dairy Culture: Industry, Nature and Liminality in the Eighteenth-century English Ornamental Dairy' (2008), paper 1327, http://scholarsarchive.byu.edu, accessed 2 March 2016.

4 Isabella Beeton, *The Book of Household Management* (London, 1861), Entry 2358, www.gutenberg.org, accessed 28 March 2019.

5 Mary Eales, *Mrs Mary Eales's Receipts* (London, 1985), pp. 80-93. Facsimile of the 1733 edition; originally published in 1718.

6 François Massialot, *The Court and Country Cook* (London, 1702), pp. 93-7.

7 Ibid., p. 97.

8 Ardashes H. Keoleian, *The Oriental Cook Book: Wholesome, Dainty and Economical Dishes of the Orient, especially adapted to American Tastes and Methods of Preparation* (New York, 1913), p. 287. 著者については「コンスタンティノープル出身」ということしかわかっていない。彼は自分にとって「東洋の人々」とはアルメニア人，ブルガリア人，コーカサス人，エジプト人，ギリシャ人，ユダヤ人，ペルシャ人，シリア人，トルコ人などのことだ，と書いた。

9 E. Donald Asselin, *A Portuguese-American Cookbook* (Rutland, VT, 1966), p. 31.

10 C. Anne Wilson, *Food and Drink in Britain From the Stone Age to the 19th Century* (Chicago, IL, 1991), p. 173.

11 Elizabeth Raffald, *The Experienced English Housekeeper* [1769] (Lewes, 1997), p. 159.

12 Elizabeth David, *Syllabubs and Fruit Fools* (London, 1969), p. 14.

13 Ivan Day, 'Syllabub Revisited and Sugar Plumb Theories', http://foodhistorjottings.blogspot.co.uk, accessed 26 January 2016. シラバブや食物史についての豊富な情報は，デイ氏のブログやウェブサイト www.historicfood.com で見ることができる。

14 Hannah Glasse, *The Art of Cookery Made Plain & Easy* [1796] (Hamden, CT, 1971), pp. 327-8.

15 Charlotte Bronte, *Shirley* [1849] (London, 1993), p. 459.

16 Raffald, *The Experienced English Housekeeper*, p. 94.

17 Ibid., p. 95.

18 Holly Arnold Kinney, *Shinin' Times at The Fort* (Morrison, co, 2010), pp. 234-5.

19 Mark Twain, *Life on the Mississippi* [1883] (New York, 2000), p. 179.

20 Doreen G. Fernandez, 'Carabao Milk in Philippine Life', in *Milk: Beyond the Dairy: Proceedings of the Oxford Symposium on Food and Cookery 1999*, ed. Harlan Walker (Totnes, 2000), p. 120.

21 Hannah Glasse, *The Art of Cookery Made Plain and Easy* [1796] (Wakefield, Yorkshire, 1971), pp. 330-35.

22 Louisa May Alcott, *Little Women* (New York, 1962), p. 62.

23 Maria Parloa, *Miss Parloa's Young Housekeeper* (Boston, MA, 1894), p. 291.

24 Terence Scully, ed., *The Viandier of Taillevent* (Ottawa, 1988), p. 166.

25 Alcott, *Little Women*, p. 62.

26 Henry William Lewer, ed., *A Book of Simples* (London, 1908), p. 128.

27 Martin, *Dairy Queens*, pp. 136-7.

28 Carol Wilson, 'Cheesecake', in *The Oxford Companion to Sugar and Sweets*, ed. Darra Goldstein (New York, 2015), pp. 125-6.
29 Terence Scully, *The Neapolitan Recipe Collection* (Ann Arbor, MI, 2000), pp. 158-9.
30 Irving Cobb, 'Speaking of Operations -', in *This is My Best* (New York, 1942), p. 844.
31 Allison Meier, 'The Frost Fair: When the River Thames Froze Over Into London's Most Debaucherous Party', www.atlasobscura.com, accessed 2 March 2016.
32 Joseph Addison, *The Tatler* , no. 148 (London, 1709), p. 124, available at http://quod.lib.umich.edu, accessed 2 March 2016.
33 Anonymous, *A Propre New Booke of Cookery* (London, 1545), unpaginated.
34 Hannah Woolley, *The Queen-like Closet or Rich Cabinet Stored with All Manner of Rare Receipts for Preserving, Candying and Cookery. Very Pleasant and Beneficial to all Ingenious Persons of the Female Sex* (London, 1672), recipe number 93.
35 Wayne Heisler, 'Kitsch and the Ballet Schlagobers', *Opera Quarterly*, XXII/1 (Winter 2006), pp. 38-64.
36 Woolley, *The Queen-like Closet*, recipe number 57.
37 John Florio, *A Worlde of Wordes, or, Most Copious, and Exact Dictionarie in English and Italian* (London, 1598), p. 216.
38 Randle Holme, *The Academy of Armory* (Chester, 1688), available at Early English Books Online, http://quod.lib.umich.edu, accessed 2 March 2016.
39 Estelle Woods Wilcox, *Buckeye Cookery: With Hints on Practical Housekeeping* (Minneapolis, MN, 1881), p. 163.
40 Oliver Wendell Holmes, *Elsie Venner: A Romance of Destiny* (Boston, MA, 1891), vol. II, p. 110.
41 Helen Saberi and Alan Davidson, *Trifle* (Totnes, 2001), pp. 95-104.
42 Amelia Simmons, *American Cookery* (Hartford, CT, 1798), p. 33, available at http://digital.lib.msu.edu, accessed 14 March 2016.
43 Ibid., p. 105.
44 Rachel Laudan, 'Tres Leches Cake', in *The Oxford Companion to Sugar and Sweets*, pp. 740-41.
45 John Earle, *Microcosmography; Or, A Piece of the World Discovered; in Essays and Characters* (London, 1811), p. 106, available at www. gutenberg.org, accessed on 2 March 2016.
46 Alan Davidson, *The Oxford Companion to Food* (Oxford, 1999), pp. 237-8.
47 H. Syer Cuming, 'Syllabub and Syllabub-vessels', in *The Journal of the British Archeological Association*, vol. XLVII (London, 1891), pp. 212-15.
48 「グラス夫人」とはイングランドの作家で植物学者であるジョン・ヒルの筆名だ，とカミングは主張した。もちろん，これは事実ではない。当時の男性の中には，女性にあのような本が書けるわけがないと思い込んでいる者もいたのである。この考えが間違っていたことは，多くの女性作家によって証明された。

### ●第4章　デザートの夢と現実

1 Isabella Beeton, *The Book of Household Management* (London, 1861), Entry #1509, www.gutenberg.org, accessed 24 April 2016.
2 John Florio, *Queen Anna's New World of Words, or Dictionarie of the Italian and English Tongues* (Lon-

don, 1611), p. 513.

3 Elizabeth Raffald, *The Experienced English Housekeeper* (Manchester, 1769), p. 228.

4 M. Emy, *L'Art de bien faire les glaces d'office* (Paris, 1768), p. 210.

5 George Sala, *The Thorough Good Cook* (London, 1895), p. 73.

6 Chitrita Banerji, *Eating India: An Odyssey into the Food and Culture of the Land of Spices* (New York, 2007), pp. 138-40.

7 Pellegrino Artusi, *Science in the Kitchen and the Art of Eating Well*, trans. Murtha Baca and Stephen Sartarelli (Toronto, 2004), p. 545.

8 Andrew W. Tuer, *Old London Street Cries* (London, 1885), pp. 59-60.

9 Frederick T. Vine, *Ices: Plain and Decorated* (London, [1900?]), p. 6.

10 Ralph Selitzer, *The Dairy Industry in America* (New York, 1976), p. 99.

11 Jules Gouffé, *The Royal Book of Pastry and Confectionery* (London, 1874), pp. v-vi.

12 Ibid., p. vi.

13 Alexis Soyer, *The Gastronomic Regenerator* (London, 1847), p. 628.

14 Raffald, *The Experienced English Housekeeper*, p. 226.

15 Eliza Acton, *Modern Cookery in all Its Branches* (Philadelphia, PA, 1845), p. 373.

16 *The OxfordCompanion to Food* (London, 1999), p. 654 で，ローラ・メイソンは「ラタフィアは17 ～ 18世紀によく飲まれたコーディアルやブランデーベースのリキュールで，通常は苦みのあるアーモンドで風味づけされていた」と書いている。また，ビスケットやマカロンに似たクッキーもラタフィアと呼ばれ，やはり苦みのあるアーモンドで味つけされた。こうした菓子が「ラタフィア」と呼ばれたのはラタフィア酒と同じくアーモンドが使われていたからか，またはラタフィア酒に添えて供されていたためかもしれない。

17 Henriette Davidis, *German National Cookery for American Kitchens* (Milwaukee, WI, 1904), p. 371.

18 T. Percy Lewis and A. G. Bromley, *The Victorian Book of Cakes* [1904] (New York, 1991), p. 60.

19 Sam Sifton, 'The Melting Point', *New York Time Magazine* (New York, 2016), pp. 28-9.

20 Marion Harland, *Breakfast, Luncheon and Tea* (New York, 1875), p. 327.

21 Mrs A. B. Marshall, *Fancy Ices* (London, 1894), p. 117.

22 Soyer, *The Gastronomic Regenerator*, p. 495.

23 Theodore Francis Garrett, ed., *The Encyclopædia of Practical Cookery: A Complete Dictionary of all Pertaining to the Art of Cookery and Table Service* (London, 1898), p. 157.

24 Ursula Heinzelmann, 'Oetker', in *The Oxford Companion to Sugar and Sweets*, ed. Darra Goldstein (New York, 2015), p. 491.

25 Mrs Stephen Gilman, 'Election Cake (My Great Grandmother's', in Royal Baking Powder, Co., *My Favorite Receipt Co.* (New York, 1895), p. 95.

26 Royal Baking Powder, Co., *My Favorite Receipt*, p. 50.

27 Personal communication, 2016.

28 A. A. Milne, *When We Were Very Young* (New York, 1992), p. 48.

29 Urbain Dubois, *Artistic Cookery: A Practical System for the Use of the Nobility and Gentry and for Public Entertainments* (London, 1887), p. 162.

30 Beeton, *The Book of Household Management*, Entry #1237.

31 Peter Brears, *Jellies and their Moulds* (Totnes, 2010), pp. 121-3.

32 Michael Krondl, 'Baker's', in *The Oxford Companion to Sugar and Sweets*, p. 45.

33 Alexandra Leaf, 'Chocolate, Post-Columbian', in *The Oxford Companion to Sugar and Sweets*, pp. 144-7.

34 Maria Willett Howard, *Lowney's Cook Book* (Boston, MA, 1907), p. 265, available at https://ia601406.us.archive.org, accessed June 22, 2016.

35 Francine Kirsch, 'Over the Top: The Extravagant Confectionery of J. M. Erich Weber', *Gastronomica*, IV (2004).

36 Lewis and Bromley, *The Victorian Book of Cakes*, p. 51.

37 Frederick T. Vine, *Saleable Shop Goods for Counter-tray and Window: (Including 'Popular Penny Cakes'). A Practical Book for All in the Trade* (London, 1907), p. 7.

38 Ibid., p. 11.

39 Maria Parloa, *Miss Parloa's New Cook Book and Marketing Guide* (Boston, MA, 1880), p. iv.

40 Rare Book Division, The New York Public Library, 'DINNER [held by] ASTOR HOUSE [at] "[NEW YORK, NY]" (HOTEL)', *New York Public Library Digital Collections*, 1851-1859, http://digitalcollections.nypl.org, accessed 13 June 2016.

41 Rare Book Division, The New York Public Library, 'DAILY MENU [held by] THE GRANVILLE [at] "ST. LAWRENCE-ON-SEA, THANET, ENGLAND" (HOT;)', *New York Public Library Digital Collections*, 1886, http://digitalcollections.nypl.org/items, accessed 13 June 2016.

42 Rare Book Division, The New York Public Library. 'DINNER [held by] [KING LEOPOLD II OF BELGIUM AND QUEEN MARIE-HENRIETTE] [at] BRUXELLES (FOREIGN;)', *New York Public Library Digital Collections*, 1894, http://digitalcollections.nypl.org/items, accessed 13 June 2016.

### ●第5章　進化するデザート

1 Gillian Riley, *The Oxford Companion to Italian Food* (New York, 2001), pp. 358-9.

2 William Woys Weaver, 'Gugelhupf', in *The Oxford Companion to Sugar and Sweets*, ed. Darra Goldstein (New York, 2015), pp. 311-12.

3 Michael Krondl, 'Baba au rhum', in *The Oxford Companion to Sugar and Sweets*, p. 41.

4 Michael Krondl, *Sweet Invention: A History of Dessert* (Chicago, IL, 2011), p. 188.

5 Marcel Proust, *Remembrance of Things Past*, trans. C. K. Scott Moncrieff and Terence Kilmartin, (New York, 1981), p. 50.

6 Nicola Humble, *Cake: A Global History* (London, 2010), pp. 42-3.

7 Trine Hahnemann, 'Scandinavia', in *The Oxford Companion to Sugar and Sweets*, pp. 597-9

8 Joyce Toomre, *Classic Russian Cooking: Elena Molokhovets' A Gift to Young Housewives* (Bloomington, IN, 1992), pp. 406-7.

9 Ursula Heinzelmann, 'Black Forest Cake', in *The Oxford Companion to Sugar and Sweets*, p. 65.

10 Anne Willan, 'France', in *The Oxford Companion to Sugar and Sweets*, pp.268-74.

11 Greg Patent, 'Chiffon Cake', in *The Oxford Companion to Sugar and Sweets*, p. 131.

12 Barbara Wheaton, 'The Endangered Cuisinière Bourgeoise', in *Disappearing Foods*, ed. Harlan Walker, Oxford Symposium on Food and Cookery 1994 Proceedings (Blackawton, Devon, 1995), pp. 221-6.

13 ラングドック風ケーキは濃厚でしっとりしている。私はこのレシピを以下のようにアレンジした。小さじ半分のアーモンドエキストラクトを加えて風味を高め，アーモンドの上に少量

のクリスタルシュガーを振りかける。そして20センチのケーキ型を使って175℃のオーブンで1時間15分焼き上げる。

14 Krondl, *Sweet Invention*, pp. 286-94.
15 Celestine Eustis, *Cooking in Old Creole Days* (New York, 1903), p. 82.
16 Carolyn Bánfalvi, *The Oxford Companion to Sugar and Sweets*, pp. 223-4.
17 Greg Patent, 'Angel Food Cake', in *The Oxford Companion to Sugar and Sweets*, p. 14.
18 私的対話より，2013年。
19 Eric Rath, 'Japanese Baked Goods', in *The Oxford Companion to Sugar and Sweets*, pp. 374-5.
20 Nina Simonds, 'Mooncake', in *The Oxford Companion to Sugar and Sweets*, pp. 461-2.
21 William Grimes, 'Baked Alaska', in *The Oxford Companion to Sugar and Sweets*, pp. 44-5.
22 Alan Davidson, *The Oxford Companion to Food* (Oxford, 1999), p. 440.
23 Joseph Wechsberg, *The Cooking of Vienna's Empire* (New York, 1968), p. 197.
24 Michael Krondl, *Sweet Invention*, p. 252.
25 Alexis Soyer, *The Gastronomic Regenerator: A Simplified and Entirely New System of Cookery* (London, 1847), p. 478.
26 Ibid., p. 550.
27 Ibid., p. 558.
28 Robert May, *The Accomplisht Cook or The Art and Mystery of Cookery* (London, 1685), p. 238.
29 Amelia Simmons, *The First American Cookbook* [1796] (New York, 1958), p. 34.
30 Geraldene Holt, 'Icing', in *The Oxford Companion to Sugar and Sweets*, pp. 353-4.
31 Agnes Marshall, *Mrs A. B. Marshall's Cookery Book* (London, 1888), p. 41.
32 Theodore Francis Garrett, *The Encyclopaedia of practical cookery: a complete dictionary of all pertaining to the art of cookery and table service: including original modern reciepts for all kinds of dishes for general, occasional, and exceptional use, the making of every description of table confectionery, the home manufacture of wines, liqueurs, and table waters, the laying, decorating, and preparing of banquets, wedding breakfasts, luncheons, teas, celebration and ball suppers, picnics, garden-party refreshments, race and boating baskets, &c.: the care and good management of the cellar, butler's pantry, larder, ice rooms and chests, &c.* (London, 1898), pp. 136-48.
33 Anastasia Edwards, 'Biscuits, British', in *The Oxford Companion to Sugar and Sweets*, pp. 63-4.
34 Stuart and Jenny Payne, *Nicey and Wifey's Nice Cup of Tea and a Sit Down* (Bath, 2004), p. 67.
35 University of Oxford Text Archive, https://ota.ox.ac.uk, accessed 15 June 2016.
36 Hannah Glasse, *The Art of Cookery Made Plain and Easy* [1796] (Hamden, CT, 1971), pp. 200-260.
37 A Practical Housekeeper and Pupil of Mrs Goodfellow, *Cookery As It Should Be* (Philadelphia, PA, 1856), p. 220.
38 Mrs D. A. Lincoln, *Mrs Lincoln's Boston Cook Book: What To Do and What Not To Do in Cooking* (Boston, MA, 1891), p. 391.
39 Marion Harland, *Breakfast, Luncheon and Tea* (New York, 1875), pp. 205-6.
40 *The New York Times* (3 May 1902), p. 8, http://timesmachine. nytimes.com, accessed 21 June 2016.
41 Darra Goldstein, 'Implements of Eating', in *Feeding Desire: Design and The Tools of the Table, 1500-2005*, ed. Darra Goldstein (New York, 2006), p. 139.

42 William C. Conant, 'The Silver Age', *Scribner's Monthly, An Illustrated Magazine for The People*, IX/2 (December 1874), pp. 193-209, available at http://ebooks.library.cornell.edu, accessed 16 May 2016.
43 Goldstein, 'Implements of Eating', p. 148.
44 Ibid., p. 143.
45 Conant, 'The Silver Age', p. 208.
46 Ibid.

### ●第6章　変化は永遠に

1 Darra Goldstein, 'Implements of Eating', in *Feeding Desire: Design and the Tools of the Table, 1500-2005* (New York, 2006), p. 155.
2 Margery Wilson, *Pocket Book of Etiquette* (New York, 1937), cited in Arthur M. Schlesinger, *Learning How to Behave: A Historical Study of American Etiquette Books* (New York, 1946), p. 62.
3 Schlesinger, *Learning How to Behave*, p. 50.
4 A member of the royal staff, *The Private Life of King Edward VII (Prince of Wales, 1841-1901)* (New York, 1901), pp. 257-8, available at https://books.google.com, accessed 5 July 2016.
5 Lady Jekyll, DBE, *Kitchen Essays* (London, 1969), p. 135.
6 Emily Post, *Etiquette: 'The Blue Book of Social Usage'* (New York, 1937), pp. 242-3.
7 Ibid., p. 779.
8 Ibid., pp. 817-23.
9 Ibid., p. 261.
10 Emily Post, *Etiquette in Society, in Business, in Politics and at Home* (New York, 1922), pp. 207-8.
11 Irma S. Rombauer and Marion Rombauer Backer, *Joy of Cooking* (New York, 1975), pp. 760-61.
12 Alice Bradley, *Electric Refrigerator Menus and Recipes* (Cleveland, OH, 1927), p. 40.
13 Elizabeth David, *Syllabubs and Fruit Fools* (London, 1971), p. 11.
14 Alice B. Toklas, *The Alice B. Toklas Cook Book* (New York, 1984), pp. 203-6.
15 Ibid., p. 218.
16 Ibid., p. 3.
17 M.F.K. Fisher, 'How to Cook a Wolf', in *The Art of Eating* (New York, 1990), p. 203.
18 Wendell Sherwood Arbuckle, *Ice Cream* (Westport, CT, 1966), pp. 6-7.
19 Carolyn Wyman, *jell-o: A Biography* (New York, 2001), pp. 44-5.
20 Laura Shapiro, *Something from the Oven: Reinventing Dinner in 1950s America* (New York, 2004), p. 64.
21 See Your Life 'Confidential Chat', http://archive.boston.com, accessed 6 August 2016.
22 *Better Homes and Gardens Dessert Cook Book* (New York, 1960), p. 144.
23 Ibid., p. 118.
24 Ibid., p. 125.
25 See Immaculate Baking Company website for their mixes, www.immaculatebaking.com, accessed 20 August 2016.
26 Miss Jones Baking Co, www.missjones.co/recipes, accessed 16 August 2016.
27 Simone Beck, Louisette Bertholle and Julia Child, *Mastering the Art of French Cooking* (New York,

1963), pp. vii-viii.

28 Ibid., p. x.

29 Joseph Wechsberg, 'Profiles: La Nature des Choses', *New Yorker* (28 July 1975), p. 34.

30 Anne Willan, 'After Nouvelle: The Changing Look in France', *Monthly Magazine of Food and Wine* (January 1982), p. 16.

31 Raymond Sokolov, 'A Tasteful Revolution', *Natural History* (July 1983), p. 83.

32 *Anthony Bourdain: No Reservations*, Season 4, Episode 17, 'Spain' (18 August 2008).

33 'Carrot, Orange and Mango Spheres with Rose Crystals', www.molecularrecipes.com, accessed 16 August 2016.

34 Mary B. Davis, '"Invisible" Frozen Sweet Goods Sales on Rise in French Catering Sector', *Quick Frozen Foods International* (April 2001).

35 'Boncolac sas', *European Food Journal*, www.european-food-journal.com, accessed 14 August 2016.

36 Dianne's Fine Desserts, http://diannesfinedesserts.com, accessed 14 August 2016.

37 The Dessert Company, http://thedessertcompany.co.uk, accessed 14 August 2016.

38 Roy Strong, *Feast: A History of Grand Eating* (New York, 2002), p. 197.

39 York Avenue, 'U. P.: An Eight Course Dessert Tasting with Dominique Ansel', http://yorkavenueblog.com, accessed 16 August 2016.

40 'William Curley Master Class: Fôret Noire', www.youtube.com, accessed 13 August 2016.

41 Carlos Barrachina, ed., 'Savoir-faire and Something Else', *So Good . . . The Magazine of Haute Pâtisserie* (July 2016), pp. 150-59.

42 電子メールより，2016年。

◉著者
ジェリ・クィンジオ（Jeri Quinzio）
食物史を専門とするフリーランスのライター。著書に『*Pudding*（プディングの歴史）』（2012），『*Of Sugar and Snow: A History of Ice Cream Making*（砂糖と雪：アイスクリームの歴史）』（2009）がある。後者は世界のすぐれた料理書を選定するIACP料理史賞（2010年）を受賞。

◉訳者
富原まさ江（とみはら・まさえ）
出版翻訳者。『目覚めの季節〜エイミーとイザベル』（DHC）でデビュー。小説・エッセイ・映画・音楽関連など幅広いジャンルの翻訳を手がけている。訳書に『老人と猫』（エクスナレッジ），『トリュフの歴史』（原書房），『完全版 ビートルズ全曲歌詞集』（ヤマハミュージックメディア），『ルーヴル美術館 収蔵絵画のすべて』（ディスカヴァー・トゥエンティワン／共訳）など。

*DESSERT: A Tale of Happy Endings*
by Jeri Quinzio
was first published by Reaktion Books in the Edible series, London, UK, 2018.


# 図説《ずせつ》 デザートの歴史《れきし》

●

2020年 1 月29日 第 1 刷

著者…………ジェリ・クィンジオ
訳者…………富原《とみはら》まさ江《え》

装幀…………佐々木正見

発行者…………成瀬雅人
発行所…………株式会社原書房

〒160-0022 東京都新宿区新宿 1-25-13
電話・代表 03（3354）0685
http://www.harashobo.co.jp
振替・00150-6-151594

印刷…………新灯印刷株式会社
製本…………東京美術紙工協業組合


**ISBN978-4-562-05722-1, Printed in Japan**

パンの歴史《「食」の図書館》
ウィリアム・ルーベル／堤理華訳

変幻自在のパンの中には、よりよい食と暮らしを追い求めてきた人類の歴史がつまっている。多くのカラー図版とともに読み解く人とパンの6千年の物語。世界中のパンで作るレシピ付。 2000円

カレーの歴史《「食」の図書館》
コリーン・テイラー・セン／竹田円訳

「グローバル」という形容詞がふさわしいカレー。インド、イギリス、ヨーロッパ、南北アメリカ、アフリカ、アジア、日本など、世界中のカレーの歴史について豊富なカラー図版とともに楽しく読み解く。 2000円

キノコの歴史《「食」の図書館》
シンシア・D・バーテルセン／関根光宏訳

「神の食べもの」か「悪魔の食べもの」か？ キノコ自体の平易な解説はもちろん、採集・食べ方・保存、毒殺と中毒、宗教と幻覚、現代のキノコ産業についてまで述べた、キノコと人間の文化の歴史。 2000円

お茶の歴史《「食」の図書館》
ヘレン・サベリ／竹田円訳

中国、イギリス、インドの緑茶や紅茶のみならず、中央アジア、ロシア、トルコ、アフリカまで言及した、まさに「お茶の世界史」。日本茶、プラントハンター、ティーバッグ誕生秘話など、楽しい話題満載。 2000円

スパイスの歴史《「食」の図書館》
フレッド・ツァラ／竹田円訳

シナモン、コショウ、トウガラシなど5つの最重要スパイスに注目し、古代～大航海時代～現代まで、食はもちろん経済、戦争、科学など、世界を動かす原動力としてのスパイスのドラマチックな歴史を描く。 2000円

（価格は税別）